英语教育论

杜秀君 著

北京理工大学出版社
BEIJING INSTITUTE OF TECHNOLOGY PRESS

版权专有　侵权必究

图书在版编目（CIP）数据

英语教育论/杜秀君著．—北京：北京理工大学出版社，2018.12

ISBN 978-7-5682-6572-0

Ⅰ.①英…　Ⅱ.①杜…　Ⅲ.①英语—教育研究　Ⅳ.①H319.3

中国版本图书馆 CIP 数据核字（2018）第 297848 号

出版发行 / 北京理工大学出版社有限责任公司	
社　　址 / 北京市海淀区中关村南大街 5 号	
邮　　编 / 100081	
电　　话 / （010）68914775（总编室）	
（010）82562903（教材售后服务热线）	
（010）68948351（其他图书服务热线）	
网　　址 / http://www.bitpress.com.cn	
经　　销 / 全国各地新华书店	
印　　刷 / 北京虎彩文化传播有限公司	
开　　本 / 787 毫米 × 1092 毫米　1/16	
印　　张 / 17.5	责任编辑 / 张慧峰
字　　数 / 227 千字	文案编辑 / 张慧峰
版　　次 / 2018 年 12 月第 1 版　2018 年 12 月第 1 次印刷	责任校对 / 周瑞红
定　　价 / 89.00 元	责任印制 / 李志强

图书出现印装质量问题，请拨打售后服务热线，本社负责调换

前　言

英语教育是我国各个层次教育的重要组成部分。21世纪的英语教育改革，最根本的目的是要造就基础扎实、知识面广、思路开阔、对社会变迁有较强的适应能力、应变能力、自主能力和良好身心素质的"通""专"结合的专业人才。要达到这样的目的，关键是提高学生在语言文化学习过程中的投入、参与和运用的程度，特别是在夯实语言基础和专业基础的同时，多侧面、多层次、多渠道地培养学生的社会文化能力，真正做到"教语言、教文化、教育人综合统一"。进入21世纪，英语教育及英语教学进行了一系列的改革，内容涉及教学大纲、教学模式、教材、网络教学平台、教学评估、师资队伍等诸多方面。与此同时，全国广大一线教师积极探索，勇于实践，取得了令人瞩目的成绩。但在另一方面，我们也认识到英语教育及英语教学工作仍然存在着不足，离国家和社会的要求还有一定的差距。为适应我国教育发展的新形势，本书阐述了英语教育的相关知识：英语教育的历史和现状，英语教育的过程与方法，英语教学策略的研究，英语社会文化能力的培养，并从教育学的视角、心理学的视角、语言学的视角探讨了英语教育诸多方面的问题。

语言教学历史悠久，但对教学的研究一直聚焦于教学法。就课堂教学而言，重要的不是教学法的选择，而是教学策略的使用。任何课堂都离不开教师的组织教学、提问和学生的参与。确保课堂教学有效性的不仅仅是教学法的选择，而是教师具有策略性的教学组织。在英语教学中，一方面要发挥教师的主导作用，另一方面要充分发挥和调动学生的学习积极性。只有二者相互协调，才能取得较好的教学效果。调动学生的积极性要求我们在教学中应贯彻以学生为中心的原则。教学过程中应注意以下几个方面：精讲多练，了解学生的需要，重视学生的情感因素，研究外语学习规律，要知道怎样教，得先了解学生怎样学。以学生为中心，就是要研究外语学习的过程及其规律，外语教师是外语学习过程中最重要的观察者，应成为研究外语学习规律的一支重要力量。同时，笔者深切地感到：联系文化教授语言，固然要注重外来文化的导入，同时不应忽略适时适度地导入本族文化，应鼓励学生将英语与本族文化结合起来，努力用英语来介绍本族文化中独有的现象和思想。跨文化交际是双向的"对话"，并不是单方面的"独白"。西方需要借鉴中国传统的"和合文化"，以吸收其兼收并蓄的精神而更利于文化融合；中国也要借鉴西方的人文精神，才会更富于创新、进取。事实上，也只有将本族文化和英美文化同步引入英语课堂，学生才有可能在系统的比较和鉴别中加深对本族文化特征的了解，也才有可能调动和保持持久的学习外族语言和文化的积极性，最终促进语言能力和社会文化能力的迅速提高。归根结底，"学生需要一种跨文化交际能力，他们能够受益于语言文化教育。"

作　者

2018 年 10 月

目 录

第一章　英语教育的历史和现状 ……………………………… 1
　第一节　英语在国际上的重要地位 …………………………… 1
　第二节　英语教育的历史回顾 ………………………………… 2
　第三节　英语教育现状 ………………………………………… 12

第二章　英语教育的教育学基础 ……………………………… 17
　第一节　学习者 ………………………………………………… 17
　第二节　教育者 ………………………………………………… 42

第三章　英语教育的心理学基础 ……………………………… 47
　第一节　语言学习的心理基础 ………………………………… 47
　第二节　言语的理解和产生 …………………………………… 56
　第三节　第一语言与第二语言 ………………………………… 68
　第四节　心理语言学流派与外语教学法 ……………………… 77

第四章　英语教育的语言学基础 ……………………………… 83
　第一节　语言教育与语言观 …………………………………… 83
　第二节　语言学主要流派（上）………………………………… 85
　第三节　语言学主要流派（下）………………………………… 101
　第四节　国外英语教学主要流派 ……………………………… 109

第五章　英语教育的过程和方法 ……………………………… 133
　第一节　英语教育的基本规律与特点 ………………………… 133
　第二节　英语教育的基本原则 ………………………………… 136
　第三节　英语教学的方法 ……………………………………… 151

第六章　英语社会文化能力的培养 …………………………… 177
　第一节　文化观与文化教学 …………………………………… 177
　第二节　文化差异与文化内涵词 ……………………………… 187

第三节　英语习语及其文化解读 …………………………… 199
　　第四节　社会文化能力培养 ………………………………… 218
　　第五节　人文精神培养 ……………………………………… 227
第七章　英语教学策略研究 …………………………………… 237
　　第一节　"策略"的本质 …………………………………… 237
　　第二节　有效教学与教学策略 ……………………………… 244
　　第三节　认知教学策略 ……………………………………… 245
　　第四节　激励策略 …………………………………………… 251
　　第五节　提问策略 …………………………………………… 262
参考文献 ………………………………………………………… 269

第一章 英语教育的历史和现状

英语教育历史悠久。本章回顾了英语教育的历史,综述了英语教育的现状,展望了英语教育未来的发展趋势。

第一节 英语在国际上的重要地位

18 世纪末期,位于欧洲西部一座岛屿上的一个国家——英国,以它称霸世界的野心和雄厚的实力,不断地向全世界的各个角落扩大其势力范围,特别是在美洲这块新大陆上发展着它的势力。而新大陆所使用的母语——英语,就随着英国势力的不断扩展走向全世界,掀起了它辉煌的一页。

由于全世界人民的爱国心和正义感,使英国建立"日不落"帝国的梦想没能实现。1774 年,美国独立战争的第一声枪响,宣告了英国的失败,一个崭新的年轻的美利坚合众国就在枪炮的洗礼中诞生了。随着民族解放运动的风起云涌,英国的政治势力缩回到那个岛上。但英语的重要性没有改变,美国人大多是欧洲移民,他们把使用最普遍的英语作为通用语,澳大利亚也是如此。另外,在其他曾属于大英帝国的疆域上也有大量移民,这些地方大都把英语作为官方语言或母语。同时,英语作为亚、非、欧许多国家的第二语言而存在。

19 世纪末期以后,英国在世界上的地位逐渐降低,不像以前那样显赫了,但是余威犹存。美国则一跃而起,成为国际上的超级大国,英语的地位也就更加重要。20 世纪以来,英语已成为外交上几种通用语言之首,成为当代最重要的国际性语言。

英语之所以成为当代最重要的国际性语言,基于以下几方面的原因:(1)以英国为母语的人有3亿多;(2)英语的使用范围很广,遍布世界上的大部分地区,大约有15亿人口生活在以英语为官方语或本国语的国家里;(3)英语是莎士比亚和牛顿等文学和科学巨匠所使用的语言,更是20世纪传播科学和技术的主要媒介;(4)当代主要的英语国家特别是美国,生产力水平居世界领先地位,在国际上影响力很大,在政治、经济和文化上起着非常重要的作用。

近年来,就英语是否能成为世界语的问题,在国际上引起了极大的争议,它的地位更得到证实。任何国家要发展科技,要在国际市场上与其他国家抗衡,都离不开英语。

英语在信息储存、技术发展和国际市场上的重要性决定了英语教育在教育体制中的重要地位。日本、苏联等国家不惜用重金聘用大量英语翻译人员以获取信息,通过培训使得国内的许多科学家能熟练地掌握英语;在欧洲,科学家把英语语言训练看作其专业技能训练的基础,赖以获取信息;在我国,成千上万各行各业的人也都在为掌握英语而发奋,英语能力已经成为择业必备的一个因素。

第二节 英语教育的历史回顾

英语教育在整个国际教育中的地位是举足轻重的,一两百年来不断发展。在英语国家,英语教育除了作为全民的基础语言教育之外,对外英语教学也是一个重要的内容。英美等国家不断发表有关的论文和著作,它们集中了对外英语教学的实践经验,对于非英语国家的英语教育具有重要的指导和借鉴作用。在这里,我们主要回顾一下非英语国家的英语教育概况。

一、国外英语教育

(一)日本的英语教育

日本作为东亚的一个岛国,它的历史并不悠久。但是,日本民族是一个好胜的民族,它从诞生之日起,就不断地为争取成为世界上的一大强国而努力。善于向强国学习,接受外来先进文化是日本的一个重要特点。起初,日本是以曾经在全球居于领先地位的中国作为学习对象的,向中国学习优秀文化,与本民族的特点相结合,从而使日本迅速发展起来。

但日本民族是开放的,它并不满足于现状,当它认识到封建制度的腐朽,认识到中国的逐渐落后,就开始学习西方国家,追求更大的进步。于是,日本统治者从上层开始实行改革,并取得了成功。这就是1868年的"明治维新"。

建立资本主义的国家制度是"明治维新"的一项重要内容。另外,学习西方文化,在科技方面取得进步也是重要目标。因而,英语教育的重要地位也就确立起来了。

日本的英语教育并非发端于"明治维新",早在1808年Pheaton事件发生后,日本江户幕府就让长崎的"兰通词"学习英语,目的是巩固国防,但是真正意义上的英语教育是从"明治维新"的前夜开始的。当时,全国各地成立了很多"官立"和"私立"的英语学校,英语教学的目的渐渐变为积极吸收外国文化。"明治维新"后,日本政府制定了新学制,新建了不少外语学校,同时在普通学校里设立了外语课程。这段时期,为了大量吸收西方文化的精髓,政府聘请了大量外国人讲授自然科学及人文科学课程,教材也以原版为主。这样,就为英语学校提供了较好的语言环境,有利于培养听、说、读、写的语言使用和交际能力,为日本造就了一大批外语人才。可以说,明治时代是日本无条件吸收外国文化的时代。

第二次世界大战结束以后,日本的外语教学目的又发生了变化,转向"培养理解外语、运用外语表述自己的基本能力,增强对语言的兴趣,使学生了解外国人的生活和想法"。这时,学习英语的目的不再只是吸收西方文化,而是把英语作为日本人理解外国文化,进行国际交流或教育人的一种手段。与此相应,教学政策也有所扭转,不再大量聘请外国人任教,从而削弱了英语教学中的几个重要环节。这一时期的日本英语教育不注重培养学生运用外语的语言实践能力,而把重点置于"读解"或"理解"上,以文法教学为主,主要为学生的理解扫除障碍。这时的教材也不重视新句型和练习。因而,日本学生理解外语的水平很高,可是实际运用能力很差,几乎不能听,不会说,水平较高的学校也不能用外语直接进行教学。

近年来,日本的一些教育机构开始认识到前几十年英语教育的缺点,并采取了一系列措施改变这种状况。

(二)苏联的英语教育

20世纪初期,苏联开始在各类学校开设英语课,主要采用视听法进行教学。利用唱片、录音带、幻灯片、影片等帮助学习者掌握正确的发音,提高会话和理解语言的能力,后来还开设了电视课。

"语言柜"是苏联英语教育的特色。在各个学校的语言室里都有大量的录音带和唱片供英语学习者使用,还可以在家中设置语言柜,这种到处可见的语言柜反映了英语教育的重要地位。

20世纪七八十年代,用交谈的方法进行外语教学在苏联开始处于主导地位。这种教学法主要是模拟语言交际情景,为学习者创造学习外语的气氛,据称曾创造出"七天学一门外语"的奇迹。这一时期苏联的英语教育有了很大进步,并且在1980—1981年对十年制学校的英语教学实行改革。改革规定四年级开始设英语课,为期七年;四至七年级的教学任务是使学生实践掌握听、说、读三种言语活动形式,着重口语;八至十年级着重发展学生两种阅读能力;各个教学阶段注重训练学生听、说、读的技巧,规定书面表达只作为教学的一种手段而不是目的。这次改革极大地促进了苏联英语教学的发展。

除日本和苏联外,其他非英语国家的英语教育也大都有很长的历史,如德国、匈牙利和瑞典等国家的英语教育也都有近一个世纪的历史。

二、中国英语教育历史

(一)早期的英语教育

我国的英语教育正式开始于京师同文馆。但在此之前几十年(19世纪初),在中国沿海的几个城市已经开始了英语教育,主要由英、美两国的传教士零星地进行,范围窄,规模小,没有形成正规系统的教育。

当时,外国人士在中国以创立学校和创办报刊的方式进行英语教育。在创立学校的同时,外国人士和商人编辑出版英文报纸、杂志,其中主要有 *CANTON REGISTER*(《广州记录报》)、*THE CHINESE REPOSITORY*(《中国丛报》)等。这些外文报纸、杂志的普遍发行对中国早期的英语教育起到了不可估量的作用。

(二)同文馆及各类洋务学堂

1862年6月,我国近代史上第一所官办新式学校——京师同文馆正式开学,先开设英文馆,以后又增设了法文馆、俄文馆,制定了各项教学和管理制度。自此,我国正规的英语教育正式开始。

同文馆初始仅是一所初等的外语学校,但与旧的私塾相比,无疑是一个巨大的进步。办学伊始,学生、教师人数都很少,英文馆仅有十名学生,教师也只有两名。以后同文馆的规模逐渐扩大。

同文馆的英语教育有其重要特点。第一,使用英文原版教材;第二,聘请洋教习教学;第三,除正常的课堂教学外,组织安排学生参加各类语言实践活动,其中较多的是翻译实践。显然,这种教学方法对于培养语感,增强学生的语言能力是大有帮助的。同文馆的办学方向和教学方法是相当先进、科学的,它为中国培养出第一批外语教师和翻译,为中国英语教育的发展做出了很大贡献。不可否认,同文馆的英语教育作为我国英语教育的正式开端,迈出了良好的第一步。

继京师同文馆开办以后,各地纷纷开办方言馆和同文馆,其中上海同文馆、广州同文馆和湖北自强学堂的教学最有成效。上海同文馆把语言与科学知识结合起来进行教学,取得极大成功,培养出一批优秀学生;广州同文馆以语言学习为主,英语由外籍教师上课,要求"将中外语言文学,融会贯通",也培养出一批学业优良的学生,其中有些人在晚清的英语教育中是有影响的人物;湖北自强学堂由张之洞创办,在招生、管理和课程安排等方面都有不同于其他学校的科学的规定,特别重视英语课的安排,因而办学成绩卓著。

另外,当时还有其他各类洋务学堂,这些新式学校重视英语教育,并把英语教育与其他学科结合起来,造就了一批外语基础好又有较扎实的工艺知识的人才。

(三)19世纪末期至20世纪初的英语教育

19世纪末,中国封建社会濒临绝境,残酷的现实促使具有进取心的知识分子冷静分析形势,研究西学。自此,旧的封建教育制度开始解体,新的教育体制开始萌发并逐渐确立起来。

1905年,在中国实行了1300多年之久的科举制度终于寿终正寝,这一具有伟大历史意义的大事,对近代教育的发展,对英语教育的发展,无疑具有重要的推动作用。

在废除旧的科举制度的同时,以"中学为体,西学为用"为教育纲领的新学制逐步确立。1898年的"百日维新"提倡西学,是一项突破性的改革措施;1904年1月清政府颁布了学堂章程,它是中国近代教育史上最早施行的全国通用的新学制。这些提倡西学的新措施为英语教育发展提供了肥沃的土壤。

"百日维新"时把旧式书院改为学堂,以后又设立了不少新式学堂,由地方政府或民间人士筹办,从办学的指导思想到课程设置,对英语教育都很重视。许多学校在招生启事或学校章程中明确指出把英语视为一门主课,规定教学时间,提出教学要求。当时的英语教师多为同文馆毕业生,又有聘请外国人任教。同时,这一时期人士继续创办教会学校,比以前的教会学校更强调英语教学,甚至提出"应当广开英语课程,使英语逐渐取代汉语而成为东方的通用语"这一殖民主义的主张。凡有条件的学校都在校内制造一种全盘英语化的气氛,对英语课提出了更高的教学要求。

新的学制建立以后,学习外国语在当时成为一种时代潮流。英语教育在中学教育中占有显要地位,各地中学学堂对英语教学都很重视。在新旧教育体制刚开始交替的时期,创办新式学堂、开设英语课不是一件容易的事,新式学校比教会学校少得多。但是,西学之风已徐徐吹起,这段时期以后,各地学校对开设英语课颇有积极性,英语课的教和学也较为认真。1909年,学部将中学分为文、实两类,英语仍然是一门最受重视的外国语。1910年,学部对英语教学提出了更高的要求,规定"各类高等实业学堂乃至大学,英语为必修之外国语",凡要升入大学的中学生必须通过英语考试,广大学生也就更重视英语学习了。

1898年7月,京师大学堂——由中央官办的第一所多系科的综合性大学——正式成立。1902年,京师同文馆并入京师大学堂,次年增设译文馆,对英语教育的重视比同文馆时期更进一步。20世纪初,各省纷纷设立高等学堂,其中有些学校办得很有成绩。为此,1903年清政府颁布"奏定高等学堂章程"和"奏定大学堂章程",规定英语为各类学堂的必修课程,课时最多,同时"取合宜之西文参考书使之熟习",要求教师总结最合用的教学方法,以利于学生语言学习能力的提高。这些政策表现出英语教育在当时国民教育中举足轻重的地位。

(四)中华民国的英语教育

1. 中学英语教育

1912年1月,中华民国成立,对清末教育体制进行新的改革,形成新的学制系统。规定有条件的高校可以开设外国语课,以英语为主,并规定教学目的在于"通解外国普遍语言文字,具运用之能力,并增进智识"。1915年,新文化运动全面兴起,成立了各种教育研究组织和学会,其中5月份成立的全国教育联合会最有影响。这时,英语已经成为一门主要学科,提出了明确的教学目的和科学、先进的方法。

1922年11月,"壬戌"学制颁布实施,初、高中从此分开,这有利于提高中等教育的水平,是新文化运动在教育上反映出来的成果。无论高中还是初中,外国语的学分高居首位,与国语并驾齐驱,足见那时对外语教学的重视。以后又针对实际情况进行调整,初中英语学分减少,而高中英语学分增加。在这一时期,英语教学多采用直接法授课,初中多是英语、国语兼用。以后几年,直到中华人民共和国成立,这一学制基本上只是略有变动。

在这一时期,出现了很多专门研究英语教学的论著,它们提出"因材施教"的教学方针,对教材的审定提出严格的要求。同时,关于英语教学研究的文章逐渐增多,散见于各类教育杂志。这些文章和专著对于我国以后的英语教学也颇有启发。另外,当时出现了一些研究英语教学的团体,其中最重要的是1948年3月成立的全国性的英语教学研究团体——中国英语教学研究会,它的宗旨是"联合英语教学专业人士研究并改进各级学校之英语教学"。不久,《英语教学》创刊,这是我国历史上第一本全国性的以英语教学为专门研究对象的学术刊物。

在中华民国时期,中学英语教学可以说有了很大发展。英语一直作为一门受重视的学科,而专门研究机构的成立和学术刊物的创办,更为英语教育的发展提供了契机。

2.大学英语教育

中华民国成立后,设立外国语专门学校成为高等教育的一个重要组成部分,在以后的十年间,外国语学校一直是英语教育的主要阵地。

大学教育在中华民国时期有很大发展,办学也日趋正规。在大学里,英语专业也是一门重点学科,各文科及师范大学都有设置。1932年,全国高等学校普遍设置以英语为主的外国文学系,占学校总数的三分之一以上。这段时期,大学英语教育的课程设置比较紊乱,其间进行多次调整;英语教师队伍庞大,教学与研究水平都相当高,朱光潜、林语堂、梁实秋、许国璋等都是从事大学英语教学及研究工作的教授、学者、专家,他们以后都成为驰名全国的教学大师。

总体来说,民国期间的英语教育取得了显著的成就,就课程设置、教材和师资力量来讲,较以前有很大进步。英语教学的研究工作也卓有成效,成立了专门的研究团体,创办了学术刊物,在宣传推广直接教学法和开展教学测验等方面,指导了全国的英语教学实践。

(五)1949—1976年的新中国英语教育

中华人民共和国成立以后,英语教育的发展道路是曲折的,随着国家政治和经济的变化而变化。

中华人民共和国成立之初,由于中、苏两国的特殊关系,俄语教学是外语教育的重点,英语在很长一段时间内处于勉强维持的状况中。这种课程设置的情况严重脱离了中国外语教育的实际,在此以前近半个世纪,英语一直作为中学和大学的主要课程,师资、教材和教法都有雄厚坚实的基础,现在转向俄语教学,造成了人力物力的浪费,同时俄语师资、教材紧张,教学质量不能得到保证。这段时期,中学英语教学大幅度缩减,高等学校英语教育也受到严重影响。1953年,高等师范英语系大多被撤销,这对于英语教育来说,不能不说是一个巨大损失。

1957年开始,我国的英语教育逐步摆脱困境,逐步恢复起来。在当时的中学教学计划中,英语被列为一门重点学科,初中和高中《英语教学大纲》的制订标志着中学英语教学走上正轨。教育部采取了一系列措施,以切实加强英语教学:(1)高等学校录取新生时,外语考试成绩作为正式分数;(2)小学开设外语课,增加中学外语课时;(3)扩大开设外语课比例,充实师资队伍;(4)开设外国语言学校;(5)制订发展外语教育的长期规划。这些措施使1957—1966年十年内的中学英语教学呈现新局面。

另外,这十年是高等英语教育的初步恢复阶段。俄语专业教学规模开始缩小,英语和其他语种的教学得到重视,新建和扩建了十多所外语院校,英语专业师资力量有了成倍的增长。至此,我国的英语教育开始走上正轨。

由于历史原因,此后十年,中国教育事业受到一定的影响,英语教学也是如此。在周总理关怀下,再加上外语教育界广大师生的努力,英语教育获得了一定的发展。

(六) 1977年以后英语教育的发展

1977年以后,我国的英语教育迅速恢复并发展起来,受到了前所未有的重视,英语教育史也掀开了新的一页。

1978年教育部提出:必须加强中小学外语教育;大力抓好外语师资队伍的培养和提高;编选出版一批相对稳定的中小学英语教材,并配以唱片、录音、幻灯、电影等视听材料。同年12月举行了十一届三中全会以后,英语教育战线出现了新气象。1981年4月,教育部把中学的外语课列为三门主课之一,以英语为主,并在教学方面提出要求:对学生进行听、说、读、写的基本训练,侧重培养阅读能力和自学能力。到1982年,我国的中学英语教育已恢复元气,教学质量也逐步提高。在全国范围内较大规模地开展中学英语教学实验研究,在教学方法、教材编写及使用方面有一定的突破,特别是1981年底中国中小学外语教学研究会的正式成立,标志着我国中小学外语教学和研究工作迈出了新的一步。

1982年以后,中小学英语教学有了更大发展,主要体现在几个方面:(1)各地普遍开设英语课,连经济不发达、原来英语基础比较差的农村及乡镇学校的英语教学也有所发展;(2)重视师资培训,培养英语教育的骨干力量;(3)继续办好外国语学校;(4)编辑出版了一些以中学师生为主要对象的英语报纸、杂志。主要有《中小学外语教学》《中小学英语教学与研究》《中学英语园地》《英语学习》《英语世界》《国外外语教学》《上海学生英文报》等,这些报纸、杂志对推动我国英语教育的发展和提高教学水平起了很大作用。另外,从这时开始,高考时英语成绩全部计入总分,对提高中学英语教学质量是一个有力的促进。

到1986年,我国的中学英语教育已达到相当高的水平,除规模扩大和教学研究有重大成果外,电化教学也有所进展,计算机已开始用于教学并卓有成效;同时,从这时起开始重视培养学生的交际能力,标志着英语教育的进一步发展。

1977年以后,高等英语专业教育也飞速发展。开设英语专业的高校逐年增多,教学计划、教学大纲、教材日益完善,电教设备也不断增多。在教学中,既重视听、说、读、写等单项技能的训练,又关心学生语言表达能力的全面提高。这时的英语教学,根据实际情况确定教学方法,充分利用录音、录像、电视、计算机等现代化教学手段,并在教材、大纲等方面进行深入研究,从而总结出一套适合我国高等英语专业教育的方法,培养了一批又一批英语和英美文学的教学、研究人才和其他英语工作者。

对英语教学法和语言科学的研究也是新时期英语教育的重要课题。到1988年,我国高校外语科研工作已蓬勃开展起来:成立了全国性和地方性的各种学术团体;恢复和增设研究所、资料中心科研结构;出版各种学术刊物;广泛开展国内外学术交流活动。这些研究工作对英语教育的发展起了很大的促进作用。

由于英语的重要地位不断提高,其作为一种国际通用语言,在科学技术和社会科学的各个领域都有着重要作用。因此,非英语专业大学生的公共英语教育也很重要。我国的大学公共英语教学主要目的是提高阅读能力,对听、说和写的能力也有较高要求,强调培养学生运用语言进行交际的能力,实行分级教学。另外,把英语与专业知识结合起来,开设专业英语,也是大学英语教育的主要特点。

分级教学是一项重要的教学措施。教学大纲对每一级都做出具体要求,并通过国家考试的方式对四、六级进行考核,为衡量大学生的英语水平提供了统一的标准,并与用人单位的录用挂钩,从而更激发了学生学好英语的积极性。

20世纪80年代的大学英语教学发展迅速。教材不断更新,力求适应各种专业的需要;师资力量日益雄厚,许多理工科学校也开设了英语专业;教学设备不断现代化,主要是录音机、录像机、听音室和语言实验室。20世纪90年代后,计算机开始进入大学英语教学领域,计算机辅助英语教学软件层出不穷。另外,有关大学英语教学的全国性组织开始出现,有关方面的研究成果不断以论文的形式发表。进入21世纪,大学英语教学改革开展得轰轰烈烈,微课、慕课、线上精品课、翻转课堂等不断涌现,我国的大学英语教育进入繁荣阶段。

第三节　英语教育现状

20世纪80年代以来,世界各地的英语教育有了更大发展,英语教育的地位越来越重要,各种各样的教学机构、教学法和教材不断涌现,还有不少专门的英语教学研究会。可以说,"英语热"已经席卷全世界,英语教育走向鼎盛时期。

一、国外非英语国家英语教育现状

在日本,英语教育的规模越来越大,出现了"英语热"。国内出现了一批英语教学团体,他们主要在语言实践方面采取措施,开始注重语言运用能力的培养。在一些大学里,采取"戏剧汇演"等形式提高学生听说能力;在初、高中英语教学方面,提出了新的方针,在原来死板的英语文法及读解教法的基础上,增设口语课,聘请国外会话教师进行会话教学。另外,与培养语言实践能力的教学法相适应,在教材方面也进行改革,开始重视新句型和练习。总之,现阶段日本的英语教育开始趋向于注重能力的培养,这也是当代世界英语教育的一个重要趋势。

在其他国家,英语教育也不断发展,日益得到各级教育机构的重视。在德国,从中小学开始开设英、法、俄、意几种外语,选修英语的最多;小学五、六年级每周两节英语课,九年制文科中学里英语是四门主课之一;规定参加中学毕业考试的学生必须通过英语考试,否则没有资格上大学。从这样的课程设置情况可以看出德国对英语教育的重视程度,但是英语在学生中不太受欢迎,因为缺乏有经验的英语专业教师,对此,德国的教育机构正在努力培养真正有教学经验的、业务水平过硬的英语专业教师。

在瑞典,各级教育机构也认识到英语教育的必要性,在制定的新的教育体制中确立了英语教育的重要地位。新的教育体制规定学生在7~16岁必须接受义务教育,10岁左右开始把英语作为必修课开设。同时,英语教育的目的得到明确规定,《教师手册》中明确了教学的目的和标准。但是对教学方法没有硬性规定,各种教学手段都可得到利用。瑞典的许多学校设有语言实验室,但是利用率不高。录音机这种教学手段得到了充分利用,很多学校转录电台的英语教学节目,让学生掌握英语语音,并且不限于BBC标准,还把包含各种方言的会话片段放给学生听,在真正意义上实现了语音的再现,使学习者的运用能力最大限度地适应对外交际的需要。

二、我国英语教育现状

我国的英语教育在 1977 年以后有了飞速发展,基本情况我们在前文已经谈到。近年来又有了更新发展,呈现出蒸蒸日上的好势头。

首先,在教学体制方面进行了一些改革。现行的教学体制规定实行九年制义务教育,小学六年,初中三年,大多数学校在中学开设英语课,也有的学校从小学就开设英语课,英语课成为一门主要的必修课。在高考中英语成绩和语文、数学等主课一样,百分之百计入总分。在听力、会话等方面也有严格要求,尤其是报考高等英语专业学校的学生,要求加试听力和会话。在大学里,很多学校设有英语专业,理工科学校也多设有科技英语专业,培养出一批科技和英语水平都很高的人才,对吸收外国科技成果大有裨益。除此之外,公共英语的教学也是大学英语教育的一个重要课题,本科生要求学习一至两年英语,至少通过全国统一的英语四级考试。涉外专业如国际金融、对外贸易等要求学生通过国家六级考试。研究生英语教育也很重要,在研究生入学考试中把英语作为一门重要的科目,和政治一起,成为专业课考试以外的两门基础科目,成绩要求达到国家教委统一划定的标准;入校后,各个学校还采取不同的方法提高研究生英语水平,把英语作为一门重要的学位课。

随着英语教育的发展,近年来对教材和教学方法的改革也在不断推进。在教学法方面,由过去的只重文法不重运用转向对学习者交际能力的培养,运用"交际法"进行教学,把传统的课堂教学与现代化的教学手段结合起来,实现情景教学,注重听、说、读、写各种能力的综合培养。与此相配合,近几年开始在中学使用的新版教材一改过去只重文法练习的单调模式,增加了听力、会话内容,并配有录音及视频,在中学的语音室里进行听力会话教学。

这样有利于改变过去那种"高分低能"的状况,提高了英语教学的质量,学习者的学习效果也愈来愈明显。

三、英语教育的发展趋向

以上我们简要介绍了当今世界英语教育的现状。那么,英语教育的发展趋势是怎样的呢?分析当今世界英语教育的特点,我们可以看出它的发展趋向。

(1)明确了在教学过程中学生是积极的创造者,而不是消极的接受者。认知心理学家们提出学习是学生积极的活动,是创造过程,不是学生的一种被动地对语言规则和句型重复记忆的行为。这一认识使英语教育领域发生了重大变化,把"填鸭式"的教学改变为教师只起指导作用而以学生为主体的"引导式"教学。

(2)强调交际语言的教学和交际能力的培养,重视通过交际活动学习语言,而不是仅仅通过课本进行学习。在英语教学过程中,学习者应该在运用英语过程中学习英语知识,提倡建立一种交际性的课堂教学形式,创造一种能培养学生独立开展创造性语言交际活动的环境,在学生中进行语言交际。与此相应,主张既重视语言功能,又不忽视正确的语言形式。只重视语言形式,而不重视语言功能,只能帮助学生掌握正确的语法,而不能使他们在交际活动中有目的地使用所学的语言。新的交际法教学改变了这种状况。

(3)重视学习者在学习过程中运用的语言,揭示语言习得的内在规律。在英语教学的实践中总结学习规律并反过来用于教学,是一项重大突破。对比分析和错误分析就是在习得第二语言的过程中分析错误、总结规律的两种方法。

对比分析是研究母语对外语学习的干扰的学问,是建立在行为主义心理学和结构主义语言学的基础上的。这一方法认为外语教师只要充分了解学生在外语学习中产生错误的原因,才能有效地防止和纠正这些错误,而学生的错误大部分来自母语的干扰。因此,外语教师只有认真地把学生的母语和所学的外语在语言、词汇、语法等方面进行具体比较,才能了解学生究竟错在哪里,从而在教学中有目的地纠正这些错误。对比分析的方法在20世纪60年代以后被广泛地运用到外语教科书的编纂以及外语课堂教学和测试中。

错误分析的心理学基础是认知心理学的语言习得机制理论。这一方法认为外语学生的错误反映了其对外语规则习得的程度。错误分析的倡导者提出了"失误"和"错误"之间的区别,"失误"是偶然性的错误,没有一定的规则,不成系统,一经指出,学生即可自行纠正;"错误"是有规律的,学习过程中过分泛化的错误,包括错误的类推,如学习过程中,动词的过去式"$v.$原形$+ed$"经常出现"I teached you."这样的错误,这些错误反映出学生在对外语不完全习得的过程中某一阶段的语言能力。研究这些系统出现的错误,有助于了解学生在学习中采用的策略和提出的假设的本质。

对比分析和错误分析是两种不同的方法,但并不矛盾。在英语教学过程中,将两种分析方法结合起来运用,各取所长,总结分析学习过程中出现错误的规律和原因,用以指导教学,才能促进英语教育的不断进步。

(4)在教学过程中注意学习者的个性差异。针对不同的学习风格、学习策略和智力因素,区别优生和差生特征,努力实现"因材施教"的一对一的个别教学。这一点是通过在教学中创造性地运用各种现代化教学设备而实现的。

另外,强调社会文化背景和情感在语言学习中的作用,重视特殊语言学习者的特殊语言需要,即"专业英语",也是当代英语教育的重要特点。

英语在国际社会中的重要地位在一个相当长的时期内不会改变。因此,整个世界的英语教育也将作为一个重要的课题,不断探索,不断发展。

第二章　英语教育的教育学基础

本章从动机、态度、性格、智力、才能、年龄、焦虑、自我概念、方法、时间方面探讨学习者的自身因素对英语学习的影响,同时,从教师的合适性、方法的适用性以及教师和学生的关系等方面探讨教育者自身因素对英语教育的影响。

第一节　学习者

什么是学习?广义上讲,它指人和动物在生活过程中获得个体的行为经验的过程;狭义上讲,它专指人类的学习,特别是知识与技能的获得和形成,以及智力、能力、非智力因素的发展和培养。

英语作为外语的学习过程,指在母语习得的基础上,掌握和形成英语知识与技能。它包括知识学习的过程,如语音、词汇、语法的学习;技能学习的过程,如听、说、读、写、译能力的培养;问题解决的过程,如准确、鲜明、生动地表情达意,适切地实现交际。英语教学的成败同其他外语教学一样,很大程度上取决于内因,即学习者本身,一切改进英语教学的措施都必须通过内因而起作用。学习者因素包括动机、态度、性格、智力、才能、年龄、焦虑、自我概念、方法、时间等,本节简要做一些讨论。

一、动机

动机是激励人去行动的内部动因和力量(包括个人的意图、愿望、心理冲动或企图达到的目的等),它是个体发动和维持行动的一种心理状态。一个人的动机,总是同其满足自己的需要密切相关。学习动机也称为"学习的坚持性"。动机具有启发性、选择性和目的性。动机可使我们从厌烦转为感兴趣,它就像机动车的发动机和方向盘。斯波斯克(Spolsky B.)认为,动机本身包括三个方面的内容:对待学习外语的态度、学习这种语言的愿望和为学习这种语言付出的努力。如果学生真正有了动机,这三个方面都包括在内。外语学习者的动机是外语教育工作者所关心的一个问题,外语教育工作者把动机问题列为教育学生所面临的最重要的问题。

外语学习动机是人类行为动机之一,它表现为渴求外语学习的强烈愿望和求知欲。它是直接推动外语学习的一种内部动因,是外语学习者在外语学习活动中的一种自觉能动性和积极性的心理状态。加德纳(Gardner)认为,外语学习动机应包括四个方面:目的、学习的努力程度、达到学习目的的愿望和学习态度。有动机的外语学习,其效果较好;而无动机的外语学习,往往把外语学习作为一种负担,其效果不佳。外语学习动机是直接推动外语学习者进行外语学习以达到某种目的的心理动因,它是一种广泛的社会性动机。不同的社会和教育对外语学习者的学习要求不同,反映在外语学习者头脑中的外语学习动机也不同。

(一)外语学习动机的类型

1. 融入型动机和工具型动机

(1)融入型动机。融入型动机又称作"结合型动机",抱有这种动机的外语学习者,其目的是融合到第二语言社团中,和第二语言社团成员进行交际并成为这个社团的成员。外语学习者不但要学语言,而且要准备接受使用这种语言的人民的文化和生活方式。

(2)工具型动机。工具型学习动机强调学习外语的某些实际目的,而没有和外语社团进行交际的特殊目的的需要。工具型学习动机的主要特点是无持久性、有选择性,如为阅读科技文献、作资料翻译、找某些特殊的工作等而学外语。一旦学习者认为工具的目的已经达到,动机便立即消失。心理学家认为,参加社团的学习动机所取得的效果要远远好于工具型学习动机所取得的效果。但有时并非如此,具有工具型学习动机的学生也能学得很好。这类外语学习者学习外语的目的就是如何利用外语工具去寻找工作,改善自己的社会地位和资格等,特别强调语言的实用性。

融入型动机和工具型动机目前被视为影响外语学习的重要因素,也是外语学习研究得最多、最广泛的课题。到底哪一种学习者的学习效果好呢?专家们调查和实验的结果是完全相反的,有的实验结果认为前者优于后者,有的则是后者优于前者。究其原因,主要是调查时没有全面认识动机各个组成部分的作用及其相互之间的关系。客观来讲很难说哪一种更好。实验结果还表明,融入型(结合型)外语学习者的动机强烈程度高于工具型学习者的动机,但并不总是这样。有时,工具型学习者也会有强烈的学习动机。融入型外语学习者动机也许比工具型动机学习者强烈,但前者不一定有强烈的外语学习动机并将其付诸行动。反之,有强烈外语学习动机并愿付诸行动的人也不一定是融入型学习者。

2. 内在动机和外在动机

(1)内在动机。动机还可分为内在动机(内部动机)和外在动机(外部动机)。内在动机是外语学习者内部因素在起作用,内在动机来自个人对所做事情本身的兴趣,是由外语学习者本身产生的,外语学习活动本身就是学习者所追求的目的,如求知欲、好奇、兴趣、爱好或为了表现自我等。外语学习的目的在于获取外语知识,他们对外语学习感兴趣,对外语学习活动本身就能获得满足。也就是说,他们学习外语的目的就在于外语学习过程本身,丝毫不会受外界因素的干扰。认知心理学强调,人类天生具有追求知识的愿望,并会不断地追求其意义和去理解周围的事物。在外语教学中要设法调动内部动机,使学习者内部发生根本性变化。

(2)外在动机。外在动机指外语学习者受到外力推动,不是主观因素在起作用,而是由诸如金钱、名誉等外部诱惑物而激发,是受到外部情境支配而不得不学外语,如学外语是为了文凭、高分数、升学、晋级、奖励、表扬、不受批评、别人的赞许和压力等,它是由外语学习者以外的父母、教师等其他人提出的。学习活动是满足动机的手段,外语学习的目的并非获取外语知识本身,而是外语学习成就以外的外部奖励,从而赢得自己的自尊心。我们可以利用外在动机鼓励学生学好外语,但必须注意,外在动机不是出自学习者本身的兴趣,因而一旦外部因素取消,学习者很可能放弃外语学习。可见,一定要充分调动学习者的内部动机。

有些心理学家认为内在动机效应强有力而持久,外在学习动机效应弱而短暂。他们认为,内在学习动机优于外在动机,内在动机更重要。而另一些心理学家认为,外在动机的作用更重要。他们认为,大部分外语学习者的外语学习发生于人与人之间的相互关系之中,人人都渴望得到别人赞许。因此,外语教育者应有针对性地提供这方面的诱因。

3. 间接的远景性动机和直接的近景性动机

(1)间接的远景性动机。这种动机与学习活动本身没有直接联系。它强调学习活动的结果和价值,与外语学习的社会意义相联系,如现在中学生学外语是为了将来从事与外语有关的工作。这类动机反映了社会和家庭的要求,与外语学习者对外语学习意义的认识和有无远大志向以及他们的世界观有关系。它有力地影响着学生外语学习的自觉性和主动性。这类动机与比较长远的活动结果相联系,其稳定性强、不易动摇,能在较长的时间内起作用。

(2)直接的近景性动机。这种动机与学习活动有直接联系,主要由学习活动本身直接引起,主要表现为对外语学科内容或学习活动的直接兴趣。它可能是由教师和家长施加的压力、奖惩引起的,也可能是由同学间的竞争引起的。这类动机主要由好奇和认知的需要引起,它起作用的范围比间接的远景性动机要小得多。例如,有的学生觉得外语有趣而喜欢外语课而不喜欢其他课,这类动机比较具体、强烈而有效。大学阶段,这类动机表现更为突出,且一旦形成,往往会对学习者产生很大的影响。

间接的远景性动机和直接的近景性动机的划分主要是根据动机来源和起作用的长久决定的。这两种动机是互相联系、互为补充的。陈光山先生认为,因直接的近景性学习动机容易受当时的具体条件的一些偶然情景的影响,因此应该有间接的远景性动机的补充和支持,使学习活动更自觉、更有意义。间接的远景性动机比较长远,因此也应有直接的近景性学习动机来补充和支持,使长远目标的鼓舞更好地与当前的具体学习活动结合起来。

4. 外语成就动机

外语成就动机为人类所独有,是特殊外语课堂学习的主要动机,它是指学习者愿意去学自己认为很有价值的外语,并力求把它学好,取得好成就,反过来取得好成就后又进一步强化了其成就动机。成就动机主要由不同的内驱力构成——认知内驱力(好奇的内动力)、自我提高内驱力和附属内驱力。

认知内驱力或好奇的内动力主要是从好奇开始的,好奇常常会导致探究和追求环境刺激行为,所以好奇会产生求知欲望。它是一种指向学习任务的动机和求知的愿望。这种内驱力与外语学习的目的性和认知兴趣有关。外语学习者在课堂上获得好成绩,而这些学习经验又会使他们期望在今后的外语学习中取得更好的成绩,从而得到满足。这种动机又称作"内部学习动机",实验表明这是一种在课堂外语学习中最重要和最稳定的动机。

自我提高的内驱力(或胜任的内驱力)是指外语学习者因自己学习成绩好而受到一定奖励或赢得相应地位的需要。这种内驱力可使外语学习者把自己的行为指向当时学业可能取得的成就,又可使他们在这成就基础上把自己的行为指向今后奋斗的目标。这种内驱力不像认知内驱力直接指向学习任务本身,而是把一定的外语成就看作赢得一定地位和自尊心的根源。

附属内驱力(或称作"互惠的内驱力")是指外语学习者取得好成绩,主要不是让自己提高,而是满足教师、家长的要求,得到他们的赞许或认可,这显然是一种外部动机。外语成就动机与家庭教育有很大影响。在学校里,一般来说,学生的外语成就动机与外语学习动机成正比例,外语成就动机强者其外语学习成绩也好。他们对取得外语好成绩感到自豪,对失败不感到羞愧,而成就动机弱者对外语学习失败感到羞愧,对成功不怎么感到自豪。自我提高的内驱力可称为"求成欲",附属内驱力可称为"满足欲"。

(二)激发学生的学习动机

动机在外语教学中起着十分重要的作用,应引起外语教育者的高度重视。有些外语学习者学得很糟,其根本原因是自己没有强烈的外语学习动机。克拉克(Clark L. H.)指出,由于每个教师都有有价值的商品要卖给有时是不情愿的"顾客",因此对教师来说,找出办法激励学生的学习动机是很重要的。

激励学生的动机主要有两条:首先要利用学生本身固有的动机,如好奇心,学生对成功、自尊的愿望,贪玩,好动等习惯;其次是教师所教的东西对学生要有价值,如果教师所教内容对学生不适宜,就会降低、挫伤学生的学习动机。克拉克提出了激励学生动机的建议:利用学生已有的动机使潜在的学习成为有价值的目标,保持教学进度,养成学生乐于接受事物的情绪,培养学生有助于学习的观念和态度,尽量运用强化理论为学生提供可模仿的好榜样。总之,激励学生的最佳方法是采用积极的手段,而不是采用消极的手段,这样才能真正激发学生的学习动机。

二、态度

态度包括三个组成部分:认知,这里指人对事物的信念;情感,指对事物的褒贬反应;意动,即个人对待事物或采取行动处理事物的倾向性。

外语学习态度就是学生对外语的认识、情绪、情感、行为在外语学习上的倾向。外语学习态度与外语学习者的学习价值观有密切联系。外语学习态度与外语学习情绪有关,情绪本身就是态度。外语学习态度与外语学习表现是一致的,态度是内心的倾向,表现在外显的行为,学生的内心态度如何,很难知道,唯有通过他们的学习表现去推测,从而了解他们的内心世界。

态度与动机有着密切的关系,加德纳认为,动机来自态度,态度不能直接影响学习,但它们可导致动机的产生。动机指的是努力加上取得学习目标成功的愿望,再加上对待学习外语的积极态度的结合物。

根据学习表现,学习态度可以分为自觉型、兴趣型、说服型和强迫型。自觉型和兴趣型学生受内在动机支配,说服型和强迫型学生受外在动机支配。学习外语的态度与学习成绩之间的相互程度高于学习其他学科的态度和成绩之间的相互程度。一般说来,对待外语学习的态度与性别不同有关,如女同学更喜欢学外语。有调查证明,学习者在初学阶段的态度与后来的外语水平相关不大。但是一段时间后,成功的外语学习者慢慢树立起有利于外语学习的态度。这种积极的外语学习态度反过来又促进了外语学习,使外语学习取得更好的成绩。学生的学习态度一旦形成则比较稳定,在外语学习过程中一直坚持他的学习态度,不易改变,特别是一些持不良态度的学生。例如,有的学生认为外语学习难,单词不好记,语法不好学,就采取放弃学习外语的态度,外语教育者和学生家长做了大量工作,但收效甚微。有些持不良态度的学生经过耐心细致的思想工作,的确改变了原来对外语学习的不良态度。这说明学生的外语学习态度是可以改变的,因此外语教育工作者要善于诱导,教法得当,坚持长期的思想工作。

大量的研究已显示出动机和态度在外语学习中的作用。所有的研究表明,积极的态度和动机与第二语言学习成就联系在一起。同样地,如果学习者对讲这门语言的人报以喜爱的态度,就会渴望与他们接触。如果只感到学习第二语言是外来的压力,那么其内在的动机就会最小,学习态度就会消极。

总之,学外语一定要有一个积极和强烈的学习动机和正确的学习态度,否则学好外语是不大可能的。

三、性格

实验证明,多数外语学习者的外语成绩与他们的性格有关,一般说来,性格开朗、自信心强、认真负责的外语学习者外语成绩好于那些性格内向、缺乏自信心者的成绩。有人通过调查发现,外语学习获得成功的人与他们的外向型性格有联系,但也有经过实验得出相反的结论。事实上,这个问题很难统一,不能一概而论。在口语方面,外向型学习者喜欢交际,胆子大,不怕出错,常显得自信大方,善于和人交谈,他们要比内向型学习者占有一定的优势。但在阅读、写作方面不见得比内向型的人有什么优越之处。

实验还发现,自信心强的人外语口语学得更好些,他们在陌生场合下,敢于大胆讲外语,不怕出错。正如爱因斯坦所说:"智力上的成就依赖于性格上的伟大。"有了错感到难堪,常常焦虑不安对学外语有一定的阻碍作用。

无论研究结果如何,个性的不同的确会对外语学习产生不同的影响,良好的性格有助于外语学习,而外语学习的成功会增强学习上的信心,促进良好性格的形成,二者是互相影响、互相作用的。消极、悲观、恐惧、自悲的不良性格必定对外语学习带来消极的作用。外语教师应给学生创造良好的条件,注意培养学生良好的性格。

四、智力

什么是智力？这在心理学史上是一个众说纷纭、长期争论的问题。林明榕先生在《学习学通论》一书中总结出中外关于智力的定义共19种,其中,国外对智力的定义有13种,国内对智力的定义有6种。综合各种观点,可以看出:智力是指人的认识方面的能力,它是高度的观察力、注意力、记忆力、抽象逻辑思维能力和想象力的总和。所谓的"笨""聪明",就是对一个人智力的评价。

1995年,莫尔特比(Maltby F.)在他的《教育心理学》一书中引用了荷恩斯特(Richard J. Herrnstein)和默里(Murray Henry)对智力的看法,即"精明"这个词是智力概念的同义词。智力主要用来解释为什么在同一班、同样的教材、同样的教师,有些学生好像学起来容易,而另一些学生学起来特别困难。

一个人的智力如何,直接影响着外语学习的成绩。当然,与能力也有直接的关系。那么到底什么是能力？能力是指人们在顺利完成某种活动中所表现出来的本领。智力与能力,既有联系又有区别。例如,人有各种能力,但不是所有的能力都是智力。智力主要是指人的心理活动方面所表现出来的能力。

能力与知识、技能之间是相互联系又相互制约的。外语学习者的学习能力与外语成绩有着一定的关系,但不十分突出。卡罗尔(Carroll)经过大量调查,认为还有若干特殊能力影响外语学习,如语言的译码能力、语法感知能力、语言的归纳能力、联想记忆能力等。总之,智力和能力对外语学习都有影响,外语教师要设法创造一切条件去发展学生的智力,提高他们的各种能力,帮助他们学好外语。

智力与外语学习存在着一定的关系。多年来,许多研究者通过采用各种各样的智商测试和不同的研究语言的方法,已发现智力水平能够很好地用以预言一个语言学习者能取得何等程度的成功。而且,近来的一些研究也表明,在各种各样的外语能力中,智力可能与其中某些能力的关系较为密切。很多研究表明,智力与第二语言的阅读能力、语法知识及词汇量的扩大有关,而与听力、口头表达技能无关。

智力是所有人所具有的特性,并被视为一种潜在能力,这种能力可能是先天发展和成长的一种机能。它会因疾病或受刺激而发生变化。一切对智力成长的有利环境、知识、教育和刺激,都不会增加一个人的潜在能力。因此,成长只能使个人把他的潜力发展到最高限度。

心理学家对智力的理论或智力的因素有着不同的看法。

(1) 二因论或二因说。这是由英国心理学家斯彼尔曼(Spearman)提出的。他认为智力主要是一种概括化的机能,并且包括两个因素——普通因素,称为 G 因素;特殊因素,称为 S 因素。

(2) 多因论或多因说。这是美国心理学家桑代克(Thorndike E.L.)提出的。他主张智力是由许多高度特殊的过程所组成的,这些高度特殊的因素联合起来,就组成智力。他还把智力分为三大类:抽象智力、机械智力和社会智力。抽象智力就是了解和应用文字与符号的能力,机械智力就是了解和运用工具与机械的能力,社会智力就是了解和管理人事或关于处理人类社会关系的能力。

(3) 群因论或群素说。这是由美国心理学家瑟斯顿(Thurtone L. L.)提出的。这些因素包括数字、语言、空间、词的流利程度、推理、联想记忆和知觉速度。

智力的理论尽管不统一,但按以上三种学说中的任何一种学说所编写的测验,都可以达到相同的教育目的。

研究成果还表明,智力与正式的语言学习中使用的第二语言技能有较大的关系(即阅读、语言解析、写作、词汇学习),但对口语交流技能发展的影响小得多。可见,在班级授课的第二语言学习中,尤其是在正式的课堂中,智力似乎是一个有很大影响的因素。如果不是正式课堂教学,智力可能就会起次要作用。

五、才能

有人认为,并非所有的人都能学好外语,能学好外语的人好像具备一种特殊的素质,这种素质就是人们学外语所需要的认知素质,即外语学习的能力倾向,还可称作"学习才能"(或"语言才能")。语言才能指"语言学习的天赋能力,不包括智力、学习动机、兴趣等"(王宗炎)。

在研究过程中,有案例表明,某些人具有异常的学习语言的才能。奥博勒(Obler L.)报告指出,有一个男子就具有这种特殊的能力,奥博勒称他为CJ,他的母语是英语,他的首次第二语言学习始于15岁,是正式的法语学习。在高中时,他又学了德语、西班牙语和拉丁语。后来,CJ在摩洛哥工作,在那儿,他通过接受一些正式的和非正式的学习,学会了摩洛哥阿拉伯语。他还在西班牙和意大利仅度过几个星期,就学会了西班牙语和意大利语。他确实是一位惊人的天才!

莱特博恩认为,像CJ那样的学习者可能是罕见的,但研究的确表明,人类有着千差万别的第二语言的学习才能,学习才能因素已被某些研究者深入细致地研究过。这些研究者对发展能预测一个语言学习者取得什么样的成就的测验很感兴趣。

尽管已有很多研究者考察了学习才能因素,但这些结果绝不是最终定论。究竟构成学习才能的能力是哪些因素?至今还不清楚。但无论如何,必须承认在外语学习中存在着语言学习才能的差异,外语教师要因人而异,针对学生不同的学习才能采取不同的教学方法,促使他们学好外语。

在教学方面,多数心理学家接受了卡罗尔的观点,即"才能无非是一个学习者掌握一定分量的材料所需要的时间"。这里卡罗尔强调的不是内在的主观因素,而是外在的客观因素,"也就是说,只要有时间,几乎任何人都可以学习任何东西,另一种办法则是降低所要求的学习水平"(桂诗春)。

六、年龄

年龄对外语学习的影响引起了许多心理学家、心理语言学家和教育家的关注,他们花费了大量时间去研究调查外语学习和年龄的关系,研究的结果并不一致,所以不能让大家都信服。有的研究表明,从小学外语是学习外语的最佳年龄,儿童比成年人学外语学得快。有人反对这种意见,认为成年人理解能力强,因而学习外语更有优势。

(一)临界期论

赛利格(Seliger)等人研究表明,成人学外语,只有6%到8%的人可以说得上是不带第一语言的口音。同时认为,各种语言能力有自己的临界期,有的语言能力的临界期较短,超过11、12岁确实难以完全习得,但有的语言的临界期很长,甚至持续终生。所以,讨论学习外语的最佳期很难取得一致的结果。什么时间学外语是最佳时期?神经心理学家的一致看法是,超过了青春期就不那么容易完全习得第二语言的语音。伦尼伯(Lenneberg)提出了临界期假设。他提出两岁到青春期之前,是学生习得母语的最佳期。到了青春期,学习语言要花大力气,本族语口音难以克服,成年人说外语一定会带本族语口音,也不可能学得像母语那样地道。但也有人反对这一观点,提出了不同的看法。如果临界期假设正确,那么,母语习得过程和青春期后的外语学习过程属于两码事,青春期前后学外语效果也不同,但实验结果并没有得出这样的结论。

　　这里提供一些重要的研究成果,尽管结论各异,但对外语教育者有一定的参考价值。帕特康斯克(Pathowski)研究年龄影响第二语言获得的特性比音调的影响力大。他假定,若忽视音调,那么只有那些在 15 岁之前开始学第二语言的人才能完全像本地人一样掌握语言。他调查过 67 个受过高等教育,后来移民去美国说英语的人,他们已从不同的年龄开始学英语,但所有的人已在美国居住 5 年多。其中 15 个以英语为本族语的美国人被调查,他们也受过同样的高等教育。他们的言语作为一种基线,是第二语言学习者尽力去实现的语言目标。

　　帕特康斯克研究的重要问题是在青春期前学英语的人与青春期后学英语的人之间存在的差异。然而,他以其他的特征和经验为基础比较学习者。和年龄一样,一些人建议的这些特征和经验可断定和说明一个学习者在掌握第二语言中的最终成就。他们的研究结论是:在青春期前学英语的人与那些青春期后学英语的人之间存在着差别。在一个国家居住 15 年的人肯定比一个只住 10 年的人要说得好。

　　研究发现获得知识的年龄是一个重要因素,这些研究成果有力地支持了第二语言获得的关键时期假设论。经验和研究表明,对于年老学习者来说,像当地人一样精通口语是很困难的。

　　约翰逊(Johnson J.)和纽波特(Nowport E.)进行了一项抽查研究,他们把 46 个在不同年龄段开始学习英语的中国人和朝鲜人进行对比。所有的抽查对象都是一所美国大学的学生或职员,并且在美国居住的时间长短不一。在这一次调查中,每一个参与者都得到用以检验英语词法和句法的 12 条规则的"语法判断"试题。他们把所听到的句子,无论对错都写下来。这些句子一半是符合语法规则的,而另一半不符合语法规则。评卷时发现,年龄是决定参加者能否取胜的一个决定因素。但他们把那些在 13 岁到 15 岁就开始学习英语的人与那些在 17 岁到 30 多岁之间到美国去的人进行比较,他们又一次发现,早一点学习第二语言和运用第二语言之间有着密切的关系。约翰逊和纽波特指出：在15岁以前，特别是10岁以前在学习第二语言的能力方面几乎没有因人而异的情况，而年纪较大的学习者，由于缺少像本国语那样的能力，个人所达到的最终目标就很可能有很大的不同。这项研究进一步证明了那些能够像掌握本国语那样熟练地掌握第二语言有一个关键期的假设。

(二)非临界期论

斯诺(Snow C.)和另一位专家研究了一些讲英语者以荷兰语作为第二语言学习的过程。这些学习者跟那些小到3岁的儿童、青少年和大到成年人学习荷兰语，正是这一点使得他们的研究很有价值。这些应试者被分成几个小组，为了便于讨论，正好把他们分成三组：孩子(3岁至10岁)、青少年(12岁至15岁)、成年人(18岁至60岁)。那些孩子和青少年都在荷兰语学校学习过，成年人中的一些人和讲荷兰语的人工作在一起，而他们的绝大部分同事英语讲得很好，另一些人作为父母，很少在外面工作，他们与荷兰语接触的机会要比其他应试者少。

在这个研究中，青少年是最成功的学习者，他们除了语音不如成年人以外，其余各项都遥遥领先，也就是说，在最初接触荷兰语的几个月中，青少年和成年人要比孩子学得快。可是，到了该年末，孩子们已经迅速赶上，事实上，在某些测试中(如语言、故事理解、讲故事)已经超过成年人。在综合水平上，青少年仍保持着最高水平。

他们的研究结果证明了语言的学习没有一个关键期。莱特博恩认为，他们的研究结果可以有如下几种不同的理解。

(1)一些测试，如句子翻译和句子判断，对小年龄应试者来说太难，这些测试明显地超出了孩子们的认识能力。

(2)成年人和青少年在学习第二语言的初级阶段学习得较快，但是如果儿童在日常语言的包围中来学习语言，他们最终会赶上并超过成年人和青少年。

（3）在社会、个人、职业和专业相互影响的情况下，青少年和成年人能够充分运用日常语言，也正是在这种环境中他们在掌握第二语言的过程中才能获得快速的进步。

有人说，儿童学外语比成年人学外语收效更好，同时学得快。持这种观点的人也找不到充足的证据来支持自己的这种论点。桑代克把8岁到30岁的人分成若干组，丘德禄(Cheudleur)把12岁到18岁的学生和20多岁的成年人分成若干组进行测验，可测验结果都没有说明年轻人比成年人学习外语收效更好。为什么会出现这样的结果？实际上，成年人和儿童学外语的情况很不相同，很难进行比较。对不同年龄的受试者进行比较有一个严重缺陷，年龄不同，做的题都相同，这就不科学。年龄大的比小的得分高，很可能是因为他们比年龄小的更懂得如何考试的技巧，但不一定语言能力就强于年龄小的受试者。所以，对不同年龄的人进行同样的测试，得出的结果不可能让人信服。

年龄对外语学习影响的实验在世界上到处并时时都在进行。1987年，梅伊斯特(Magiste)做过一个实验，最小的6岁，最大的19岁。实验结果使他认为第二语言学习似乎无临界年龄，但似乎有一个最佳年龄，其理由是年龄较小的学生模仿力强，具有更好的灵活性和语言学习的自发性。但年龄较大的人自我意识增强，模仿力减退，而使学外语愈加困难。这个实验还有一个启示，那就是语言的难易与年龄有关，并非在任何情况下，年龄小的比年龄大的人都学得好。

莱特博恩认为，近年内，临界期假设论受到几种不同观点的挑战。一些关于第二语言发展的研究把年老和年轻的学习者放在同样的环境中学习。研究表明：至少在第二语言发展早期阶段，年老学习者比年轻学习者能力强。教育研究已报道：在长期竞赛中，从小学开始学第二语言的学习者的水平低于那些从青少年开始的学习者。许多研究也显示婴儿的大脑中已有专门供语言发展的区域。

(三)小结

尽管专家们对临界期的看法不一,但我们知道,对那些在晚年才开始学习第二语言的成年人来说,像掌握本国语那样掌握第二语言往往是不可能的,经历和研究都显示出成年学习者能够较高水平地熟练掌握第二语言。

如果学第二语言的目的是培养学生在教学中的基本交际能力,或者说孩子们的本国语仍停在初级水平,那么晚一点开始学习第二语言也许效果会好一些。通过对那些在学校中一周只有几个小时学习第二语言的学生的调查,那些较晚开始学习的学生(如在10岁到12岁)能够迅速赶上那些较早开始学习的学生。

桂诗春先生认为年龄对外语学习的影响可分为三种情况。(1)3岁至10岁。这些儿童大脑可塑性最强,在语言才能方面呈现差异,能习得自然语音,但容易和母语习惯相混淆。(2)11岁到16、17岁。这些青少年理解语言和文化的能力较强,母语习惯已形成,不会受到多大干扰,长期记忆能力增强。(3)成人。成人的学习目的性明确,有强烈的学习动机,理解和联想能力较强,花时间少,学东西多,但没有足够的时间去专心致志地学。

吴棠先生认为,年龄与外语学习之间有关系的观点大致有以下两种。

第一,儿童优势论。这种理论包括四个。(1)生物论,即从生物学角度认为年龄越小,学外语越有利。(2)条件论。条件论认为,年龄差异主要是学习条件的差异,年龄越小,他们面临的语言环境和其他条件对他们越有利。(3)认知论。认知论认为,年龄的差异主要是认知方式上的差异,成人的认知发展进入了新阶段,他们有了抽象思维能力,这就不如儿童那样自然有效地学习外语。(4)情感论。情感论认为,年龄差异主要是情感差异,儿童的情感状态一般总是有利的,成人的自我意识增强,常处于不利的情感状态。

第二,成人优势论。成人优势论在承认儿童语音学习优势的同时,更强调成人的优势,如理解、重视语言规则等。

年龄对外语学习的影响的实验还在进行,是年龄小学外语好,还是年龄大好,这个问题还在继续争论。可以说,年龄小者学外语语音、听说、模仿要比年龄大的人学得快、学得好。年龄大者学外语语法、写作、理解要比年龄小的学得好。无论如何争论,年龄对外语学习有影响,这一点毫无疑问,但这个影响不是像有些人想象的那么严重。作为外语教师应根据不同的年龄采取不同的教学方法,使学习者在有限的时间内收到理想的效果。根据中国的实际情况,中国学生以小学五年级、六年级或初中一年级开始学外语为好。

七、焦虑

第二语言习得理论认为,语言学习是一个内化的过程,学习者在接触语言材料后,对其进行过滤与加工,经检测、监控,输出新的语言。在这个过程中,学习者的动机、需要、态度和情感状态起着举足轻重的作用,他们决定语言过滤的多少,影响语言学习的速度和质量。焦虑作为一个情感变因,对语言内化的影响不容忽视。学生的焦虑越小,习得的效果越好;焦虑越大,对语言输入的过滤也越多。

(一)焦虑的实质及表现

1.焦虑的实质

焦虑是由外在的模糊的危险的刺激而引起的一种强烈、持久的消极情感,由期待、烦乱、恐惧等感受组成的不愉快的情绪体验。心理学家斯皮尔伯格(Spielberger)提出状态—特质焦虑理论,他将焦虑分为特质性焦虑和状态性焦虑。特质性焦虑是相对持久的人格特征在焦虑倾向上稳定的个体差异,状态性焦虑是焦虑的暂时被动状态。根据斯皮尔伯格的理论,焦虑作为一种状态,随着自主神经系统的唤醒,表现出对当时情境的忧虑和担心,如面对考试,每个学生都有程度不同的紧张感,这种紧张感就是焦虑。焦虑作为一种人格特质,更像一种动机或习得的行为倾向。在其他条件等同时,有焦虑倾向的人在更多的情况下对相对较多的场合有比较高的感觉焦虑的能力。这就是为什么在外语学习中,有的学生显得主动积极,使用外语时即使错误很多,也不怕出丑;而有的学生显得腼腆,羞于在大庭广众之下开口,因为前者焦虑倾向明显低于后者。

2. 焦虑的表现

对于焦虑的表现,心理学家曾做过不少观察和研究,归纳起来可分为如下三个方面。

(1)情感方面的表现。当一个人处于焦虑状态时,首先感到的是恐惧、忧虑。这类人常常烦乱不安,心事重重,无法放松自己,并情不自禁地感到需要保护,又无能为力。

(2)行为上的表现。焦虑时,个体的肌肉系统处于一种紧张的反应状态,以便随时可以采取行动去对付危险。但由于不知威胁来自何处,何时会来,因此焦虑时只能做些无目的的、无效的动作,如坐立不安、辗转反侧、举止僵硬、紧张、说话变调、发颤甚至全身发抖。

(3)生理上的表现。焦虑时由于交感神经系统活动占优势,有机体会产生一些相应的生理变化,如瞳孔放大、唾液分泌减少等。在血液循环系统方面,表现为心跳加快、血压升高、呼吸急促。在消化系统方面,表现为胃肠蠕动减慢、胃液分泌减少等。

(二)引起焦虑的因素

著名美籍爱尔兰精神病学家、心理学家沙利文(H. S. Sullivan)指出,焦虑是由自尊遇到危险的信号,是一个人在重要人物心目中地位遇到危险的信号。沙利文对焦虑的本质认识明确了两点。第一,明确了焦虑的根源在于社会性刺激的威胁作用。重要的他人对个体满足需要方式的谴责是引起个体焦虑的社会性刺激,而重要的他人是以社会文化标准来评价个体的行为方式的。第二,明确了自尊这一因素在焦虑发生过程中的核心作用,认识到自尊受外来刺激的威胁是焦虑的本质特征。概括起来,引起焦虑的因素是自尊和被评价意识。我们认为,除了自尊和被评价意识外,还有移情这个因素。

1. 自尊

焦虑与自尊之间存在着明显的负相关。国内外研究表明,自尊的降低往往引起焦虑。学生使用外语的焦虑很大程度上来源于对自己运用语言的能力缺乏自信,担心引起别人的讪笑,从而丢失面子和尊严。一般来说,易于对自我威胁产生恐惧反应的学生往往倾向于低自尊,即对自己的能力和所做的事情的价值不敢肯定。

2. 被评价意识

被评价意识又称"期望评价",指个体意识到的群体其他成员根据群体价值对他的行为评估。期望评价、自我评价、评价别人三者犹如一个"压力表",构成个体的自我感觉。

个体所体验到的期望评价高,比较关心和看重别人对自己言行的批评、赞美,其自我评价就偏低,自我感觉差,因而体验到更多的威胁和压力。有了这种压力,总怕自己说得不好,学得不好,别人会看不起,丢了面子。这是一种外因,这种外因又通过自我评价意识(荣辱感)这一内因起作用。外语学习中有许多集体活动,如句型操练、问答、对话、复述、角色扮演等,这些活动不可避免地会给学生带来这样或那样的评价,有时甚至是讥笑。如果对这些反应过于在乎,过于敏感,学生可能变得焦虑不安。学龄前儿童在大的集会上登台发言、表演都不在乎,就是因为这种意识没有发展成熟,因而没有精神压力或很少有这种压力。

3. 移情

一个人接受和自己思想相冲突的思想及假设的能力称为"移情"。这种能力又称为"对模棱两可事情的忍耐性"。学习一门新语言时,学习者所接触到的语言规则和语言现象不可避免地与母语有明显冲突。学习者必须摆脱母语的影响,站在所学语言的角度来理解和考虑问题,形成新的假设与判断。特别是在语言交际的过程中,说话者从对方使用的语言结构到对方的情感心境都需要假设。为了做出正确的判断,说话者需要跨越自我周围的心理屏障,以较强的忍耐能力来保持信息交流渠道的畅通。这时,移情问题显得更加突出。一般来说,移情能力强的学生,易于接受与自己的语言、文化、价值观念相冲突的东西,假设能力强,能有效地控制自己。在使用语言的过程中,对所遇到的困难以及因语言上的障碍而出现的失误甚至错误处之泰然,不惊慌,也不惶恐。而移情能力弱的学生,情形恰好相反,由于对模棱两可的事情缺乏耐性,在使用自己不熟悉的语言时,往往要求过于苛刻。要么抑制自己,采取回避态度,要么灰心泄气,与所学语言或使用所学语言的人格格不入。无论哪一种情况,学习者都会急躁不安,因此体验到焦虑。

八、自我概念

自我概念又称"自我形象",是已形成的相对稳定的对自己的认识和评价。美国社会学家米德(G. Mead)把自我分成两个方面:一个是主观的"我",即对自己活动的觉察者;另一个是客观的"我",即被觉察到的自己的身心活动。前者为头脑中塑造的理想的"我"的形象,后者实质上就是现实生活中的"我"的形象。当后者与前者发生差距和矛盾时,就会产生复杂的情感体验。Quandt指出自我概念是指涉及个人所具有的全部感知,尤其强调个人对自我价值和能力的感知。个人感知包括自己和他人相比较的观念,他人如何看待自己的观念,自己希望成为什么样的人的观念。

王宗炎在论述自我概念时指出,自我概念是存在于一个人心目中本人的形象,是对外语学习有影响的变量因素。自我概念的进程也往往呈螺旋式上升趋势,或恶性循环,或良性循环。消极的自我概念妨碍外语成绩的提高,外语成绩差则使自我概念更消极。相反,积极的自我概念促进外语成绩的提高,好的外语成绩得到教师的肯定,学习者因此产生更积极的自我概念。

(一)自我概念的功能

伯恩斯(Burns)在其《自我概念发展与教育》一书中,系统地论述了自我概念的心理作用,提出自我概念具有三大功能:保持内在一致性、决定个人对经验怎样解释和决定人们的期望。

1. 保持内在一致性

个体需要按照保持自我看法一致性的方式行动。达顿(D. Dutton)等人发现,当人们以为自己没有种族歧视,但情境使人们遭遇可能被怀疑为具有种族偏见时,人们会努力做出显示自己的确没有种族歧视行动,向自己证明自己反对种族歧视的倾向具有一致性。其他大量有关态度一致性的研究也都证明,个人需要保持自我的一致性,自我概念在引导一致行动方面起了很大的作用。当学生自认为外语不行,被别人认为跟不上时,他也就放松对行为的自我约束,很显然,通过维持内在的一致性的机制,自我概念实际上起着引导个人行为的作用。

2. 决定个人对经验怎样解释

个体如何解释自己的经验,在很大程度上取决于自我概念。一个自认为能力平庸、成绩一般的学生对于比较好的成绩结果会认为是取得了极大的成功,因此而心满意足,甚至欣喜有加。而自认为能力出众、成绩优秀的学生,对同样的成绩则表现出失落和颓丧,并体会到挫折。詹姆斯(James)在他有关自我的论述中,曾经提出一个自尊的经典公式：

自尊 = 成功/抱负

实质上，这一公式所说明的是，个人的自我满足水平并不简单决定于获得多大成功，还决定于个人怎样解释所获得的成功对于个人的意义。当自我概念是消极时，每一种经验都会被消极的自我评价联系到一起。而如果自我概念是积极的，每一种经验都可能被赋予积极的含义。

3. 决定人们的期望

自我概念还决定人们对他人行为的解释及对未来事情的期待。具有消极的自我概念的学习者，其自我期望很低，他们期望外部社会的消极评价，对消极的行为后果在思想上有着充分的准备。由于这种消极的期望，学习对他们不再有吸引力。

(二)影响自我概念的因素

影响自我概念的因素很多，主要的有自信与年龄。

1. 自信

自信，即对自己充满信心，自我效能感强，感到自己在周围人中举足轻重，在学习过程中重视自觉维护自己的这种胜任能力。这样的学生具备积极的自我概念，且抱负水平较高。缺乏自信的学生自我感觉差，自卑意识强，在周围的人中感到自己无足轻重，产生消极的自我概念，抱负水平低，学习时冷时热，有时甚至自暴自弃。

2. 年龄

年龄也与自我概念紧密相关。儿童学习外语时都有积极的自我概念，即使成绩一般，也不影响他们对自己的看法和评价，他们总是充满自信。但随着年龄的增长，人的自我意识随之增强，形成一种心理自我保护屏障。成年人往往不易和别人认同，不易处于一种开朗松弛的情感状态,而这种情感状态正是学习语言极其必要的。成年人往往更能猜想别人的看法,这种能力使他们认为别人也正在想他们最关心的事,即他的形象和表现。这种想法强化了他们的自我意识、虚弱感和趋于消极的自我形象。这也说明为什么儿童学习语言的效果一般比较好。

九、方法

不同的学习者可采用不同的方法去完成学习任务。有些称为"视觉"学习者,他们需要先用眼观察,再接受事物;另一些被称为"听觉"学习者,他们需要听一次或两次后再接受事物。还有一些学习者反复练习强迫记忆,这样他们就觉得自己已掌握了一些东西。另外,在学习过程中,学习者不仅需要看、听、练,他们还需要用完善的方法把新知识用于实践。一些人自由选择他们喜欢的学习方式,他们取得的收益就大得多,相比之下,那些被迫去接受唯一的学习方式者(而这种方式并不适合他们)收益就小。

中国台湾的朱敬先先生在谈到学生学习方式时,提到认知方式,这种方式又分为冲动型与深思型(或内省型)、情景依赖型和情景独立型、场依赖型和场独立型。冲动型的学生抢着回答问题,反应快,若没有现成答案,喜欢用自己的预感去猜一猜。深思型的学生注意广度,显得冷静自若,但不能好好做功课,容易分心,不能长期专心学习。实验表明,外语教师用归纳法教外语,深思型学习者得益较多,在阅读方面,深思型比冲动型外语学习者读得慢,但较为准确。在外语学习过程中,冲动型学生可能迈出许多快捷的步子,而深思型学生在某些阶段停留的时间可能稍长一点。情景独立者表现为自信,有竞争意识。情景依赖者对别人感兴趣,开朗合群,有同情心。在外语学习上,情景独立者擅长有意识地学习外语语言形式,情景依赖者擅长在自然环境的交际中潜意识地学习外语。

研究还表明,当学习者对看到的事物表示喜爱或通过一种我们认为不太有效的方式记忆材料时,我们不应设想他们的学习方式是错误的。相反,我们应鼓励他们像学习另一门语言一样使用有效的方法。

十、时间

学习外语时,所花时间是一个重要的因素,它关系到能否掌握和保持这种语言。

据国外有关学者估计,学习一门外语,要成为能使用两种语言的人,大约需要 900 小时。也就是说,在一含有 180 天的普通学年里,都以一天一小时计,要完成 900 小时的外语教学,至少需要五年。也就是说,一个学生如果每天只学一小时外语,那么没有五年的时间,他是不可能成为能使用两种语言的人的。

事实上,很少有学生通过五年学习就能熟练掌握一门外语。比如在我国,基础英语教育的主要问题就是效率太低。一个学生在中学阶段学了六年,到毕业时,只能掌握 2000 多个单词,粗略掌握一些语法知识,听、说、读、写能力也较差。为什么会出现这种时间与效果不成比例的情况呢?

一般英语教师认为,如果用部分时间(每天一小时课,一小时自习)而不是全部时间(每天八小时上课、实践、自习)来学习,效果会更好。也有一些研究者提出,用全部时间学习更为有效,因为外语学习在一定程度上需要集中进行。前一种观点是符合我国基础英语教育体制并为人们长期接受了的,但是,我们的经验证明后一种观点也有一定道理,并在一定程度上可以用来回答上文提出的问题。

证据之一:我国中学生在经过六年学习之后,词汇量一般不会超过 2000 个;多数大学生到本科毕业时,也只掌握了 4000 个左右单词。而许多人在参加两三个月甚至更短的"托福培训班"之后,词汇量迅速突破 10000 个大关;有的学生在考前经过几个月甚至几周的听力强化训练之后,听力能力也能得到飞跃性的发展。

证据之二:出国留学人员在经过三至六个月的强化训练之后,一般都能使用较流利的外语进行日常交际和独立从事一些日常活动;而一般大、中学生是无法胜任口头交际任务的。

为解决目前英语教育中普遍存在的效率太低的问题,我们建议引进"集中突击"与"细水长流"相结合的教学试验。"集中突击"不等于"间歇拼搏",而是分阶段地定期采用强化教学法,使学生在听力、词汇方面达到质的飞跃,在口语方面树立自信心。具体措施可以为大、中学生开办一些假期强化学校和英语夏令营等。"集中突击"体现了"外语学习一定程度上需要集中进行"的思想。"细水长流"则是指保持现有每周五学时学制,按计划学习语法知识,提高理解力。因为语言是一个非常广阔的领域,掌握一门外语需要对这种语言的政治、文化、社会、历史都有一个较为广泛的认识;听、说、读、译的能力的培养和语感的培养却不是短期强化突击能完成的事,它需要在实际生活中长期坚持;"集中突击"中获得的词汇,也必须在实际运用中得到巩固,否则,会逐渐忘记。"集中突击"只突出强化了某一方面的技能,如词汇、听力或者口语,但全面掌握英语以致达到以英语为工具来生活、学习、工作,当然离不开"细水长流"的长期而持之以恒的学习。

要使我国的英语教学获得成功,必须达到以下要求:必须给学生提供足够的时间;必须提供高质量的教学,包括好的教师和适当独角戏法;改善英语教育体制,提高英语教学效率。

最后,还要谈一谈学习时间的划分,即课的频率的问题。一般说来,在英语学习的初级阶段,最有效的时间划分是节数多而时间短;在高级阶段应减少节数而增长时间。当然,怎样安排时间对自学者最为重要,对于学生课后自习也很重要。但总体来说,每次所花的时间不能太短,否则不能深入问题;每次时间也不能太长,以免材料被忘却。

第二节　教育者

一种好的方法在一名不能正确使用它的教师手中是无用的,一名好教师如果采用一种蹩脚的方法也可能徒劳无益。考察教育者因素,必须考察教师的合适性和教学方法的适用性。

一、教师的合适性

英语教师是否合适要看他的语言技能、职业技能和教学量。

(一)语言技能

众所周知,一名出色的中国英语教师一般不可能、也没必要在词汇量上超过一个以英语为母语的外国人,一个具有较高英语水平和文化修养的英国人或美国人也不一定就是出色的英语教员。因为这样的英国人或美国人不一定很清楚自己的母语在语音、词汇、语法上的特点。但是,基础英语教师应当有足够标准的发音,熟知英语语法结构,并能流利地进行口头表达和正确地进行各类常用文体的写作。最重要的是,教师对英语的掌握能够达到教授英语的水平,并系统了解英语语言学的有关理论知识,能正确使用某种教学方法。

(二)职业技能

教师应当具备必需的教学技能,清楚地了解英语教学的原则和步骤,能根据实际情况对教材做必要的增删和修改,并能准确布置配套练习和课下作业。有人也许会认为,职业水平低的教师更应该从事基础教学。实际上,情况恰恰相反,只有经验最丰富、技能最高超的教师才能出色地教好初学者。基础英语教师应当全面掌握语言,有敏锐的听觉、标准的发音,熟悉英语民族的文化背景,并且有强烈的热忱和责任心。可以说,基础英语教学工作只有成熟而有经验的教师才能胜任。当然,高年级的英语教师同样需要有丰富的教学经验,否则,很难保证教学质量和提高教学效率。

一名合格的英语教师,其职业技能至少应当达到如下要求。

第一,处理教材的能力。教师在备课过程中,要善于抓住教材的重点、难点等关键,并能根据实际情况对教材做必要的增删和修改。

第二,准确敏锐的观察能力。能及时了解学生的学习情况,根据学生的反映进行综合、分析。基础英语教师在教授初学者时,还要能根据学生发音时的唇形判断其发音,并根据错误发音指出正确的发音部位和发音方法。

第三,较强的表达能力。表达能力包括口头表达能力,文字表达能力,体态语言(如面部表情、手势、语调等)表达能力。

第四,进行创造性工作的能力。在教学中能根据学生的特点,用新的形式和方法解决问题;具有丰富的想象力,能设计出新颖独特的练习题型,使课堂及课下操练趣味盎然。

第五,实际操作能力。这是现代化学校教师必须具备的能力。随着电化教学的兴起,英语教师还应当熟悉电化教具的结构、性能和使用方法,并能对各种设备进行良好的保养和简单的维修。

(三)教学量

教学量往往跟教学方法有关。有的方法对于英语教学很合适,但往往需要大量的课堂时间,以至于完不成教学任务;有的方法需要做很多准备工作,但基础英语教学的教学量是相当大的,教师没有足够的时间去备课;有的方法不需要教师做很多准备工作,也不需要花费很多课堂时间,但往往无助于学生全面掌握英语知识,达不到教学目的。

我国英语教学以教师课堂讲授为主,班级规模大(每班40~

60人），课时少，每周只有四学时。教师要在四学时内完成听力课、精读课的讲授和练习，常常有勉为其难、疲于招架的感觉，以致精读课教学无法摆脱以句子为基本单位讲解课文的局限，往往以词和句子的表层意义的讲解为中心，对篇章结构、修辞手段、词法、句法结构的表意功能的分析则因受时间限制注意不够，影响了学生的语言基本功能和实际运用语言的能力的提高，更无暇顾及学生口语的训练、外语交际能力的培养以及较系统的英语写作训练，使学生在课堂上成为被动的知识接受者，抑制了教学质量的提高。

由于教学量（每周只有四学时）的限制，必须采用各种办法来改善大型课堂英语教学的质量。南非的一位教师采用了一种称之为"激励性讲课"的全新教学模式，即不要把课堂作为训练学生语言技能的主要手段，而是用来激励学生的学习兴趣，使他们的学习进取心和动力经久不衰。课后，学生根据教师的指导进行自学，教师则向学生提供"咨询服务"，校系则保证各种学习材料和教学设备。据报道，这项试验是成功的，教师在规定的教学量内完成了教学任务，学生也达到了学习目标。中国香港、西班牙的一些大学则采取把大班划分为小班或学习小组的方法。课堂讲授以大班形式进行，每两周一次，主要告诉学生在某一时期内应当完成的学习任务和应掌握的语言技能；教师则利用节省下来的大部分时间，参加各小班的语言实践活动或对学生进行个别辅导和答疑。

二、教学方法的适用性

选择教学方法是教学准备工作的一项重要内容。通常，课堂教学中所使用的教学方法都是由多种方法按一定先后顺序和关系配置结合而成的完整体系。要在众多的教学方法中确定一个最佳组合方案，常常需要考虑同教学过程有关的各方面因素。考虑的因素越全面，最后确定的方案越合理。从教学方法是否适合于教师这个角度出发,确定教学方法主要应考虑以下几方面的因素。

第一,教学计划所允许的时间和教学设备所提供的可能性。在基础英语教学中,那些主要通过实物、动作、情景来引出意义的教学方法需要消耗大量的课堂时间。有的方法需要教师在课前做大量准备工作,课后做大量的练习和测试评改,常常令教师无法应付;有的方法则需要放映机、录音机等设备,设备的有无可能会成为舍弃一种而采用另一种方法的重要因素。

第二,教师的知识水平、经验水平、对各种方法的熟悉程度及运用方法的能力。例如,教师可以根据自身的特长和兴趣,适当引进唱英语歌、演英语小剧、讲故事、朗诵等形式,作为提高兴趣、活跃气氛、增强信心、培养语感的辅助教学手段。

第三,从一种教学方法所提供的教学参考书中,教师能获得多少指导和帮助。教学方法指导、帮助教师进行教学的重要手段是为教师和学生提供不同的教材。教师的参考书包括学生课本中的主要内容和对这些内容的详细说明。教学参考书的质量和数量也会对教学产生重要作用。一套完整、详细、正确、清晰的教学参考书对教师,尤其是技巧不够熟练的教师充分使用这种教学方法提供了很大帮助和便利。有些教学方法还包括一个标准的教师培训课程,作为教师能在课上正确使用教材的先决条件。

当然,对于英语水平很高而又极富经验的教师来说,完全可以根据教材的具体内容,根据既定的教学目的,以及根据学生的实际情况和现场的实际情况,有效地处理问题。这时,英语教学就从技术成了艺术。

三、教师和学生

在英语课堂上,教学双方的行为关系及其相互作用表现在以下几个方面。

教师必须首先发现和排除学生在外语学习中的心理障碍。

例如,向学生灌输正确表达的重要性,帮助学生去掉一些压抑因素,如由于发音古怪或回答出错遭人嘲笑的害怕心理,帮助学生树立学好英语的自信心。

教师在对学生进行知识传播之后,学生将以各种形式向教师提供多种性质的反馈信息,教师应当采用不同手段如练习、提问、测验等收集这种反馈信息,并根据其特点调控教学行为。同时,教师应当通过作业评改、表演和批评等方式让学生了解自己的学习效果。

学生在接受教师提供的知识后,由于对知识理解、迁移、转化上的偏差,有可能造成"一知半解""曲解"甚至错误理解的效果。教师应当检查自己的教学方法,分析错误原因,改善教学手段,力求准确无误地传授知识。

在课堂上,教师也难免有出错的时候,学生应当积极主动地向教师指出错误,教师则应当虚心接受并勇于自我批评。学生还应当向教师提出自己对某种教学方法的认识,指出它哪些地方合适,哪些地方应该修改,并根据自己的学习体会向教师提出建议。

教师应当在课堂及课后练习中营造一种有利于外语学习的气氛,努力提高学生参与活动的积极性。学生是否有较高的积极性,是决定教学效果的关键因素之一。课堂组织形式和方法要灵活多样,不能千篇一律。教学方法应贯彻启发原则,有条件的学校应适当使用电教手段。

教师还应对学生进行有区别的教学,做到因材施教。教师应恰当地掌握教学的最佳进度以及讲授和练习的时间分布,合理安排作业量,尽量减轻学生的课外负担。

第三章　英语教育的心理学基础

本章从语言学习的心理基础、言语的理解和产生、第一语言与第二语言、心理语言学流派与外语教学法等方面探讨英语教育的心理学基础。

第一节　语言学习的心理基础

语言是人类所独有的,因为只有人类才具有一套完整的发音器官和专门化的肌肉系统,以及指挥发音器官快速而有机地协同动作的神经中枢。这两个方面是形成语言的必要条件,是人类语言不同于"动物语言"的重要物质基础。本节主要从神经生理基础的角度和生理基础的角度分析语言和脑、语言和思维的关系。

一、语言和脑

(一)脑结构

作为人体最复杂的器官,脑是人类语言和认知的源泉。脑在头盖骨之下,由大约一百亿个神经细胞(神经元)组成,这些神经元由成百上亿条纤维按特定模式互相连接起来。神经元或灰质构成脑的表层,称为"皮质"。皮质下面是白质,主要由连接纤维构成。大脑皮质是人体的决策器官,它从各个感觉器官接收信息并引发、指挥和控制各种行为。它是人类所有心理活动的中心,还是记忆的"仓库",人类通过各种途径获得的记忆便储存在这些灰质的某些部位。大脑分为两个部位,称作"大脑两半球"。左右两个半球像连体双胎一样在正中间由胼胝体连接。胼胝体包含约二百万条神经纤维,有选择地与中线两边的一些皮质区相连,从而使两半球能互相交流信息。总的来说,左半球控制右侧肢体的随意运动,右半球控制左侧的运动。比如,你用右手指方向的话,那是左半球在指挥你行动。小脑也分成两半球,位于大脑两半球的下面,与运动功能有关。脑的底部是脑干,它是脑和脊髓的连接部分,负责内脏功能(心跳、呼吸)的各种低级控制,还含有与言语发音运动相关的颅神经核。

(二)大脑语言功能的单侧化

大脑功能的单侧化(或一侧化)是指一定的功能主要由一侧大脑半球所控制。如果某一大脑半球在对某一功能的控制上,超过了另一大脑半球,这一脑半球就称为这一功能的"优势半球"。脑功能的单侧化问题也就是优势半球的问题。

人的语言功能也具有单侧化的性质,它主要定位于大脑左半球,由大脑左半球控制。因此,左半球就是语言功能的优势半球。

1. 临床观察

1836年,马克·达克斯(Marc Dax)根据自己对40多例失语症病人的观察,发现语言障碍是由大脑左半球损伤引起的。1865年,在巴黎的一次学术会议上,保罗·布罗卡(Paul Broca)根据临床观察得出结论,声称左半球前部的特殊区域(布罗卡区)受损导致语言丧失,而右半球相同区域受到破坏时说话能力不受损害。布罗卡对失语症的研究表明:只有极少数的人是由于右半球损伤引起语言障碍的,而在永久性的语言障碍者中,大约有97%的人是左半球受损。布罗卡首次根据临床观察把复杂的心理现象定位于脑皮质的一定部位中,他的发现被称为"语言和脑研究历史上的里程碑"。1871年,卡尔·韦尼克(Carl Wernicke)也发现:

左半球后部特殊区域(韦尼克区)受损的人难以理解口语和一些书面语,从而引起语言障碍。

2. 失语症研究

失语症是神经学术语,指中风、脑瘤、中弹或传染造成的局部脑损伤引起的后天性语言障碍。

(1)与语言有关的部位。失语症是大脑一定区域发生器质性病变而产生的语言缺失,因此我们在确认"左半球是语言功能优势半球"的前提下,首先简要介绍与语言有关的部位。

①前语言区。大脑皮层的前语言区主要包括布罗卡区,它的作用主要与句法有关,把词联合成连贯性的话语。其功能之一就是编制程序控制唇、颚、舌、软腭及声带等发音器官的肌肉活动,协调这些肌肉的活动使语言得以生动。前语言区主要与语言的表达有关。

②后语言区。后语言区由韦尼克区、缘上回和角回组成。韦尼克区位于左颞叶上回后部,是听觉词汇现象的储存仓库,其作用主要在于阅读、复诵、命名、猜测等。韦尼克区损伤的病人丧失了表示实义的词,却保存了句法,能产生流畅的语言,但理解语言的能力严重受损。缘上回损伤会引起错误发音、音素替代以及语言流利性下降等症状。角回位于左半球顶枕部,在阅读和书写中具有特殊的重要作用。在词的命名、表达和理解逻辑—语法关系的语言操作中起重要的作用。

③弓状束。弓状束是连接布罗卡区与韦尼克区的一束功能上的联系纤维,其功能在于把到达韦尼克区的听觉信息传递到布罗卡区。

④丘脑。前、后语言区及弓状束都是大脑皮层的语言区,除此以外,语言功能还同皮层下部的丘脑密切相关。丘脑受伤的病人命名困难很大,频繁重复单词或短语,而这些重复对于表达都是多余的。

(2)失语症的类型。人们对失语症的研究提供了无可争议的证据,证明语言主要是左半球的功能。在绝大多数情形里,左半球受损导致失语而右半球受损不导致失语。一般来说,失语症患者并不是表现出语言的完全丧失,而是语言的不同方面受损。这就引导我们把失语症划分为不同类型,下面对几种主要的失语症进行简要分析。

①布罗卡失语症。布罗卡区损伤引起的失语症称为"布罗卡失语症",其症状主要表现为:语言不流利,说话犹豫、费劲,言语缺乏语法,说不出通顺的话,把连贯的句子分解成孤立的、无句法联系的单词;听觉和阅读理解完好,但书写通常遭到损害。布罗卡失语症病人的话被描述为"电报式语言"。

②韦尼克失语症。韦尼克失语症指由于韦尼克区受损引起的失语症,其主要特征是:理解、命名、复诵、阅读很差,但能产生流畅的语言;说话不费力并有复杂的语法结构,词法、语素、音位等都得以保留,但他们的语言缺乏逻辑结构和有价值的信息,讲话缺乏内容;阅读和书写也表现出严重的障碍。

③传导性失语症。弓状束的损伤与该失语症密切相关。传导性失语症患者如果布罗卡区和韦尼克区都未受到损害,那么他们就具有相对完好的言语输出和言语理解。但由于这两个区域的联系——弓状束受到损伤,到达韦尼克区的听觉信息无法到达布罗卡区,以致造成明显的错读、错写和复诵困难。

④完全性失语症。布罗卡区和韦尼克区都受到损伤的病人,不仅不能说出流畅的句子,而且不能理解、复述或命名。患者丧失了一切语言形式,但又不是哑巴,而是经常使用刻板的、定型的词语,包括习惯性的短语或无意义的音节组合。

⑤失命名性失语症。该失语症与丘脑的损伤有关。病人说话流利,但明显缺少内容,话语累赘、描述含糊,理解和复述完好,但阅读和书写方面有严重障碍。

3. 两耳分听技术

1961年,基缪雷首次用两耳分听技术说明了正常人在语言加工能力方面大脑两半球的差异。两耳分听技术用的是听觉信号，基缪雷给受试人的两耳同时呈现一对数字，要求受试人报告所听到的内容。两耳分听的结果是：与左耳相比，受试人能够正确报告更多的是呈现给右耳的数字，表现出右耳（左半球）的优势。

为什么右耳优势能够说明左半球的语言优势呢？

我们知道，人的每一只耳朵都把听到的语言信号传递到双侧大脑半球的听觉区。右耳联系左半球，左耳联系右半球，这种交叉的联系称为"对侧联系"，而每只耳朵与同侧半球的联系称为"同侧联系"。如果用分听技术呈现刺激，右耳的信号将沿着对侧的传导道行进到左半球，而由于同侧传导道受抑制，来自左耳的信息不能直接传到左半球，只能经由其对侧传导道到达右半球。如果语言的加工机制只定位于左半球的话，那么右耳的语言信号将直接到达左半球，而左耳的语言信号则先传到右半球，再通过胼胝体才能到达左半球的语言加工装置。这样，左耳的信号必须长途传送，信号在到达语言加工装置之前可能会减弱或者部分丢失。因此，确认左耳的信息要比确认右耳的信息少一些。两耳分听技术进一步证明了语言功能单侧化的性质。

(三)单侧化的发展和临界期假说

心理学家对失语症的研究发现，脑损伤发生的年龄对于语言恢复的可能性和恢复的程度有着至关重要的影响。在持续失语症患者中预测语言状况改善的程度称作"失语症的预后"。一般来说，如果损伤发生在4岁以前，预后状况最好；如果损伤发生在4岁到青春期之前，预后状况较好；如果损伤发生在青春期之后，则预后状况最差。

到目前为止，人们普遍承认大脑左半球占有语言优势的观点。但在童年早期，两侧半球具有各自独立的潜在的语言分析能力。儿童早期大脑两半球这种相对的独立性与研究失语症的资料相合：如果损伤发生在相当早的年龄阶段，损伤任一半球都不会影响语言加工能力的发展，因为未受损伤的另一侧将保持语言能力的发展,从而由损伤带来的永久性语言障碍就很小。

　　脑的变化发生在大约 4 岁时。这时,左半球的语言加工装置有了惊人的发展,并超过了右半球,右半球的语言能力开始受到抑制,但并没有丧失进一步发展的可能性。因此,在正常情况下,左半球的发展抑制右半球的语言功能,使右半球逐渐停止发展语言能力;但如果左半球受到损伤,右半球就担负起控制语言的责任,恢复已经停止发展了的语言功能。可见,如果左半球的损伤发生在 4 岁到青春期,语言能力在一定程度上仍可重新获得。

　　青春期是一个转折点。青春期以后,右半球已经失去了发展语言的能力。如果失语症患者的左失语症损伤发生在青春期之后,则不太可能恢复其语言的功能。

　　总之,对失语症资料的分析表明,脑的语言功能的单侧化是逐渐发展的。随着脑的成熟,语言功能逐渐定位于左半球。这种单侧化的发展大体分三个时期:童年早期(0 岁至 4 岁)、童年期(4 岁至青春期)、成年期。

　　伴随大脑语言功能单侧化的研究,有人提出了第一语言习得的"临界期"假说。"临界期"假说的主要论点是:大脑左半球仅仅是在某一个阶段以前才具有语言习得的倾向,并且这是一个语言习得可以容易、快速地进行而无须外部干预或有意识地教授的时期。"临界期"正好与单侧化发展的时候重合,单侧化的完成也是临界期的结束。如上所述,大脑左半球语言功能的单侧化,大约在青春期之前就完成了,因此青春期(大约 13 岁)也就被视为第一语言习得的临界期。18 世纪以来,已经有许多例报道发现在完全隔离社会的环境中长大的儿童,如关于"狼孩""熊孩"等由野生动物抚养大的儿童。这些儿童,没有一个在重新进入社会之后能像其他正常长大的孩子那样学会说话和完全懂得语言。另外一些儿童的隔离是人为的。例如,1970 年,一则消息报道了一个叫"吉妮"的女孩,她在有生理缺陷的情况下被关在与语言完全隔离的环境中,从 18 个月到 14 岁很少与人接触,14 岁之后才开始慢慢学话。吉妮虽然学会了很多词汇,但她的句法能力未能得到发展,没有助动词、疑问词、代词,问句,也不会倒装。但是在辨认脸孔、判断部分和整体、识别形式,即在发挥其右半球功能方面,吉妮并不亚于任何正常小孩。在对吉妮进行两耳分听试验时,发现她用右半球来处理所有的听觉信息。这个例子不仅进一步证明了左、右半球分别执行语言的和非语言的功能,还进一步提供了支持"临界期"假说的证据。

关于"临界期"假说,近年来也有人提出异议。理由是四五岁的儿童,如果左半球受到损伤,虽然他们也能发展语言,但他们的语言在句法上与正常的语言发展并不相同,语言的单侧化可能在5岁就已经完成。也就是说,语言功能单侧化与临界期之间并无必然联系。因此,国外有人提出新的假设:多种语言能力(如语音)的临界期较短,超过了十一二岁确实难以完全习得,但是有的语言能力的临界期则可能很长。

临界期的说法远非定论,还应当进行更深入的研究,这里我们不做进一步讨论。

二、语言和思维

人脑具有分工明确的左右半球,语言和抽象思维都处于占绝对优势的左半球。那么,这两者之间是什么关系呢?这就是哲学、心理学和语言学上争论已久的"语言与思维的关系"问题。

(一)典型观点

从公元前古希腊的柏拉图(Plato)、亚里士多德(Aristotle)开始至今,"语言和思维的关系"始终是哲学家、心理学家和语言学家深感兴趣并争论不休的问题,这里简单介绍几种典型观点。

1. 思维即语言论

行为主义心理学认为,思维和语言是同一种东西,思维是一种"压抑了的语言"。例如,华生(J. B. Watson)就认为:"思考不外乎是人对自己所做的言语行为,外在的言语行为养成的肌肉习惯直接与内在的言语行为(思考)有关。"也就是说,思维完全是一种无声的语言。新行为主义者斯金纳(Skinner)也持同样的观点,他认为:"最简单最可取的看法是:思想就是行为,仅此而已。这种行为包括语言的行为、非语言的行为、内在的行为、外在的行为。思想并非什么带动行为的神秘的东西,它就是行为本身。"斯金纳的论述说明思维就是一种无声的或隐蔽的或微弱的言语行为。

2. 语言决定思维论

沃尔夫(Whorf)和他的老师萨丕尔(Sapir)共同提出语言相对性假设。他们认为语言是一种相对独立的能力,是"思想的塑造者"。爱斯基摩人用不同的词称呼不同的雪,而英语中只有一个词snow;阿拉伯语中据说大约有6000种表示骆驼的方式;对于光谱的切分,不同语言也有不同方式。沃尔夫认为,语言系统之间的差别与说这些语言的人们之间的非语言的认识差别相符;不同的语言结构强调的是世界的不同方面,这种强调必定对使用语言的人思考这个世界的方式产生影响,从而实现"语言决定思维"。照沃尔夫自己的陈述:"语言(亦即语法)不仅是表达意念的工具,它本身就能塑造意念,指导人的心灵活动,分析感觉,并整合心灵的种种活动。……意念的构造依不同的语法而有不同的方式。由于母语的差异,我们也沿不同的线路把自然做各色各样的划割。"

3. 思维决定语言论

早在2000年前,亚里士多德就提出了思维范畴决定语言范畴的观点,当代则以瑞士儿童心理学家皮亚杰(Piaget)的观点最为典型。皮亚杰认为,语言和思维的关系是单向的,即思维独立于语言,而语言发展依赖于思维发展。当儿童能在言语水平上做出正确的推理之前,他就有可能在具体水平上正确地进行推理,可见智力与思维是先于语言的。

(二)辩证统一的观点

我们认为,考察语言和思维的关系问题时应当以辩证唯物主义为指导思想,避免形而上学和简单化的倾向,避免强调一方忽视另一方的片面观点。应当认识到:语言和思维是人类心理活动中处于高度复杂的相互关系中的两个方面。

1. 语言和思维的个性

语言和思维是两个不同的范畴,二者的区别如下。

(1)职能不同。思维通过概念、判断、推理反映客观事物的本质及其规律性,语言则是人们的交际工具和体现思维的工具。

(2)语言具有民族性,思维具有全人类性。人类思维的认识对象——客观世界的一致性决定了思维的一致性。而语言既然要指称客观事物,就要对客观事物进行分类。对现实的这种划分,各种语言的表达形式很不一样。例如,英语中 uncle 这个概念,汉语分别用"伯父、叔父、舅父、姨父、姑父"表达;10000 这个数字,汉语称"1 万",英语则用 ten thousand(十千)表示;英语用冠词 the 和 a 区分句中名词的"有定"或"无定",汉语却无此语法成分。但是,通过翻译使用不同语言的人完全可以理解相互的意思,这表明了语言的民族性和思维的全人类性。

2. 语言是思维的工具

"言为心声",思维的过程及结果都离不开语言,是靠语言记录和巩固下来的,因此语言有帮助人们认识世界的作用。语言可以帮助人们获取直接知识,如我们都是靠命名来记住客观事物的。儿童学话的过程也就是思维发展的过程。借助语言,儿童从认识单个事物开始,逐渐形成了抽象思维能力。语言还可以帮助人们获取间接知识,离开具体事物间接地认识客观世界。

思维离不开语言。语言不仅是思想存在的基础,而且是形成、表达思想的必要条件。人的思想是在语言材料的基础上实现的。语言离不开思维,没有思维就没有语言。因为语言的本质是人类最重要的交际工具,而交流思想是语言交际的基本内容。如果失去了思想这一内容,语言也就没有存在的价值。动物没有思维,所以动物没有真正的语言。

第二节 言语的理解和产生

"儿童学习语言不是靠模仿和储存句子,而是靠构建一部语法。我们说话时通过这部语法提取语词,构造新的句子,然后产生表达我们想要传递的信息的语音。我们听人说话时也通过这部语法,为给我们听到的语音指派一个意义而处理句子。"

一、言语的理解

认知心理学认为,语言的理解就是根据语言材料建构意义的过程。在这个过程中,听话人接受说话人发出的语言,然后使用已有的知识(如词汇、句法和语义的知识),对输入的信息做出解释,进而揭示语言的意义。言语的理解过程也称为"译码"或"解码",一般需要经历以下几个过程。

(一)语音知觉

语音知觉也可称作"语音听辨"。人们在听辨言语时,按时间顺序听到一系列词,而这些词又是由一些相当于音位分段的声音组成的。因此,语音的知觉实际上也就是我们切分连续的声音信号的过程。我们把语音知觉分为孤立音素的听辨和连续性语音的听辨两个既有联系又有区别的过程。

1. 孤立音素的听辨

音素的听辨必须在听觉、语音和音位三个水平上进行。在听觉阶段,听话人把听到的声音信号分析为声学提示(或称"线索"),如"清音""鼻音""唇音""齿音"等。语音阶段主要是把各种声学结合起来,从而辨认语音,如 ca 由[k]和[a]两个音组成。在音位阶段,听话人把语音转化为音位,并参照所持语言的音位规则对语音阶段的辨认做出调整。例如,听话人可能把错听的[fpɪn]音段序列自觉改成[spɪn],因为在英语里不可能有[fpɪn]这样的序列。

2. 连续性语音的听辨

语音的特点之一是连续性。人们在谈话中注意力集中在谈话内容上,而不是逐个去辨认孤立的音素。在实际的听辨中,人们要依靠句法、语义、语境等因素制约来合成单词并推测一些听不清楚的词语。可以这么说,连续性语音的听辨是一个牵涉合成和分析的主动的心理过程,并且还和人们的知识有关。举个简单的试验例子,让受试人听下面四句话。

It was found that the * eel was on the axle.

(发现 * eel 在车轴上。)

It was found that the * eel was on the shoe.

(发现 * eel 在鞋上。)

It was found that the * eel was on the orange.

(发现 * eel 在橘子上。)

It was found that the * eel was on the table.

(发现 * eel 在桌上。)

四句话的差别是在 axle, shoe, orange, table 这四个词上面, * 号代表咳嗽声。但是,由于这四个词代表了不同的语境,受试人根据语境和自己的知识分别把 * eel 听成 wheel(车轮), heel(脚后跟), peel(果皮), meal(肉菜)。这是根据语义制约来复原听不到的语音的例子。

再看另一个试验,让受试人听一段话:"The state governors met with their respective legi * latures convening in the capital city." * 号表示在这个位置上的 s 音被抹去了,代之以咳嗽声。然而,试验结果表明,尽管在 legislatures 中少了一个音 s,但大多数受试人没有意识到这一点。再问他们咳嗽声出现在什么地方,也很少有人能说出来。

两个试验,受试人都表现出综合性的语音分析能力,证明句法和语义的知识都参与了连续性语音的听辨过程。

(二)词汇理解

要理解一个句子或一句话,分析语音知觉中的声音信号或声学提示是一个必要的步骤,但还不是充分的步骤。假如你听到某人说:"A sniggle blick is procking a slar."(句中 sniggle, blick, procking, slar 都是无意义的词。)

你能感知其中的语音如下:

[ə snɪgl blɪk ɪz prɔkɪŋ ə slaː]

但是你不能找到这些语音代表的意义,因为一个句子的意义取决于构成句子的词的意义,但这个句子中的英语词项只有 is, a 和 -ing 三个语素,而没有英语中的实词。因此,言语理解的第一个环节应该是在语音听辨的基础上开始的词汇理解。理解是根据声音建构意义,意义的建立必须首先从词义入手。也就是说,听话人必须利用在语音知觉中形成的语音表象来查寻与之相关的词的语法和语义信息,在获得这些信息之前,或者这个语音表象没有一个对应的词义信息的话,这个语音序列对于听话人来说是毫无意义的。这一过程类似于查字典。人们的头脑中似乎存在着一种"内部词汇系统",人们根据语音表象从记忆中查寻提取相关信息并进行知觉加工和理解加工。这一过程被形象地称为"词汇查寻"或"词汇检索"。上例中,由于在"内部词汇系统"里找不到 sniggle, blick, prock 或 slar 这样的词条,这个句子就是无意义的序列。

表面看来,只要有清楚的语音知觉和可靠的词义知识,就能感知词并理解词义。实际上,语言里存在大量同音异义词和多义词,这给词语理解带来很大困难,并使之复杂化。英语中也有大量的多义词,如一个有趣的巧答题:

Why is tile river rich?

Because it has two banks.

上例就是利用了 bank 一词的多义性,bank 既可指河岸,也可指银行。又如,"The sentence was long."中的 sentence 有"判决"和"句子"两个意思,因而这句话的释义也有两种,即"这个判决是长的"和"这个句子是长的"。因此,理解词义不仅需要正确判断某个词在该话语里可能的具体意义,还必须弄清该词所处的语境,因为词义的灵活性使之依据语境而变化。

由此看来,词的理解绝不仅仅是认识词义,而是从多种可能的词义中选择所需要的意义的过程,同时词的理解还包括理解该词所处的语境以及与其他词的潜在关系。由于词义复杂的选择性,像理解单词这样看似十分简单的过程实际上也变得非常复杂。

(三)句子理解

长期以来,人们以为只要认准词义及限定词与词之间关系的形态特征,就能顺利完成句子的理解。实际上,这是一种误解。句子的理解是多种相互联系的心理因素的复杂结合,理解句子必须进行句法分析和语义分析。句法分析的过程是指听者依据一定的句法关系,建立句子的结构,构造相应的命题,做进一步的理解,找到句子的意义。语义分析的过程是指听话人把其所听到的话与具体的人、物、时间、地点以及具体的环境等联系起来,从而在头脑中建立相应的心理表征,剔除歧义,做出某些预测,最终达到对话语的理解。

英语中常见的句法对策手段如下。

在句法分析过程中,限定词、介词、连词、代词、数词等功能词的作用是一个重要对策。人们一遇到一个功能词就知道这是一个新的成分的开始,同时标记了句子成分的类型。冠词 a, an 和 the 表明名词短语的开始,介词 in, at, of 等则表明了一个介词短语的开始。而两个句子,如"The pen the author used was new."(作家用的钢笔是新的)和"The pen which the author used was new."的意思虽然完全一样,但前者比后者较难听辨,原因就在于后一句中的关系词 which 暗示了后面所跟的是一个从句。

预测实义词。功能词有助于对邻近的实义词进行分类。例如,冠词标志名词词组的开始,人们听到 the 时,可以预测它后面必定是一个名词为中心词的成分,因此听到 the little pretty… 人们知道该句还未结束,直到听到 girl,才标志该名词短语的结束。

利用词缀判断实义词是名词、动词、形容词和副词等。通常情况下,-ing 和-ed 是动词的标志,-ly 是副词的标志,-y,-ic,-d 和-ive 是形容词的标志,-tion,-ity,-ness,-er 是名词的标志等。比较下面两个句子。

The ship is satisfactory.

The shipping is satisfactory.

第一句中的 ship 是名词,第二句中的 ship 由于有了-ing 后缀,可以判断为动词。两句的释义是:"这艘船是令人满意的。"和"装卸是令人满意的。"可见,词缀有助于消除多义词造成的歧义。

利用动词决定句子中名词短语的数量,试看下面几个句子。

The girl met the man.

(女孩遇见那个男人。)

The girl believed the man.

(女孩相信那个男人。)

The girl believed that the man was kind.

(女孩相信那个男人很友善。)

这三句结构一样,但 believed 可以有一个名词词组作直接宾语,也可跟一个从句,而 met 不能跟从句。因此,在听辨过程中,人们一听到像 met 这样的词,便立即可以判断后面跟着的一定是一个作为直接宾语的名词词组;而在听到像 believed 这样的动词时,理解起来就会稍微困难些,因为它后面所跟的成分有不同的可能形式。

由于人的记忆容量的限制,有些复杂句子是很难理解的。基姆鲍尔(Kimball)的研究表明,人们在理解时总是倾向于把新听到的每一个词附加在前面的句子成分里。例如:

The dog that was rabid came from New York.

(那条狂犬来自纽约。)

The dog came from New York that was rabid.

(那条来自纽约的狗是疯的。)

The dog bit the fox that was rabid.

(那条咬了狐狸的狗是疯的。)

三句话的原义都是要说明"狗是疯的",但是 that was rabid 在三句中的位置都不同。第一句中,that was rabid 直接跟在 dog 后面,因此理解起来不会有什么问题。第二句中,that was rabid 跟在 New York 之后,听话人可能会先把它加在 New York 这个句子成分里,但很快发现语义不通。在第三句中,听话人可能首先将 rabid 加在 fox 这个成分里,原义语义可以成立,听话人有可能以为这就是说话人要表达的意思,因此造成了误解。正是原义在人们在理解句子时采取了这样一种对策手段,所以内嵌成分多的句子较难以理解。例如:

The flower the girl the boy loved picked was red.

(那个男孩所爱的女孩所采的花是红的。)

The vase that the maid that the doctor hired dropped on the floor was very beautiful.

(被医生所雇佣的女仆打破在地板上的药瓶很美丽。)

句法分析对言语理解发挥了重要作用,但在实际听辨过程中,往往还需要借助语义分析的手段。英语中常见的语义对策有如下几个。

利用实义词构造有意义的命题并依此对句子成分做相应的切分。例如,听话人听到 flower,girl,picked,red 几个词后,虽然预先不知道任何句法方面的信息,但是也能建立起两个基本命题:"The girl picked the flower."(女孩采花)和"The flower was red."(花是红的),从而推测出整个句子应该是"The flower the girl picked was red."(女孩采的花是红的)。动词在实义词中占有重要地位,人们在进行语义分析时常常借助动词在形成语义关系中的作用理解句子。比如,人们听到 watered,girl,flower 时,一般都能正确地推测出"The girl watered the flowers."(女孩浇花)而不会理解成"The flowers watered the girl."(花浇女孩),原因就在于动词 watered 决定了 girl 和 flowers 的这种不可逆的语义关系。

利用语境或上下文关系来分析语义。人们在听辨过程中,都习惯于联系语言情景,在合作原则和现实原则的基础上注意听辨那些和自己已知的与实体有关的信息,并把这些信息和已知实体联系起来,作为理解话语的依据。例如,语境或上下文对于明确代词的所指关系起着很重要的作用。试看下面两个句子:

Sally was very fat, but her friend Mary was very slim.
(萨利很胖,但她的朋友玛丽却很苗条。)
One day, the two women happened to meet with each other. She asked her why she is slim.
(一天,两个女人碰巧相遇。她问她为什么她那样瘦。)

如果没有第一句的铺垫,听话人可能对这三个"她"究竟是谁迷惑不解。但根据上下文,听话人则可以毫不费力地判断出第二句中的 she,her,she 分别指的是萨利、玛丽、玛丽。

"词序策略",即利用语句中词或句子的排列规律来理解句子。正如克拉克(Clark)指出的那样,事件的发生有一定顺序,人们对于事件的描述往往也在某种程度上遵循这种顺序,因而给理解提供了有益的提示。例如,"The boy jumped the fence and patted the dog."这句话中"男孩跳过篱笆"动作在前,"拍拍狗"动作在后,一般不会理解成"男孩拍拍狗,然后跳过篱笆"。在一句话里面,通常是已知信息在前,新信息在后。例如,"The man caught a beaver."(那人抓到一海狸)这句话中,"那人"是作为已知信息出现的,而"抓到一只海狸"是新信息。而在"The beaver was caught by a man."中,the beaver 成了已知信息,而 a man 则成为新信息。

讨论了言语理解的句法对策和语义对策之后,我们再简单谈谈歧义句的问题。跟单词一样,最简单的句子往往也会多义,需要经过复杂的过程才能做出单义的理解。句子的多义现象也称"歧义现象",往往给理解带来困难甚至造成理解错误。有些歧义句是由于词汇的多义造成的。例如:

The chicken is ready to eat.
Although flying planes can be dangerous.

前一句既可译为"可以吃鸡了",也可译为"鸡要吃食了";后一句既可译为"尽管飞机可能会很危险",也可译为"尽管飞行会有危险"。这两个句子都属于结构歧义句。

无论词汇歧义还是结构歧义都会给理解带来困难,使理解速度变慢。但在实际语境或上下文中,歧义问题一般不难解决。我们认为,当人们在理解过程中遇到歧义词汇或歧义结构时,首先要通过"词汇检索"给出多种可能的释义,然后通过相应的句法对策或语义对策进行选择,找出一个合适的释义。其中,利用语境或上下文消除歧义是最常见的方式。

当然,正确理解歧义句必须首先辨认歧义句,否则就会很容易出错。这要求人们能正确掌握多义词的不同意义,以及可能造成歧义结构的各种不同语法意义,这需要有长期积累的丰富的词汇知识和语法知识。

(四)语篇理解

通常,由一串互相连贯的句子组成的叙述就是语篇。语篇的理解要以句子的理解为基础,但又比句子理解高一层次,因为语篇的总体意义并不是构成语篇的各个单句的简单相加,所以理解语篇必须经过十分复杂的分析和综合,而不能局限于根据形式标记分析连续的句子,犹如单句的理解不能局限于理解连续的单词一样。这一复杂的心理过程必须经过以下步骤。

步骤一:要进行单句的意义组合,这是理解语篇的首要前提。

步骤二:弄清话语隐含的暗示意义,这是理解语篇总体意思的重要前提。

步骤三:在所有这些情况下话语的理解不能仅局限于它的外部语法结构,而要深入理解它的暗示意义,或"言外之意"。

二、言语的产生

言语理解是听话人把声音或文字转变为意义的过程,而言语的产生则是利用语言表达思想,即把意义转变为声音或文字的过程,二者是语言活动的两个不同方面,其路径正好相反。言语产生包括口头语言的产生和书面语言的产生。口头语言的产生是指将要传达的意义转变成有句法结构的语音序列的过程。书面语言的产生则是利用文字表达思想的过程,即通常所说的写作过程。下面只讨论口语的产生过程。

说话人在说出话之前先形成思想(即要表达的意义),然后根据句法规则的要求进行编码,将思想或表达的意义转换成含有语法结构的语音表征,再通过大脑指示发音器官产生代表这些语音表征的声学信号,即变成可以传送的话,这就是口语产生的一般过程。具体来说,口语的产生包括以下几个阶段。

(一)构思阶段

言语产生的第一步是决定说什么,确定要表达的思想、内容。"动机或意向是言语的起点。"在言语交际中,说话人要根据诸多因素来确定说话内容,其中的两个主要因素如下所述。

(1)对听话人的认识。说话人往往要根据听话人的身份以及自己和听话人的关系决定采用哪一种语体,并根据听话人已有的知识、能力、需要等确定要表达的内容。例如,对听话人已经知道的信息,说话者就可以不必重复。又如,同一件事情,叙述给一位农村老大娘听时,应力求通俗、生动,如果是向上级汇报,则可以简单明了。

(2)合作原则。说话人作为会谈双方中的一方,在交谈中应当遵循合作的原则,即其所提供的信息应当用真实的、有关的、清楚的话语来表达,否则必然有别的说话意图。合作原则可细分为以下四条准则。

质的准则:谈话内容要真实,说话人要给听话人提供可靠的信息,取得对方的信任,使谈话顺利进行。但在有些情况下,会话双方都十分清楚某句话是假的,这种对质的准则的故意违反会产生一种"会话的含蓄"的效果。试看下面两句对话:

I found you were sleeping in the cinema.
(我发现你在电影院里睡着了。)
Oh, how interesting the film was!
(哦,这电影有趣极了!)

第二句说的话明显具有讽刺意义,听话人完全可以理解。

量的准则:说话人要根据交谈需要给出适量的信息,避免过多或过少。信息过少就可能产生误解,过多则显得冗长。量的准则对于确定谈话内容影响最大。试看下例:

Steven is meeting a woman for dinner tonight.
(史蒂文今晚和一个女人出去吃晚饭。)
Does his wife know about it?
(他的妻子知道这件事吗?)
Of course, she does. The woman he is meeting is his wife.
(她当然知道。和他出去吃晚饭的女人正是他的妻子。)

在第一句话里,没有说明史蒂文是和他的妻子出去吃晚饭,而笼统地说"和一个女人出去吃晚饭"。由于他没有向对方提供足够的信息("女人"的信息少于"妻子"),故造成了误会。

关系准则:谈话内容要与交谈的主题相关,不能信口开河,想到哪说到哪,使听话人如坠云雾中,使交谈不能顺利进行。但有意违背关系准则可以产生含蓄效果。例如:

Mother: Mike, don't stay here watching TV. Do your homework.

(妈妈:迈克,别在这儿看电视,去做作业。)

Mike: Today is Sunday!

(迈克:今天是星期天!)

迈克和妈妈说的似乎是两回事,但实际上是相关的,迈克的意思显然是在抗拒妈妈的命令。

方式准则:说话人的表达方式要清楚明白,简短而有条理,并且要避免含糊与歧义。

人们在考虑说话的时候,一般都要遵守这些原则,否则就会产生不能理解的现象。当然,在特定语境下有意违背合作准则,必然产生特殊的效果,如讽刺、夸张、强调,或修辞上的"言外之意"。

(二)转换阶段

在决定了说什么以后,就要把内容和意义转化为言语形式,形成词、短语、句子、语篇,即按句法规则的要求将思想转换成含有语法要素的语音表征,这个过程也称为"编码"或"制订计划"。制订计划分以下三个步骤。

(1)语段计划。会话型的语段要解决的问题是谈话者双方怎样使他们的话语互相配合,以达到交际目的。独白型的语段有不同的计划,如进行景物描写,就要决定描写的角度、范围、次序及描写的各部分之间的相互关系。

(2)句子计划。在计划说一个句子的时候,说话人需要考虑以下几个方面的问题。

其一,命题内容,它是说话人要表达的思想,是句子的核心。

其二,言语行为,指说话人想怎样去谈论命题内容,是交际意图的核心。

其三,主题结构,即针对语境和听话人来决定哪些信息是已知的,哪些是未知的。

(3)句子成分计划。句子成分计划关涉词语的选择问题,如英语名词词组的计划,包括冠词的使用、名词和修饰语的搭配等问题。

总之,我们在说话的时候并不是从内部词汇系统中先选择一个词说出来,然后再选择下一个词说出来。相反,在说出一个语言单位之前,比这个单位大一级的单位已建构完毕。比如,在产生一个语音之前,我们已经想好了一个词或短语,在说出一个短语前,整个句子也已经建构完毕。

转换阶段要完成的具体操作如下。

第一,根据命题内容(即要表达的思想)选择词汇。

第二,为每一成分规定语法范畴。

第三,确定将要说出的句子中每一成分应处的位置。

第四,引入单词的词缀和功能词。

第五,根据句法结构指派句子重音和语调。

经过第一项至第四项的具体操作之后,要表达的思想被转换成一个具有语法规则的词汇系列,第五项再将这一系列转换成语音的形式,为言语产生的输出做准备。

(三)执行阶段

这是将计划中的言语信息转变为口头语言的过程。言语生成系统需要输出一系列连续的声音,在执行阶段,系统要通过各个发音器官的运动,将转换阶段所形成的语音形式变成具体可感的声音。这个从非语言代码转换为语言代码的过程是怎样实现的呢?目前存在两种假设:运动指令假设和发音位置假设。关于这两种假设,涉及内容颇多,本书不一一讨论。

第三节 第一语言与第二语言

一、基本概念

(一) 习得与学习

语言习得(acquisition)和语言学习(learning)是一组长期以来人们争论不休的概念。我们支持这样的一种观点：习得与学习是两种不同的过程，应当区别对待。

语言习得是指儿童自然获得最初语言(母语)的过程，发生于说话人开始学话之际，即童年早期，经历一个牙牙学语、单词句、双词句直至简单句、复杂句到熟练掌握母语的过程，同儿童的生理发展、认知发展以及社会发展密切相关。

儿童在获得母语之后，有可能再学会一种乃至多种别的语言，这一过程叫"语言学习"。语言习得和学习虽然有不少相似之处，但也有很多不同的地方。试从以下三个方面进行讨论。

1. 个体差异

母语习得一般发生在一岁至六岁的童年期。这期间儿童智力尚未完全发展；模仿能力强，理解能力差；短期记忆能力强，长期记忆能力差；生活经验简单，还不善于用语言来进行抽象思维。但母语是其与周围人群接触并成为其中一员的极其重要的手段，因而学习母语具有强烈的动力(这种动力是潜在的而非显现的)。而外语(或第二语言学习)一般发生在青少年期或成年期，他们的智力和抽象思维能力都已相当发达，理解能力和长期记忆能力都要比儿童强，模仿力和短期记忆力则略差。由于客观上存在着语言功能单侧化现象，语言习得会受到年龄的限制(一般认为超过了临界期语言就不能再正常习得),语言学习却可以在一生中的任何时期进行。

2. 环境差异

儿童学话是在母语环境中进行的,不受时间、地点的限制,任何一个操其将要学会的那种语言的人都可能是他的老师。可以说,母语习得是在一种非常轻松自然的环境中逐渐进行的,因而是一种非常自然的过程,每个正常人都会经历。而外语学习常常是在正式场合中进行的,教室以外一般没有很多使用外语的环境,学习者接触外语的机会总是有限的。由于学习者的动机、基础、智力等差别,学习效果也存在明显的个人差异。因此,有的心理学家认为母语能力是"习得"的,而外语能力则是"学来"的。

3. 教授者差异

儿童学话没有专门的教授者,主要是向周围的人群,特别是向其母亲学话。母亲对孩子说话时,爱用一种"照顾式语言",它只求小孩懂得话的意思,不求其掌握语言的形式,语句简短,速度慢,重复多,虚词少,重叠词多,这些都有利于儿童语言的发展。而外语学习一般有专门的教授者,教授者必须根据学习者的目的、要求来选取教材、教法,并组织教学。外语学习的成功与否与教师的教学是否得法有很大关系。

(二)母语、第二语言和外语

如前所述,儿童在童年早期自然获得的最初语言就是其母语,也称为"本族语"或"第一语言"。

在早期外语教学理论中,与母语相对的是外语。但近年来,"第二语言"(second language)使用频率越来越高,逐渐与传统"外语"(foreign language)一词处于平等地位。中国人一般习惯接受"外语",还不习惯使用"第二语言"一词,这里首先区分这两个不同概念。

斯特恩(Stern)指出,第二语言一般指在本国与母语同等甚至地位更重要的一种语言。例如,在非洲的一些国家,人们的母语是本国语,但英语、法语等属于官方语言的殖民国语言则可称作"第二语言"。外语一般指在本国之外使用的语言,学习的目的常常是就职、出国、旅游、阅读文献等。斯特恩后来又指出,第二语言还可泛指任何一种在母语之后习得的语言,包括本国其他民族的语言和方言。

埃利斯(Ellis)认为,第二语言与外语的区别在于是否在"自然环境"下"获得"。一切以非自然方式取得的母语之外的语言都称为"外语"。

术语的区分可以避免概念的误解和使用不慎。就我们所知,第二语言和第一语言相对;外语、非本族语是与母语和本族语相对的。第一语言、母语和本族语的共同特点是:家庭环境中最早习得的语言,熟练程度高。第二组第二语言、外语和非本族语的共同特点是:晚于母语掌握的一种双语现象,习得方式一般是学校教育、家庭教育或自学,熟练程度不如母语。

这些术语的区别是相对的,因人、因时、因地而异。我们倾向于从以下方面区分第二语言和外语。

"语言环境方面,二者存在根本差别。第二语言的学习者处于比较轻松自然的环境中,周围众多的该语言的本族语使用者可以成为其"老师"。如果该语言在当地作为官方语言(如英语、法语在加拿大及非洲一些国家,西班牙语在拉丁美洲),新闻媒介、官方文件、广告等都为学习者提供了一个真实自然的语境,使第二语言学习处于一种类似母语获得的环境中,这是"外语"学习无法比拟的。

语言输入方面,二者存在根本区别。第二语言学习者处于自然轻松的语言环境,周围环境为其提供了理想充足的语言输入,而外语学习者却没有这样的条件。

学习者的情感因素也有很大区别。由于第二语言在本语言社团中的特殊地位,学习者往往有强烈的学习愿望和动机。比如，英语在印度是一种影响择业和晋升的重要因素,学习者的工具性动机很强,这与在本国内学习外语有本质区别。就中国的英语教育而论,学校教育虽然要求学生掌握英语,但整体而言,特别是在广大农村和未开放地区,学生学习英语的工具性动机不十分明确,使英语水平的总体提高受到很大限制,这也是中国英语教育的缺陷之一。

母语知识在第二语言和外语方面的迁移关系也不一样。在欧美国家,由于学习者所要学习的第二语言一般与其母语有着同源关系(如英语和德语同属日耳曼语族,俄语同波兰语同属斯拉夫语族,四者同属印欧语系),相近的文化背景和相似的语音特征使他们语言能力的正迁移远远超过负迁移。而中国学生学习的外语(如英语)一般与母语不同系属,语音、语法、文字系统迥然相异,这些都大大增加了学习的困难。

总之,外语是指在社会环境中非普遍用于交际的、外民族的语言。在我国,外语是除了汉语和少数民族语言以外的语言,如英语、法语、俄语、日语等。而政府规定为官方语言的非本族语(如瑞士的官方语言包括德语、法语、意大利语、拉丁语)以及本国内少数民族所学习的非本族语的共同语(如中国各少数民族学习汉语)则是第二语言乃至第三、第四语言。两个概念对不同个体有特定含义。对来华旅游的外国人,汉语就是其外语。

(三)双语现象

双语现象是一个十分重要的语言学问题。因为全世界大部分国家和地区都不同程度地存在着这个现象,它既是一个生活现象,又是一个政治问题。双语现象作为一个研究领域,涉及语言学、社会学、心理学、教育学以及政治、经济、文化、法律、地理等方面的问题。这里主要从语言学的角度考察其现实意义。

1.双语现象的历史原因

双语现象产生的历史原因如下。

(1)多民族在同一国家或地区杂居。
(2)国家实行双语制,如瑞士、加拿大等。
(3)各个国家的语言事实。
(4)大批移民定居新的国家所引起的语言变化。
(5)父母来自不同民族,其中一人对孩子说一种语言,另一人对他们说另一种语言,使孩子成为操双语者。
(6)学校实行外语教学,使越来越多的学生成为操双语者。

2. 双语的概念

"双语"一词,英语叫 bilingualism,又可译作"双语现象""双语问题""双语制"。从概念上,我们把它区别为集团双语和个人双语。

集团双语,有的语言学家又称为"社会的双语",包括"国家的双语",它指在单一的地理区域内,在不同场合分别使用的两种或两种以上的语言,其中也包括某些语言使用者在不同情况下使用同一语言的两种或两种以上的变体,这些变体中的每一种都有其专门的功能和具体的用途。定义的前半部来自不同的语言在同一区域的相互接触,如加拿大、印度等国家都在一国范围内同时使用不同语言;定义的后半部把双语概念扩大到包括方言中的变异、语域或变体。国外有些学者把同一语言中有着变体功能的两种变体称为 H(High)变体和 L(Low)变体,即"标准变体"和"粗俗变体"。H 变体由于历史、政治的原因占有比较重要的地位,常用于政治机构、教育中心、新闻媒介以及诗歌等;而 L 变体通常用于初级教育、个人信函、与朋友谈话、生活剧、民间文学等。H 变体与 L 变体的区分,简单说即正式与非正式的区别,二者在威望、标准化、稳定性、语言获得、语音、词汇、语法方面都有一定差异。比如,在语言获得方面,成人用 L 对儿童说话,儿童用 L 交谈,儿童用学习母语的正常方式学会了 L。儿童虽然可以时时听到 H,但他们实际上主要通过正式教育学会了 H。L 语法结构和语法概念,未经讨论和弄清,不知不觉中就已学会;H 的语法则需要经过训练才能学会。从 H 变体和 L 变体的角度而言,每一个社会成员都是操双语者,但 H 变体和 L 变体并不等于我们平常所说的"双语"。

通常情况下,人们在理解"双语"概念时,一般排除了同一语言的 H 变体和 L 变体的理论,而接受"一个人必须具有使用两种变体语言的能力才能看作操双语者"的观点。我们倾向于这样一种认识:双语是交替使用两种或两种以上变体语言的实践(我们把"多语"包含在"双语"中,因为二者只是数量上的区别,而无本质区别)。布龙菲尔德(Bloomfield)认为,双语只适用于那些"像操本族语那样掌握两种语言"的个人,实际上这几乎不太可能。因为对于大部分操两种语言的人来说,其中一种语言总是比另一种更流利自然,而不可能处于完全等同的状态。哪一种语言更重要,取决于以下因素:学习语言时的年龄大小和掌握语言的先后次序,使用机会的多寡,个人感情色彩,两种语言的社会功能及文化价值大小等。本书从语言教育的角度来探讨双语现象,因此我们把双语现象作为一种个体现象,即我们所说的双语通常指的是个人双语。

3.双语教育

"双语教育"指的是两种语言作为教学媒介的教育系统(这个定义涉及不同语言,因此不包括同一语言的两种变体 H 和 L 的特殊情况,也不包括双方言这种常见情况)。目前,在中国大陆普遍实行的英语教育具有下述特点:教授英语的目的在于促使学生学习和使用母语之外的第二种语言;而在学生的整个教育中,英语并没有取代汉语成为教学语言,主要教学语言仍是学生的第一语言(汉族区为汉语);英语的有关知识在教育过程中的某一阶段(中学)给予介绍,并要求学生充分学习英语,目的在于拓展学生的文化视野,为增加他们社会的与专业的潜力提供充分的英语基础训练。

掌握第二语言或外语的途径有三种:与第一语言同时掌握;

先掌握第一语言,然后自学第二语言或外语;先获得第一语言,然后通过学校教育学习第二语言。

中国的英语教育主要属于上述第三种类型。学生学习英语是以掌握母语(汉语或其他少数民族语言)为前提的,即使学习过程中主要强调对英语的结构分析和规则的掌握。事实上,学生是运用在获得母语的过程中所掌握的经验和方法来学习英语的,并且挟带着个人的情感因素、文化观念和思维习惯等。学校教育的方式可以提供广泛的领域和多方面的技能,但是缺乏明确的动机和交流技巧来建立真正对话的环境。

二、英语学习中的迁移现象

"迁移"是一个心理学术语,指已经获得的知识、技能、方法等对学习新知识、新技能的影响。如果这种影响是积极的,就叫"正迁移";反之,则叫"负迁移",或称"干扰"。

外语学习中,干扰常常造成错误。外语教学理论常用两种分析方法来分析错误来源,即对比分析和错误分析。下面只从母语和目的语(以汉语和英语为例)的角度简论迁移现象,略去理论部分不谈。

(一)母语知识的负迁移

汉语和英语分属不同语系。英语是黏着语,汉语是孤立语,二者在语音、词汇、语法方面相差很大。因此,汉语作为母语,在英语学习中的负迁移往往大于正迁移,从而使英语学习产生困难。

1. 语音系统

英语和汉语都有 m,n,f,w 等辅音,中国学生在学习英语时,这些辅音都问题不大。但是,英语里有严格的清浊对应,汉语普通话里没有清浊对应,却有送气与不送气的区别。所以,大部分中国学生(少部分汉语方言如上海话等也有清浊对应)在英语清浊音的发音和听音上感到困难。例如,英语中的[b]、[d]、[g],中国学生就常常把它们发成[p]、[t]、[k]。又如,汉语普通话里没有齿间音,因此中国学生在发[θ]、[e]音时困难较大。

中国学生受汉语的影响,在学英语时还常常犯"增音"的毛病,即在尾辅音之后增加元音,如将[bʌt]读作[bʌta],[pɪg]读作[pɪga]等。

在重音和语调方面,汉语的双音节词、多音节词的重音大多在最后一个音节上,英语则差不多相反。中国学生常按汉语的重音习惯来读英语单词,如把 'football 读成 foot'ball,把 'dining-hall 读成 dining-'hall;或者在句中不分轻、重音节,一律重读。语调上不分升调、降调更是普遍。

2. 词汇系统

词汇方面,最难学的是动词。汉语是非形态语言,动词没有时态、人称、语态的差别。中国学生常常忘记或用错英语动词的词形。比如,中国学生常说:"Yesterday I go down-town."或者"Tomorrow I go down-town." "I have wrote a letter to my sister."等错句。

3. 语法系统

英语有大量的主从复合句,汉语则主要用分句连接成复句。英语里,一般形容词都放在中心词前,如 the big red house(那所红色大房子),修饰短语则放在中心词后,如 the old man whom you saw last night(你昨晚看见的那个老人)。汉语里,一般形容词和修饰语都放在中心词前,如"美丽的草原""他的失散了多年如今已长成漂亮姑娘的小妹妹"。遇到这些与汉语语法习惯不同的情况时,学生就容易出错。再看下面两个例子。

A:你昨天没有来吗?
B:是的。(我昨天没有来。)

A: Didn't you come yesterday?
B: Yes. (I came yesterday.)

汉英两种语言对否定疑问句的回答采用的形式相同,但表达的意思恰恰相反,这是英语学习中出错频率较高的典型例子。

母语的负迁移作用往往发生在两种语言既有区别又有联系的地方。在这些情况下,外语学习者常常倾向于用母语的表达或理解方式来代替外语中的表达或理解方式,造成干扰。外语教学要防止这种干扰,需要对两种语言进行对比。

(二)目的语知识的负迁移

学生由于掌握目的语知识不足,把其所学的不充分的、有限的目的语知识套用在新的语言现象上,结果产生偏误,这在心理学上称作"过度泛化"(overgeneralization)。例如,英语动词过去式的规则是在动词原型后面加-ed,如 play 的过去式为 played。如果把这条规则扩大化,就可能出现像 catched 这样的错误,因为 catch 是不规则动词,过去式是 caught。在英语教学中,我们还常常听见中国学生说出这样的句子:"Let me to go.""He came do it.""He can to do it.""Can he does it?"这些错误都是由于规则的过度泛化造成的。

(三)文化因素的负迁移

文化因素的负迁移有两种表现:一种是由于文化因素引起的语言形式的偏误;一种是语言形式没有偏误,但由于使用的场合不对而引起误会。学生如果不懂得外语国家的文化习惯,就可能用本国的文化习惯套用外语国家的习惯,造成错误。

例如,英语的部分否定判断形式在中国人的理解中全成否定。句子"All women here are not workers."按汉语习惯,它的对等形式是"所有这里的妇女都不是工人。",然而这个句子的正确含义是"这里的妇女不全是工人。"又如,下面一段英语:"'You should not be discouraged.'Mother said to us,and we all shook our heads."句中 we all shook our heads，如果译成"我们都摇摇头"就错了，按照英语习惯，在汉语中应该把它理解为"我们都点点头。"

交际场合的汉英文化冲突更为普遍，主要出现在问候、致谢、与陌生人交谈、对称赞的回答、建议、邀请等方面。例如，中国人的问候常用"哪里去？""上班啊？""上街啊？""吃饭了没有？"等，而英美人对"Where are you going？""Go shopping？""Go to work？""Have you had lunch？"这一类问话则可能感到莫名其妙。又如，中国人在对待称赞时很谦虚，常常用否定的回答，而英美人则多半会愉快地接受，人们在当面称赞一个女孩"漂亮"时，中国女孩可能表现很害羞，英美女孩则很可能会大大方方地说一声"Thank you."实际上，在学习英语的过程中，除了上述几种干扰错误外，汉语的负作用还体现在其他一些方面，其中较为普遍的是简化和回避。例如，有的学生尽量避免使用包含难音的词语，避免使用与汉语相差较大、自己感到有困难的语法结构，或者干脆把难音简化掉，如汉语中没有限定性关系从句，学生遇到这类句子时，倾向于把它拆成简单句子，而尽量避免使用这种与汉语相差极大的结构。

第四节　心理语言学流派与外语教学法

心理语言学是20世纪50年代初蓬勃发展起来的一门新兴学科。它的研究不仅对于探讨语言的起源、语言和思维的关系有重要的理论价值，而且对于语言学和心理学的应用有重大的实用价值。本节简单介绍一下心理语言学的两大派别，以及与之相关的外语教学法。

一、心理语言学流派

(一)机械主义"强化论"和"传递论"

心理语言学在其诞生初期,所依据的是以布龙菲尔德和斯金纳为代表的"强化论"或"刺激—反应论"。他们用"刺激—反应"的程度来研究人的行为,把人的言语行为看作对外界刺激所产生的一种有组织的反应体系,认为人的言语行为不是先天就有的,而是后天习得的。儿童学话无非是对环境或成人的话语做出合适的反应。对于正确的反应,成人就会给予鼓励,把它强化下来,由此形成语言习惯。布龙菲尔德在《语言论》中,把语言看成"一种训练和习惯"。斯金纳主张用操作性条件反射的原则来说明人的言语行为,特别强调"强化"在言语行为中的作用,认为强化是语言学习的必要条件,也是使成人的语言反应得以继续发展的必要条件。言语行为的习得和保持都靠"强化"。儿童学话就是通过模仿,不断对外界环境的刺激做出反应(模仿),并对这些反应加以反复的强化,不断巩固而形成语言习惯。

总之,从"刺激—反应论"的观点来看,在语言习得的过程中,环境的影响和经验起决定的作用,人只不过是被动的、消极的有机物,心理过程只是经验决定行为的副产品。这种理论否定了人类与动物质的差别,忽视了人的言语行为中的心理因素,对语言习得的解释有许多漏洞。在"刺激—反应论"的基础上发展起来,并企图弥补其不足的奥斯古德(C. Osgood)提出的"传递论",在刺激与反应之间,加入了传递性反应与传递性刺激这样的内在环节,认为反应不仅有外在的、显露的反应,还有内在的、隐含的反应。这种内在的反应又可称为"内在的刺激",引起新的反应。"传递论"企图克服机械主义的缺陷,但它并没有放弃"刺激—反应"的基本模式,在本质上并没有脱离机械主义。

（二）"内在论"和认知心理学

20世纪50年代末,美国语言学家乔姆斯基(Chomsky)的《句法结构》一书出版,他的转换生成语法理论的出现对心理语言学的研究产生了很大的影响。

乔姆斯基认为,语言是人类独有的,人类具有一种天生的语言能力。儿童生下来就有一种适宜于学习语言的独有的"语言习得机制"。乔姆斯基的"内在论"认为,语言是一种以规则为基础的复杂系统。虽然儿童讲不出这些规则是什么,但他们学习语言就必须把这些规则"内在"化。在这一点上,"刺激—反应论"认为语言不外乎是一些习惯的总和,"内在论"则认为语言习得机制是一种特殊的学习语言的机制,独立于人的其他功能,甚至和智力发展都没有直接联系："内在"化的语言规则是理解和产生语言的先决条件。"学习主要是把细节充实到天生的结构中去",强调世界语言的共性,并认为深层结构是所有语言共有的,而把深层结构转化为表层结构的转换规则却是每一种语言各不相同的。乔姆斯基主张把语言学当作认知心理学的一个分支,对说某种语言的人的创造性的语言能力做出理想化的描写,并强调转换生成语法理论对于探究人类心理结构和素质的重要性。

乔姆斯基的这种语言习得机制"天赋论"或"语言能力天赋论"深深地打上了唯心主义的烙印。他站在唯理论的立场上反对新行为主义的机械论,因此在认识论上带有很大的片面性和局限性。

"刺激—反应论"与"内在论"针锋相对,两派的争论中出现了另一种新的观点,认为儿童的语言发展是天生的能力与客观的经验相互作用的结果,称为"相互作用论"。相互作用论以瑞士儿童心理学家皮亚杰的"认知论"为理论依据。皮亚杰认为,学习的中心环节包括"同化"与"适应",儿童生下来只有一套非常有限的行为形式,但他仍然企图运用它来向环境学习,摄取对他有用的东西,这就是"同化";在同化过程中,由于环境的作用,儿童要改变他的行为,这就是"适应"。儿童习得语言的过程也有同化和适应的现象,他们总是运用熟悉的结构去创造新的用法。皮亚杰认为语言能力的发展不能先于认识能力的发展,儿童要模仿成人的说话是以他本身的认识能力发展为立足点的,不是任何刺激都能引起反应。

皮亚杰的学说虽然不是一种自成体系的语言习得理论,但它对于心理语言学的研究有一定启发意义。

二、与心理语言学流派相关的外语教学法

从心理语言学的角度讲,一定的外语教学法理论总与一定的心理语言学理论相联系。长期以来,外语教学法理论中也有两大派别的争论:一派为听说法,一派为认知法。前者受行为主义机械论的影响,后者受内在论和认知论的影响。

(一)听说教学法

听说法依据斯金纳等人的"刺激—反应"理论和奥斯古德的"传递论",认为学习是通过强化和条件反射形成的,学习外语或第二语言的过程与学习母语的过程是一样的。听说法建立在四条假设和条件上面。

"外语教学基本上是一个形成习惯的机械过程。"习惯是由强化巩固的;只有给予正确的反应,而不是靠指出语言错误,才能有效地形成外语习惯;语言是一种行为,必须诱使学生有所行动,才能学到行为。

言语第一位,文字第二位。外语学习的口头形式必须先于笔头形式;必须先学会听觉辨别和言语反应的一整套习惯;听说习惯达到自动化程度主要通过反复操作和实践。

类推比分析更能打好学习外语的基础。

必须联系所学外语的民族的文化、历史和社会,才能学到这种语言的词汇含义。

一般来说,以"刺激—反应论"为依据的听说法在教学中强调以下原理。

第一,模仿。这是使学生学会正确的语言和语言模式的重要手段。教师在课堂上要给学生做模式示范并引导学生观察和准确地模仿教师,做出正确的反应。

第二,重复。听说法中最常用的教学手段是重复操练,大量进行句型、替换、转换、对话等练习,以及对话、课文的背诵等。外语教学中重要的重复是重复那些带变换成分的各种句型,使学生对该语言的结构模式能在各种各样的环境中自觉应用、替换和变化,达到不假思索的自动化程度。

第三,强化。外语教学过程中教师应对学生的正确反应做出肯定和鼓励。正确的反应,经过反复强化就会形成习惯,这些习惯又通过不同的语境加以不同的强化,从而形成学生应用语言的熟练技巧。

第四,程序。教师要对学生的外显反应做出评价,既要有学生的言语活动,又要有教师的指导性反馈。教材要按逻辑顺序,按一系列循序渐进的步骤或单位出现。学生有机会在课程的每一阶段了解自己的学习,总结进步或退步的原因、经验,并在教师指导下明确下一步应如何学习。

从上述原理可以看出,听说教学法的特点是:从会话入手,以句型操练为主,强调模仿、强记、大量练习。20世纪60年代以来,随着语言实验室的兴起,外语教学就更紧密地与"刺激—反应论"结合起来。语言实验室的句型操练就是严格地按照"刺激—反应论"的模式进行的,具体分为四个步骤:刺激、反应、正确答案、重复强化。

(二)认知教学法

认知法依据乔姆斯基的"内在论"和皮亚杰的"认知心理学说",强调学习要通过人的思维的内在能力和创造力。认知法是作为听说法的对立面提出来的,主张"外语教学主要是通过对它的各种语音、语法和词汇形式的学习和分析,从而对这些形式获得有意识的过程",把语言习得看成从语言能力到语言运用的过程,学生掌握生成语法也就是内化语言规则体系的过程。因此,要有意识地理解和掌握第二语言的语言结构。认知法在教学中强调以下原理。

第一,突出培养学生的语言能力。乔姆斯基认为,语言不是习惯的结构;正常语言行为最明显、最有特征的性质就是创新,即根据其抽象而复杂的规则构成新的句子和句型。因此,外语教学中应把培养学生的创造性语言能力放在首位。

第二,强调理解。认知心理学认为,只有自己发现的东西才能积极地被同化,从而产生深刻的理解。在理解的基础上学得的语言结构知识比机械地套用句型学得的知识更牢固持久,且能举一反三、触类旁通。

第三,重视阅读。阅读涉及思维和语言之间的相互作用,读者在阅读中可获得数量惊人的信息、概念、见解和信念。在阅读教学中提倡为获得信息而阅读,培养速读、略读、精读和评读的技能,强调阅读的理解和速读的训练。

第四,重视知识内容的科学组织。按照认知学说的理论,知识内容的科学组织不仅要考虑它本身的系统化和条理化,而且还要考虑部分和整体之间的隶属性和相互关系。在外语教学中,教师和学生应该懂得,学习和掌握语言并不是各部分知识的简单的累积,而是部分与整体的语言知识在结构上的紧密联系。

听说法和认知法虽然是相对立的,但二者并不互相排斥,两种方法都有可取之处。外语学习既需要规则知识,又需要形成这些规则所描述的习惯。因此,外语教学实际上需要将两种方法结合。

近年来有一种趋势,即从教学方法向学习方法扩展。体现这种趋势的是启发教学法、沉默教学法、商谈会话式学习法。这些方法都强调调动学生的学习积极性,发掘其大脑的潜力,使学生能主动地吸收和运用语言。

第四章 英语教育的语言学基础

本章主要从语言教育与语言观、语言学主要流派、国外英语教学主要流派等方面来探讨英语教育的语言学基础。

第一节 语言教育与语言观

一、语言观

语言观就是人们对语言的看法。语言学是研究语言现象本身的科学,语言教育是研究语言教授和学习的科学,二者都涉及对语言的看法,即语言观。许多知识领域也涉及对语言的认识,千百年来,哲学家、社会学家、心理学家、文学家、政治家都曾发表过对语言的看法。而在不同的领域,从不同的角度,用不同的方法研究"语言是什么"这一简单问题,难免会有种种分歧和争论。

哲学家可能回答:语言是思维的工具。他们中间有些人把语言看作人类共通思维的外在表现,另一些人则把思想上的差异归结为语言使用上的差异。社会学家认为语言是一种行为。统计学家认为语言是有意的和无意的选择。而语言学家们的分歧就更大了,古代的语言理论曾毫不怀疑语言等同于思想本身。现代语言学的重要理论则提出语言是形式而非实体;中世纪的语言研究只限于古老语言的书面形式,现代则开始关注自然语言的口头形式;普通语言学把语言看作一门知识,而现在人们更关心语言是如何发挥作用的。

自索绪尔(F. de Saussure)提出现代语言观后,人们逐渐认同了语言的本质是一套任意的符号系统。布龙菲尔德倾向于将意义排除在这套形式体系之外,功能主义者则更希望将意义与句法相结合。语音学家坚持认为语音实体的表达是语言最根本的东西,另一些人则认为语言还应包括书写符号。机械主义者认为语言是工具,是物质的,是人对语言刺激的习惯反应。心灵主义者则认为语言是心灵的,主要是心理行为,语言是人类心灵中一种潜在结构,可以生成无穷无尽的句子来表达思想。结构主义者视语言为一种结构,是独立的状态。社会语言学却把语言看作一种交际手段,是一种社会现象、社会规约,是人们用以交流思想的交际工具,他们认为语言结构和语言使用与社会有关。

反映在术语上,不同的语言理论使用不同的术语,甚至同一术语在不同体系中的意义也不相同。现代语言学可谓分支众多,学派林立。

综合地看,一般我们认为,语言是人类最重要的交际工具和进行思维的工具,是人类特有的符号系统。

二、语言观与语言教育

每一种语言教育方式都有自己的理论根据,都有自己独特的教学思想,语言教学的许多主张和做法不一定都和语言学具体部门有非常直接的关系,但它们在语言观上必定是一致的。

"如果把语言看作一种状态,不同理论就会在语法书和词典中对语言做不同的描写,从而也决定着应该教什么;如果把语言看作一种活动,这种理论就会产生不同的语言教学思想,决定怎么教授语言材料。"

传统语言学把语言当作知识,持这种观点者多采用语法翻译法。机械主义和行为主义的结构主义语言学把语言学习过程看作"刺激—反应"形成习惯的过程,在外语教学中相应地有直接法、听说法;与之相反,心理语言学中的认知学派主张把语言看作一个过程,把外语教学看作认知规律,创造性地运用语言知识的过程,这一派在外语教学中采用认知法。社会语言学、语用学将语言看成一种社会规约,在外语教学中则有相应的功能法、交际法。

语言教学可以以一种或多种语言理论为依据,并且随着语言教育的日趋科学化,它总是日益明确地奠基于某一语言观假设上。

如前所述,人们研究语言,可以从不同角度出发进行观察和研究,从而得出不同结论。例如,对"语言是什么"这个问题,可以回答成:语言是人生斗争的武器,是交际工具,是思维的外壳,是一个符号系统等。而语言观是语言教育思想的重要组成部分,不同的语言观会导致不同的外语教学法流派的产生,或者说,不同的外语教学流派有不同的语言观。

第二节　语言学主要流派(上)

语言学和外语教学都从理论和实践两方面研究语言现象,二者自然有极为密切的联系,语言教学的各种不同流派往往是在语言学的各种流派影响下形成的。本节主要从纵向上介绍语言学的发展概貌。语言学研究源远流长,早在公元前5世纪的古希腊,哲学家对语言的研究便奠定了传统语法的基础。中世纪的欧洲在拉丁语法上停滞不前,直到19世纪,历史比较语言学兴起,才使得语言学成为一门独立的学科。到了20世纪,结构主义、转换生成语言学又相继主宰语言学界,继而,韩礼德(M. A. K. Halliday)在继承英国功能学派大师弗斯(J. Firth)学说的基础上发展了系统功能语法,使功能主义和形式主义并驾齐驱,成为主宰当代语言学的两大主流。功能主义和形式主义语言学对语言教学的影响都很大,就目前来说,尤以功能主义观点更为普遍。

自 1780 年威廉·琼斯（William Jones）开始比较梵语与欧洲语言以来，拉斯克（R. Rask）、葆朴（F. Bopp）、格里木（J-Grim）、波特（Pott）、施莱歇尔（August Schleicher）、施密特（J. Schmidt）等人广泛地研究了印欧语系的亲属关系问题，取得了无可争辩的成就。比较方法不断改进并广泛运用，其中比较语言学的推广引起了语言教师的注意，对于批评语法翻译法、提倡强调口语会话的教学改革很有借鉴作用。另外，1876 年，青年语法学派诞生，保罗（H. Paul）在其代表作《语言史原理》中提出类推作用（analogy）在语言中有重要作用的论断，为直接法的崇尚模仿、替换提供了语言学理论依据。所谓类推作用，是指说话者无意识地依照语言中某些词的形式变更另一些词的形式或创造新词的一种语言现象。青年语法学派认为类推是有心理根源的，联想心理学便是其依据。除此之外，历史比较语言学对语言教学发展并无很大影响，所以此节介绍中省去了这一原本在语言学发展史上十分重要的阶段。

一、语文学与传统语法

西方语言学是从古希腊发源的。古希腊人对文字、语音、语法、修辞和语言理论都做过不少探索，雅典时代的哲学家则更关心词与物的关系，他们是把语言问题当作哲学问题的一部分来考虑的。有的学者主张语言是"按本质"的、合乎逻辑的，有的学者主张事物的名称都是按规定而产生的，不一定合逻辑。从苏格拉底到斯多葛学派，争论了几个世纪。但他们在分析逻辑范畴的过程中涉及了语法范畴，从而初步确立了传统语法的范畴体系。

希腊化时代，语文工作和语言教学的实际需要促使学者们为校注古籍、继承文化遗产而编写语法著作，语文学应运而生。亚历山大里亚语文学派空前发展了语法研究，不是从逻辑角度，而是从语言角度来寻求对语言本身的理解。特拉克斯（Dionysius-Thrax）的《语法术》（Techne Grammatike）是第一部真正的希腊语描写语法书。

希腊化时代,校注古籍、继承文化遗产的需要促使语文学应运而生。语文学的主要任务虽不是语言研究,但它孕育了语言学,并且成为早期欧洲语言学的主要特征。亚历山大里亚语文学派在校勘文献的过程中往往遇到大量语言问题,这迫使他们从语言角度而不再从逻辑角度进行研究,寻求对语言本身的理解。他们编写了大量语法著作,至今我们仍广泛采用的一些语法术语就来自特拉克斯的《语法术》。

罗马时代的拉丁语法家崇尚希腊语法,按希腊语法的模式建立了拉丁语法,并通过教学使它得到了极为广泛的传播,但他们误认为拉丁语是损坏了的希腊语变体,因而很少创造。中世纪,由于拉丁语作为国际交际工具的特权地位,"语法"和"拉丁语法"成为同义词,以至于阻碍了对各民族语言的共时研究,在描写其他语言时,也总是以古典拉丁语法为蓝本机械模仿,拉丁语没有的,别的语言也不能有,拉丁语有的,似乎别的语言不能没有。

直至文艺复兴时期,各国的经验语法才逐步兴起,同时唯理语法的研究也迅速发展起来,他们竭力证明在拉丁语中存在着适合全人类语言的语法。1660 年,法国波尔·罗瓦雅尔(Port-Royal)修道院的隐士阿尔诺(A. Arnauld)和朗斯洛(C. Lancelot)的《普遍唯理语法》(*Grammaire Genenrale et Raisonnee*) 出版,其目的在于指出语言是理性的产物,各种语法无非一个更为普遍的逻辑与理性系统的不同变体。这种普遍语法观念是中世纪思辨语法传统的继续。唯理语法认为:人的理性和思维规律是一致的,而语言的结构由理性决定,因而所有的语言结构规律在本质上是一致的。他们力图建立适用于所有语言的一般原理,唯理语法成为传统语法的典型形式,在法国国内外影响深远,18 世纪的英语语法也离不开这种模式。

这种语法的特点就是限定主义(Prescriptivism),又称"规范语法"。它常常制订一些规则,规定人们应该怎么说,不应该怎么说。语言学起着"法律"的作用,但它的语法范畴主要是依据逻辑范畴建立的,并且把语言看成静态的事物,从逻辑、理性、希腊—拉丁语法模式等不同角度去规定人们应该怎样使用语言。

古希腊语法和拉丁语法是在研究形态变化很丰富的语言的基础上形成的,因此语法分析以形态标准为主;以词法为中心,对词做性、数、格、态的说明;以书面语为对象。这就导致英语、法语、意大利语中的名词早就没有了格的变化,可是因为拉丁语有六个格,所以一些语法学家硬要给它们区别出几个格来。波尔·罗瓦雅尔学者以"表示意义的方式"作为确定词类的重要依据,力图使语法更为科学,但由于他们是从语义角度研究的,因此也不可能准确反映语言的全貌。另外,他们把语言作为逻辑的延伸,强调语言中的一切都服从逻辑,却忽略了语言与逻辑的区别,而且由于局限于比较拉丁语和法语,就阻碍了对语言的更为客观的思索以及对各种语言的语法特点的考虑。而现代语言学理论都反对规定语言现象,认为语言是动态的,语言学家的任务不是去阻挠语言的进化,而是去了解语言的构成与发展。但不管怎么说,传统语法在从语言知识到语言科学的道路上已经大大地跨进了一步,并对语言学的发展有很大的影响,因而在西方语言学的发展史上占有一定地位。

二、结构主义语言学

20世纪初,语言学研究方向发生根本变化,重心从研究语言谱系转移到研究单个语言的结构,以历史比较语言学为主流的时期结束了,代之而起的是结构主义语言学。这一大转折中的关键人物是著名的瑞士语言学家索绪尔。从索绪尔开始,语言学便进入现代语言学的新天地。1916年,索绪尔的《普通语言学教程》(*Cours de Linguistique Generale*)正式出版,奠定了现代语言学的基础。

这本教程其实是索绪尔的学生根据他在日内瓦大学三次普通语言学课程讲义的整编,是他唯一的一本著作,然而他提出的语言学说,无异于语言学史上哥白尼式的革命。索绪尔关于语言和语言学的理论十分丰富,其主要内容可概括如下。

(一)区分了语言(language)和言语(parole)

索绪尔明确语言学的研究对象是语言而不是言语,语言是抽象的、系统的、稳定的,而言语是具体的、个别的、动态的;语言系统是本质的、能力的,言语活动却是现象的、表现的。

(二)主张区分共时态和历时态

索绪尔区分了共时语言学和历时语言学,指出应从历时研究转向共时研究。语言的共时现象,亦即语言的横切面现象。语言的历时现象,即有关语言的历史演化的纵断面现象。

(三)提出著名的符号理论

索绪尔把语言符号定义为音响形象和概念的结合,引进术语能指(signifiant)和所指(signifie)代替原来的音响形象和概念,并指出符号的任意性,即所指与能指的联系不可论证,由此他设想建立符号学。

索绪尔的"系统"(system)则与其价值(value)相关。语言是一个系统,语言符号是系统的组成要素,其功能是由系统各要素之间的关系决定的,即价值决定了系统的功能。正如棋子的价值不在质料,而在于它们和其他棋子的相互关系,系统里起作用的不是实体而是差别。语言就是一个有价值的符号系统,符号的价值是在系统中一切关系的总和,而索绪尔认为语言里有两类关系:横向的句段关系和纵向的联想关系。他运用其创立的一系列新概念:对立、差别、价值、实质、形式,进一步指出这一切是如何联系的。可见,索绪尔已深入语言如何运转这个问题的核心。

索绪尔在《普通语言学教程》中只提出系统的观念,但是结构主义的基本原理之一在书中解释得十分清楚:"整体的价值决定于它的部分,部分的价值决定于它们在整体中的地位。"因此,结构主义者的"结构"就是索绪尔的"系统"。从20世纪30年代开始,直接继承和发展索绪尔理论的布拉格音位学派、哥本哈根语符学派、法国功能学派,在欧洲逐渐汇成了兴盛一时的结构主义语言学。20世纪40年代以后,结构主义又以其严密的方法论启发了社会科学的其他学科。可以说,结构主义语言学至今虽已告一段落,但结构主义思潮仍方兴未艾。

总之,现代语言学关于语言是一个符号系统的思想,关于语言和言语区分的思想,重视共时研究,优先研究口语,对所有语言一视同仁,认为语言学应该是描写性的而不是规定性的等思想都来源于索绪尔,正是由于他提供了语言研究的新方向,我们才说索绪尔是现代语言学的开创者。

语言学中的结构主义是由索绪尔关于语言是一个符号系统的理论发展而来的,主要有三大分支:布拉格功能学派、哥本哈根语符学派和美国描写语言学。

特鲁别茨柯伊(Trubetzkoy)和雅各布逊(Jakobson)等人都是布拉格语言学会的成员,他们以索绪尔的区分语言与言语的理论以及关于差别、对立等的看法为依据,建立了音位学。他们最早运用语言学理论来研究文学作品以及其他外部语言学各领域。"结构"这个概念,也主要源自布拉格学派。哥本哈根语言学会的代表人物叶姆斯列夫(L. Hjelmslev)创立了"语符学",他根据索绪尔的形式与实体、能指与所指的区分进一步做了抽象的纯理论研究。

结构主义流派中最有影响的美国描写主义实际上是独立发展起来的另一种理论,与索绪尔的结构主义并无直接继承关系,但在某些方面,特别在描写语言学的理论与方法上,也可看出索绪尔理论的影响,甚至可以说结构主义语言学的大发展是在美国。欧洲语言学的发展一向与语文学、历史学有密切的联系,美国语言学却与印第安语研究、人类学、语言教学联系十分紧密,其中萨丕尔是先驱,布龙菲尔德则是奠基者和代表人。1933年,布龙菲尔德《语言论》(*Language*)的出版标志着美国描写语言学的新阶段,人们通常把20世纪三四十年代称为"布龙菲尔德时代"。

布龙菲尔德的《语言论》受当时在美国心理学界占主宰地位的行为主义(Behaviorism)影响至深。美国行为主义心理学家华生和瓦埃士(A. P. Weiss)的行为主义认为,心理过程无法用科学实验观察到,真正的心理学必须严格地建立在对行为的观察上。布龙菲尔德力求适应这种主张,将语言学的对象确定为可以观察到的言语行为,并依据行为主义的"刺激—反应"公式来解释人类的言语行为。机械主义语言观认为,"当另一人施予刺激时,受刺激的一方做出反应,语言可以作为刺激的替代物,也可作为反应的替代物。"布龙菲尔德机械主义的立场以及对意义忽视的态度决定了他进行语言研究的指导原则,而布龙菲尔德理论的主要内容则在于依据这一系列原则和方法制订描写语言结构的总框架。这一框架后来经过哈里斯(Hants)、布洛克(Bloch)、特雷格(Trager)、霍凯特(Ch. F. Hockett)、威尔斯(W. S. Wells)等人的不断补充和改进,形成了一种系统的形式化的语言理论,即通常所说的美国描写语言学。

布龙菲尔德对反映在《普通语言学教程》中的索绪尔的新思想十分赞赏,他跟索绪尔一样,把共时的语言结构放在语言研究的首位,跟传统语言学在某些观点上截然相反。

结构主义认为每种语言都是独特的结构系统,不可能像传统语法那样用一种模式去解释各种语言的语法。这种看法跟当时美国语言学的实际任务和环境(最初主要研究美洲印第安语言)很有关系,正是印第安语的特殊性迫使他们去发展共时的描写方法,即对语言结构做科学而客观的描写,由此产生了与限定主义针锋相对的口号——描写主义(Descriptivism)。

结构主义语言学认为语法范畴不可能按意义去限定,而应该按其分布(distribution)情况去限定。音位和语素是语言结构的两个基本单位。音位是语音结构中具有区别性特征的最小单位,语素则是语法结构的最小单位,它们都有其分布特征。两个单位可以互相替换,此时是等值分布,若分布不同,就不是等值的,而是互补分布（complementary distribution）。而这种分析法是美国描写语言学最重要的方法，以至于有人称描写语言学为"分布主义"。但由于句子结构的复杂性，用这种程序描写句法不甚理想，对语音的描写、音位的确定倒非常有效。因此，描写语言学实际上是从音位学开始的。

布龙菲尔德的本意是主张从"形式"入手，谨慎对待意义。而结构主义者一般都认为语义问题目前难以解决，不好以形式为基础，集中解决表层结构。他们认为传统语法对词类的定义标准不一，矛盾百出，他们提出的分析法是直接成分分析法（Immediate Constituents Analysis，简称 IC 分析法），即把一个句子（或别的复合形式）再一分为二，一直切分到最小的单位为止（这种分析法也像分布分析法一样，存在不可避免的弊端）。另外一种方法是哈里斯提倡的，从分解语言的基本要素——语音入手，从小到大逐层去分析其结构。但语言是一种复杂的行为，无论这些方法如何完善，离开了意义标准和语言使用者，必然会遇到难以克服的困难。

三、转换生成语言学

自 20 世纪 50 年代中期开始，"转换生成语法"（Transformational Generative Grammar，简称 TG）取代描写语言学，成为美国语言学的主流。

1957 年，乔姆斯基的《句法结构》出版，乔姆斯基以对结构主义一系列基本原理的挑战，宣告了语言学史上又一次划时代革命的开始，这便是"乔姆斯基革命"。

乔姆斯基的父亲是一位希伯来语学者，乔姆斯基自然耳濡目染。1947 年，他认识了"后布龙菲尔德"的代表人物哈里斯，从此痴迷于语言学。然而，正是在结构主义的培育中滋生了他反潮流的思想，产生了无论在目标和方法论方面都与描写语言学截然不同的转换生成语法。

如果说布龙菲尔德的哲学基础来自机械主义、实证主义,那么乔姆斯基则是唯理主义的信仰者。在经验论者和唯理论者的长期争论中,乔姆斯基发扬笛卡尔的天赋观,认为语言学习是一种内在的机能,它在直觉的基础上工作。作为一位理性主义者,乔姆斯基强调语言学是认知心理学的一部分,他批驳斯金纳的行为主义心理学,而将人类语言的创造性特征定为生成语法揭示的目标之一。在指出语言的普遍性原理时,他推崇波尔·罗瓦雅尔语法的唯理传统,这样语言学研究的目的不再是为语言的自身服务,而是为探索人类认知的奥秘做出贡献。因此,严格来讲,生成语法不是传统语言学的"语法",而是一种理论语言学。生成语法研究的对象也随之从难以定义的"语言"转到具体的"语法",即人脑中语言机制运转的规则和原则。在研究方法上,生成语法吸收数学上的递归等许多概念,采用高度形式化的演绎法,这与传统语言学和结构主义所惯用的归纳法有很大不同,这就表明转换生成语法为语言学开辟了一条新的道路,展现了一个全新的方向。

乔姆斯基反对建立在经验论和行为心理学基础上的结构主义语言学。他首先批判描写语言学,试图说明语言素材的目标本身不合理。结构主义提供了"程序"的分析法来处理语句,但是转换生成学派认为,无论哪一门科学,都没有可以用来说明全部事实的机械程序。于是,他们主张用演绎法建立一种解释性理论,以说明语言能力的基本原则,然后再用事实来检验和评价。他区分了语言能力(linguistic competence)和语言行为(linguistic performance),认为生成语言学要研究的不是句子本身,而是那些促使人们产生句子、理解句子的能力——语言能力,并且应该解释人为什么能够凭借对母语的直觉就能判断某句话是否为语言中有效的句子,这样研究重心就从可以观察到的行为转移到人们对母语的直觉上。

生成(generation)这一借用数理逻辑的术语有如下含义:语法本身是有限的,而方法的运用是无限的,一套规则可以生成无数句子,并且只能生成一切符合语法的句子。生成语法就是生成带有一定结构特征的句子的机制。乔姆斯基十分赞赏德国的语言学家洪堡特把语言看成"有限手段的无限运用"的观点,认为这可以说明语言的创造性。研究语言的目的就是建立一套形式化的演绎系统,它包含有限的语法规则,却能够生成无限的合乎语法的句子,还能对句子的结构做出描写。此外,还必须能解释句子内部的语法关系和语义的分歧性。

乔姆斯基批评结构主义语言学忽略意义,他的模式便把意义的成分考虑在内。比如,用层次分析法显然不能辨别 the shooting of the hunters 这样的歧义现象。而乔姆斯基的转换理论可以做到,他在 20 世纪 60 年代《句法理论要略》(Aspects of the Theory of Syntax)中提出:语言结构应分为表层结构和深层结构(surface structure and deep structure),表层结构是由深层结构转换而来的(当然,转换不能改变意义)。名词短语 the shooting of the hunters 可以看作由两个句子转变而来,一个是 the hunters shot sth.,另一个是 the hunters were shot,这样歧义的来源自然就很清楚了。这是因为,这句话的表层结构只有一个,但其深层结构是不同的。由于形式和意义并非一对一的关系,研究语义这一关系问题越深入,就越会遇到许多问题。乔姆斯基革命的深入发展,就表现为围绕句法和语义关系不断提出新的理论模式。

如果说以《句法结构》为代表的转换生成语法是乔姆斯基经典理论(the Classical Theory)阶段的话,那么以《句法理论要略》提出的标准理论(the Standard Theory)则是其第二阶段。在第二阶段,乔姆斯基开始致力于语义形式化问题的研究,运用语义规则对深层结构做出语义解释。这一模式在语言学界引起了一系列反应,学派内部也在语义的重视程度方面发生了严重的分歧并导致分裂。一派为生成语义学派(Generative Semantics),他们认为深层结构不够深,提出要研究底层结构,从语义结构直接生成句子。同时,菲尔摩(C. J. Fillmore)提出了"格的语法"(Case Grammar),用格的关系来表示深层结构。另一派则是解释语义学派(Interpretative Semantics),乔姆斯基也是其中一员。20 世纪70年代以后,他们感到生成能力和转换能力太强,不加限制也会出问题,因此在扩展的标准理论(the Expanded Standard Theory)提出后,强调句子的意义不仅由深层结构决定,而且与表层结构也密切相关。也就是说,转换受更多的限制并开始侧重于词义与转换的关系。到20世纪80年代,管辖与约束理论(the Theory Government and Binding,简称TGB)提出,研究的重心从个别语法的规则系统转到普遍语法的原则系统,对语义也有了新的看法,认为语义包含多个层次,这就继承了唯理语法和洪堡特的传统,强调世界语言的共性,强调世界语言拥有共同的底层结构。至今,TGB理论已经历了四个阶段。与早期相比,无论形式和内容都有很大不同,但它始终以理性主义为基础,目的在于探索人类语言的能力并力图对此做出科学的解释。

毫无疑问,乔姆斯基是近几十年影响最大的语言学家,然而对他的转换生成语法的评价,历来褒贬不一。老一辈语言学家霍凯特、马丁内(A. Martinet)始终持否定态度,从乔姆斯基学派中分裂出去的莱考夫(Lakoff)、罗斯(Ross)、麦考莱(McCawley)等生成语义学派学者也反戈一击。莱昂斯(J. Lyons)在《乔姆斯基评传》中曾指出,乔姆斯基的盛名更多来自他后来大加发挥的关于语言的心理学和哲学含义,虽然他对语言创造性、语言能力、语言普遍性的探索的确具有启发性,但是语言天赋性这一大胆假设却因得不到有力证明而常遭受攻击。而把语言视为心理学分支的看法,实质上是把语言的社会性排除在外了。

也许对于乔姆斯基语言理论的意义目前还不能做出正确评估,但值得注意的是,转换生成语法的本身还在继续,正是由于乔姆斯基一鸣惊人地打破美国语言学界一潭死水的局面,才带动了语言学各部门的研究工作。又由于乔姆斯基极其重视对人类语言能力的研究,引起了人们对究竟什么是语言和语法、儿童学习语言究竟经历什么过程、人是否有先天的语言机制等一系列问题的浓厚兴趣,带动了西方的哲学、逻辑学、心理学、计算机科学、神经生理学、人工智能等各方面的研究,语言学再一次被承认为领先学科。以乔姆斯基转换生成语法为代表的语言学是形式语言学的典型,而现在作为其对立面的以韩礼德系统功能语法为代表的功能语言学正在英语教育领域产生越来越大的影响。

四、系统功能语法

在 TGB 理论之后,法位学、层次语法、格语法等流派也相继诞生,其中韩礼德的系统功能语法(Functional and Systematic Grammar)不仅与转换生成语法没有继承关系,而且是在对乔姆斯基的形式主义不满中异军突起的。但 20 世纪 70 年代,围绕韩礼德形成的功能主义学派队伍只不过是功能派的近期发展,若论渊源,可以说是英国功能学派大师弗斯学说的继承和发展。

韩礼德出生于英格兰约克郡,青年时期主修中国语言文学,20 世纪 40 年代曾来我国深造,师从罗常培、王力。回英后,在剑桥大学弗斯教授的指导下攻读博士学位,毕业论文是对《元朝秘史》的语言分析。其后,韩礼德先后在英、美、澳等地执教和讲学,到 1987 年退休,围绕他已形成一支颇有号召力的功能主义学派队伍。

系统功能语法学派的早期成员是伦敦学派弗斯培养的一批年青学者,如格莱戈里(M. Gregory)、斯宾塞(J. Spencer)、赫德逊(R. Hudson)等,目前在英、美、澳、加都有活跃的研究者。他们两年举行一次讨论会,并出版内部刊物《网络》(Network)交流研究信息和成员活动情况。其中,韩礼德是最早从事系统理论的研究者之一,著述最丰,他的理论奠基于欧洲语言学传统,也不排斥从美国语言学传统及新兴学科中吸取营养,观点全面,堪称权威和代表。

韩礼德的语言史观也相当特殊。他认为西方语言学史上很早就形成了两种对立的观点:具有人类学倾向的观点从普罗塔哥拉(Protagoras)和柏拉图延至包括功能学派在内的欧洲语法学派;以哲学为本的语言学由亚里士多德为代表最后发展为结构主义、转换生成学派。前者认为语言是文化的、描写的,是选择系统,是解释的、多层次的;后者则认为语言是规则系统,是哲学的、逻辑学的,是规范的、分析的、单层次的。韩礼德认为,乔姆斯基转换生成语法通过运用短语结构规则、转换规则等生成句子,从实质上讲还是形式的,其重点仍是语言形式,而不是语义;而系统功能语法不仅区分句法层和音系层,还区分意义层,认为语言学是音系学、句法学和语义学三个层次的多重代码系统,即其"层次"思想。韩礼德不同意把语言看作心理学的一部分,他认为与其如此,不如说语言学是社会学的一部分,因为语言是社会系统的一部分。

转换生成语法虽被认为是结构主义的叛逆,但它反映的仍然是语言的结构而不是语法系统。系统功能语法则是以语言的系统这一纵聚合关系为主的语法,其语法反映的主要是人们在语言运用中供选择的"意义潜势"(meaning potential)。韩礼德多次强调要用符号学的观点解释语言,认为语言是一种极为特殊的符号系统。人类语言的多样化表明不能把语言看作某一理想逻辑的衍生物,每种语言受独特的社会文化的影响,都有其独特的逻辑和修辞方式。语言研究的重点是描述每种语言的意义系统及其体现形式,而不是要建立放之四海而皆准的普遍语法。

对于语言行为,韩礼德也有自己的理解。索绪尔和乔姆斯基都把语言知识、能力作为研究的主要内容,系统功能语法倾向于把语言视为行为,认为行为本身是一种潜势、一种系统,其语法反映的是语言的功能,即个体是怎样根据情景语境在意义系统中进行选择来达到交流目的的。所以,他们认为转换生成理论着眼于生物体内部,利用个体本能进行语言描述是不必要的,而主张着眼于生物体外部,从个体间的交际入手,即社会学的做法。这些也就是韩礼德的"语境"思想,即一切表述离开情景就无意义。

韩礼德接受索绪尔的系统观点,进一步阐释语言系统,但不区分语言和言语,而是强调语言的聚合关系、系统潜势。自索绪尔认为语言是一个包括能指和所指的符号系统后，大多数语言学家把语言看作"系统的系统"，比较倾向于指代语言的组合关系或结构，弗斯则开始区分系统与结构，称聚合关系为系统，组合关系为结构。哥本哈根学派的叶姆斯列夫区分系统和过程（process），系统的底层是聚合关系，过程的底层才是组合关系。韩礼德的"系统"思想是上述理论的继承和发展，他接受弗斯的语言多系统论，认为结构是过程的底层亲系，潜势则可用聚合关系表达，结构自潜势中衍生。系统存在于所有语言层次，各层都有各自的系统表示本层次的语义潜势。

多层次系统观点还认为语言系统不完全是索绪尔所说的单个符号系统，而至少包括语义层、词汇语法层和音系层，这得益于叶姆斯列夫的观点。各个层次之间存在"体现"（realisation）的关系，即对"意义"的选择（语义层）体现于对"形式"（词汇语法层）的选择；对"形式"的选择又体现于对"实体"（音系层）的选择。这就与结构主义用语言从小到大依次组合的观点说明语言结构有本质的区别。根据语义学体现于句法学、句法学又体现于音系学的观点，可以把语言看作一个多重代码系统，即意义代码于措辞，措辞又代码于语音（或文字）。因而，从功能上看，语义层为最高层面并通向语言外部。在语法分析上，他提出"级阶成分分析法"。

韩礼德的纯理功能（metafunctional）思想认为：一句话可以同时表达概念、人际和语篇三大功能。语言是对存在于主客观世界的过程和事物的反映，即概念（ideational）功能，同时是一种有意义的活动，是向人谈论事情的手段，因而必然反映人际关系，即人际（interpersonal）功能。上述两种功能必须组成语篇（text）才能实现，即必须使语言与语境发生联系，使说话人生成与情景一致的语篇，即语篇（textual）功能。在语言学中，三大功能不存在主次之分。韩礼德吸收前人的研究成果提出纯理功能思想并充分阐释语篇（也称"语段"）功能，提出系统语言学可用于分析句子以上的语言单位——语篇，开辟了语言研究的新天地。

语境的思想也是系统功能语法的核心思想之一。韩礼德发展了弗斯关于"情景上下文"的理论,提出了"语域"(registers)的概念,认为语境可由语场(field)、语旨(tenor)和语式(mode)三部分组成,分别对应趋向于决定意义系统的三个组成部分:概念意义、人际意义和语篇意义。语域理论后来被广泛运用于语言教学。语言教学的主要目标是发展学生的"意义潜势",因而发展学生根据语境运用语言的能力十分重要。例如,在课文分析中,首先阐明语篇的语域特征,讲的什么事,环境如何(即语场);对象是谁,作者目的是什么(即语旨、交际者);用什么口气和态度,文章是以什么方式组织的(即语式)。另外,近年来发展起来的"特定目的英语"(ESP)教学也是和语域理论相一致的。

韩礼德的功能思想不同于以往形形色色对功能的理解。这一术语属于语义分析范畴,是构成一个语义系统的起具体作用的语义成分,它与表达它的句法成分相对应。例如,在"The little girl broke her glasses at school."这一句子中,概念功能是及物性的,在这一及物性系统中,"动作者+过程+目标+环境"的语义功能成分分别与词汇语法层中的"名词词组+动词+名词词组+介词短语"的句子成分相对应。

韩礼德还从信息论中汲取了"近似的"(approximative)或"盖然的"(probabilistic)思想,语言的固有特征之一是盖然的,但很少有人将这一原则类推到语法描写中。韩礼德提出了语法分析的三个尺度:级(rank)、幂(exponence)和精密度(delicacy),认为对语义项目分类时,应当按精密度的阶,由一般趋向特殊,越分越细,对每一种选择给予近似值。

以上依次介绍了系统功能语法的六大核心思想:层次的思想、系统的思想、纯理功能的思想、语境的思想、功能的思想,近似的或盖然的思想。主要术语有"意义潜势(或系统潜势)"、系统、结构、语境(情景)、语域、语篇、级阶等。系统功能语法具体可分为两个层面:一是系统语法,韩礼德发展前人观点,对"结构"和"系统"下了新的定义,提出系统语法,主要说明语言作为系统的内部底层关系,它是与意义相关联的可供人们不断选择的若干系统组成的系统网络(System Network)，又称"意义潜势"；二是功能语法，其说明语言是社会交往的工具，正是人们在交往中为了实现各种不同的语义功能决定了语言系统的形成。这些观点都非无本之木，早在1929年，布拉格学派就强调语言是一种多功能的结构体系；20世纪40年代，弗斯也说过"意义是语言环境中的功能"。系统功能由于对描写语言用途或功能的重视，在儿童语言发育、外语教学、语篇分析学、文体学、翻译与机译等诸多领域都有广泛影响。在哲学上，功能主义反映了与天赋主义(Nativism)的对立，对儿童早期语言发育持"环境主义"(Environmentalism)态度。在教学理论上，历史上一直有以社会文化为基础的语言教学理论和以人文学、心理学为基础的教学理论两大派别。而由系统功能发展的语言教学理论强调语言的实用目的，集各派教学方法之长，在使用过程中发展学生的综合语言能力。他们认为，语言是一个具有社会功能的系统，是一套开放的、与语言运用的社会环境相联系、供选择的意义潜势，因此教学目的就是使学生发展这个潜势。学习语言知识与学习语言运用之间并无区别，学知识有助于恰当运用语言，发展意义潜势。从教学方法上来说，以学生为中心，教师做指导的环境是最佳环境。韩礼德本人曾在20世纪60年代与语言教师密切合作，在伦敦大学从事英语教学的专门研究，探索从最初的识字教育直至高级中学教授多功能英语的问题。系统功能语法学派的成就使得外语教学开始重视语境以及语言的变异性，而以结构主义为主体的教学法一般偏重形式，特别是语法结构，那些与社会文化息息相关的语言能力将很难获得。因此，教师必须把培养学生认识和掌握第二语言的社会文化作为主要任务之一，使学生成为真正讲目标语的人。

第三节　语言学主要流派(下)

一、心理语言学

"心理语言学"(Psycholinguistics),是运用心理学和语言学的理论与方法,研究人们掌握语言和运用语言的思维过程的一门科学。20 世纪三四十年代,有人陆续提出"心理的语言学"(Psychological Linguistics)、"心理语言学"(Psycholinguistics)、"语言心理学"(Psychology of Language, Linguistic Psychology)这样的名称。但是,"心理语言学"作为一门独立的学科且被广泛使用是在 20 世纪 50 年代初。1951 年,美国社会科学研究院召开了由语言学家和心理学家参加的关于语言行为的边缘学科讨论会。1952 年,成立了语言学与心理学委员会。1953 年,美国心理学家卡罗尔(J. B. Carrol)在《语言研究》(*The Study of Language*)一书中,将"心理语言学"作为一门独立的学科术语来使用,并提出了语言学和心理学这两门科学相结合的可能性。1954 年,奥斯古德和希贝克(T. Seboek)把美国社会科学研究院的语言学和心理学委员会的学术讨论会的文件和报告汇编成一本专集《心理语言学:理论和研究问题的概况》(*Psycholinguistics: A Survey of Theory and Reasearch Problems*),标志着心理语言学的诞生。心理语言学主要研究以下问题。

(1)语言的性质,包括人类语言的共性和多样性,语言的结构与语言的功能,语言能力与语言运用等问题。

(2)语言的习得,包括第一语言习得、第二语言教学、语言发展与认知发展等问题。

(3)语言的感知与理解,即语言的解码过程,包括语音知觉和字词识别、词汇理解、句子理解和篇章理解等问题。

(4)语言的生成,即语言的编码过程,包括口语与书面语等问题。

(5)内部语言,即人们在思考或思维时所用语言的特点。

(6)语言与思维的关系。

(7)语言的应用,包括阅读问题、失语症及其他语言障碍的诊断与矫正问题。

心理语言学有三大理论流派:联想派(Associationist Approach)、程序派(Process Approach)和内容派(Content Approach)。联想派形成于20世纪90年代以前,以华生的心理学研究为基础,以奥斯古德和斯金纳、斯多特(A. W. Stoat)等人为代表。联想派认为,人类的语言是后天习得而不是先天具有的。语言的习得是一个"刺激—反应—强化"的过程,一个词、一句话均具有刺激的性质,诱发条件反射,形成话语,而这第二种刺激又具有刺激性质,再次诱发第二个条件反射,又形成第二个话语……如此类推,形成联想的序列和连锁。

程序派形成于20世纪50年代末至60年代末,以瑞士心理学家皮亚杰的认知心理学为理论依据,用一组认知机制来解释语言行为,以斯洛宾(D. Slobin)、福特(J. A. Fodor)和皮亚杰等人为代表。程序派认为,人具有先天的认知机制,"刺激—反应"模式只能用来解释动物行为,而不能证明人的语言行为,儿童获得的语言体系是凭其认知从语言输入中提炼出来的规律,先天的生理基础和后天的学习同等重要。

内容派形成于20世纪60年代末,以乔姆斯基等人的转换生成语法为理论基础,以乔姆斯基、米勒(G. A. Miller)、卡兹(J. Katz)等人为代表。内容派宣称自己的任务就是研究语言的任务,即研究语义在人脑中的形成过程,他们认为,人具有"先天的语言习得机制",包括一套形式上和内容上的语言共性,人们依靠这种机制掌握语言。语言运用不同于语言能力。

心理语言学有以下一些基本概念。

(一)语言与言语

瑞士语言家索绪尔最早提出应该区分语言和言语这两个概念。他认为,语言是一种社会现象,是社会强加于全体社会成员的一种特殊的规约,不从属于使用语言的个人,而为使用该语言的各个社会集团所共有,具有长期性、稳定性等特点;言语则是一种个人的活动,即"个人的意志和智力的行为",是个体的语言运用,带有个人的风格,具有短暂性、不稳定性等特点。索绪尔同时认为,语言与言语紧密联系、互为前提,一方面,"要使言语为人所理解,并产生它的一切效果,必须有语言";另一方面,"要使语言能够建立,也必须有言语",因为"言语的事实总是先于语言的","语言既是言语的工具,又是言语的产物"。

(二)语言能力与语言运用

语言能力与语言运用这是乔姆斯基提出的两个概念。他认为,语言能力是语言使用者所具有的关于他的语言的知识,即对语言内容的内在规律的了解。语言能力是语言的核心,是隐秘的语言规则的集合。研究语言能力,发现和说明语言规则的性质,是语言学家的重要任务。语言能力是描述语言中的规则,而这些规则如何应用则构成了语言运用的领域,即揭示或描述人们使用语言能力的过程,包括语言的生成、理解、获得过程。

(三)语言习得与语言学习

语言习得发生于说话者开始学语之际,即母语的学习,而个体获得母语之后,有可能再学习一种或数种语言,这个过程便是语言学习。语言习得发生于个体童年期,而语言学习则发生于一生中的任何时期。在语言习得过程中,说话者在获得语言的同时,也获得潜存于各种自然语言表达方式中的认知范畴、而语言学习则不必经历这样一个认知过程,仅仅是学习与母语对应的表达方式,而不是认知范畴。

二、社会语言学

社会语言学(Psycholinguistics)是研究语言与社会关系的新兴语言学学科。它既要从社会生活的变化与发展中来探究语言变化发展的规律,又要从语言中探寻社会生活的某些倾向和规律。对语言和社会关系的探讨可以说早就开始了。而社会语言学研究作为独立学科在英美学术界得到普遍承认和重视是 20 世纪 60 年代末 70 年代初的事,并且是现代语言学进步的一大标志。社会语言学家海姆斯指出,语言学和其他社会科学尤其是人类学的联系,至少可以上溯到 19 世纪中叶。社会语言学崛起的真正契机是结构主义语言学派乔姆斯基生成学派在语言分析方面遭受挫折的时候。他们致力于研究语言本身的内部结构及其规律,而忽视语言的社会性这一根本特征,因此对语言现象的解释不免有所局限和错误。尤其是乔姆斯基的语言分析必须包括对语义的分析,而语义分析必然引进社会因素。社会语言学的出现,重点强调把语言作为一种社会现象来研究,这是语言科学向前发展的一个好征兆。

美国社会语言学的建立,可以追溯到 1964 年"社会语言学委员会"利用在印第安纳大学办美国语言学会暑期讲学之便举行的讨论会,这次会议标志着社会语言学的诞生。

迄今为止,社会语言学的领域并未有确定的疆界,但是已经探讨了许多重要的问题。由于研究这些问题的学者分属各学科,他们的侧重面不同,方法也各具特色。从社会学角度的研究称为语言社会学或宏观社会语言学,代表人有费什曼(Fishman),他们运用社会统计学的方法进行抽样调查,从大量自然语言资料中观察社会对语言行为的影响。从社会心理学角度进行的研究称为语言社会心理学,代表人有兰勃特(Lambelt),他们在方法上采取内省(selfretrospection)和观察法,主要借助实验取得数据。从人类学角度的研究有话语民族学(Ethnography of Speaking)、语言交际的民俗学(Ethnography of Communication)和人类方式学(Ethnomethodology)等,代表人物有海姆斯。从语言学本身来看,方言学与社会语言学有渊源关系。不过,传统方言学研究语言的地域特征及其分布,调查限于乡村,社会方言学则研究方言的特征及其与社会因素之间的关系,调查目标转向城市,因此称为"城市方言学派"。社会方言学以美国拉波夫(W. Labav)为代表。

城市方言学派以研究纽约英语的社会层次(the social stratification of English in New York City)划分而驰名于世。拉波夫在1966年的调查中所使用的计量研究(quantitative study)被称为"经典方法"。这一研究以纽约市下东区居民为调查总体,并设定社会变量,如依据社会经济地位这个变量将其分层,具体分为底层阶级、工人阶级、中下层阶级和中上层阶级。然后,选定说话人、说话场合以及语言变量(意义相同的几个变体),收集言语样本确认语言变量和变体。比如,可以确定[r]这个音是可变音素,它在第二次世界大战前不发卷舌音,到了第二次世界大战后,变为发卷舌音。中上层阶级内的年轻人从开始上学就使用卷舌音,而现在的年长者须矫正惯用的非卷舌音才能符合新的规范。调查结果表明:a. 社会地位越高,发标准音的人的百分比越大;b. 在各阶层中,说话的情景越正式,发标准音的百分比越高,这表明在社会层次和语言层次之间存在相关关系,语言的变异受社会因素和情景因素的制约;c. 在正式谈话中,中下层阶级内年龄小的要比中上层阶级内年龄大的人更多地发标准音。

城市方言学派的这种研究是卓有成效的,它在发展中遵循语言同社会密切相关的原则,提出了许多重要问题和观点。它指出,语言并非封闭的、抽象的系统,人的语言能力不仅包括关于语言系统的知识,也包括关于语言使用的知识;语言的变异和变化,除了可在语言环境(即上下文)中找到原因外,还同社会环境相关。这些都加深了人们对语言本质的理解,但是它们的研究只是一种微观的研究,不能解决语言规划、发展中国家的语言问题等重大的社会语言学问题。20世纪60年代到70年代中期,是以拉波夫为代表的微观社会语言学的黄金时代,后来的发展就比较缓慢了。此后发展起来的主要流派可统称为"宏观社会语言学"。

宏观社会语言学以美国费什曼为代表,他们主要研究双语和多语交际、双语和多语教育、语言政策、语言规划、语言规范化和非规范化(如洋泾浜语)、标准语的选择、语言的相互接触和影响等问题。前面已提到,费什曼主要从社会学的角度来研究语言问题。

宏观社会语言学家认为,多语现象给政府和其他国家机构带来很大问题,如比利时和加拿大的语言冲突影响就业、宣传媒介、教育等诸多领域,必须制定正确的语言政策来恰当地解决。语言不断地发展变化,为了有效地控制这种变化以适应交际的需要,要制定语言规划(language planning),如语言的规范化、文字改革、在本国内应推广哪几种语言等。

目前,社会语言学引起越来越多学者的重视,跨学科的研究正在进行,语言学的研究领域得以扩大到社会这个广阔的天地来,以至于难以形成统一的理论体系,人们可以把纷繁复杂的局面看作社会语言学的缺陷,但也许这正是使这门学科方兴未艾的一个重要原因。

三、数理语言学

数理语言学(Mathematical Linguistics)作为数学与语言学两大古老学科相结合的产物,虽只有短短几十年历史,却对各种现代科学技术有着不可小视的影响。

尽管在大学里"文科"与"理工科"泾渭分明,在人们的脑海中,数学与语言学的距离非常遥远,但是随着近代科学技术的突飞猛进以及数学方法在各个领域的快速渗透,用数学思想和数学方法来研究语言现象的思想已不再被视为荒诞。早在19世纪末,就有一些数学家将目光投向语言现象。索绪尔将语言学比作一个几何系统,布龙菲尔德则说过:"数学只不过是语言所能达到的最高境界。"俄国数学家马尔可夫(A. A. Markov)就曾用概率论方法统计过普希金的史诗《欧根·奥列金》中的俄文字母的序列,提出了马尔可夫随机过程论。但是,由于语言学当时的任务还主要是为语言教学服务,因此这些还仅仅是初步的尝试。

现代通信技术和电子计算机的发展对语言学提出了新的要求,电报、电话等现代通信技术的发展要求在单位时间内传输更多的信息,也需要人们研究信息符号——语言文字的容量规律。比如,电报中为了寻求最佳编码的方法,就需要精确统计字母和词的出现概率,因此产生了信息论的"编码基本原理"。电子计算机发明之后,20世纪50年代起,人们开始考虑把纷繁的情报翻译和检索工作交给计算机去做,于是开拓了"语言文字信息处理"这一新领域。机器翻译、机器自动做文摘和检索以及人机对话等技术也必然要求用严密的数学形式来描述语言文字的符号系统。

同时,现代科学技术给语言学提供了实现上述要求的有力武器。应用数学在20世纪以来取得了日新月异的发展,数理统计、概率论、数理逻辑和集合论等为其他学科提供了新的技术手段和理论方法,维纳(N. Wiener)创立的控制论也把语言信息系统作为一个重要的研究和处理对象,计算机程序语言、人工智能对数理语言学的研究都有参考作用。而且,现代语言学本身日趋精密化,结构主义的语言分析法、系统语法、转换生成语法等,对于语言学系统、有效地采用数学工具,都有一定的启示作用。

在上述各种因素综合作用下,20世纪五六十年代,数理语言学正式诞生了。1955年以后,美国在许多大学开设了数理语言学课程,1957年,日本成立了计量语言学会,西德波恩大学也开设了数理语言学讲座,苏联随即也开展了数理语言学的研究工作。东欧、西欧各国也相继开展了有关研究,1964年,在法国南锡召开了国际应用语言学会议(即数理语言学会议),并成立了"国际应用语言学协会"。

数理语言学现在成为多门学科共同关注的领域,由于理论基础和侧重不同,它可分为统计语言学、代数语言学和算法语言学等分支。代数语言学又称为"形式语言学",它研究一般的抽象符号系统。它运用形式模型对语言进行理论上的分析和描写,这些模型是从数学和逻辑学中借来的,采用集合论、数理逻辑和算法理论与离散数学的方法建立的语言模型主要有三种:生成性模型、分析性模型和辨识性模型。代数语言学最突出的成就是在生成性模型(又称"综合模型")方面,特别是在乔姆斯基的转换生成语法方面。如果从已知的一组语法规则出发,研究这个形式语言系统,生成语言的某一集合,那么这种模型就是集成性模型,反之则是分析性模型,这二者的结合则是辨识性模型。

乔姆斯基的形式语言理论和转换语法仅是生成性模型。乔姆斯基根据转换规则的不同形式,将规则系统——文法分为四类:正则文法、与上下文无关文法、语境相关文法、递归可枚举文法。后来,人们证明了计算机所使用的各种高级语言,如 ALGOL FORTRAN、COBOL LISP,都等价于乔氏理论的"与上下文无关"的文法,这一成就为计算机程序设计工作奠定了可靠的理论基础。这里重点介绍一下统计语言学。

统计语言学又称"计量语言学",即采用概率论、数理统计和信息论等方法来处理语言资料的学科。

早期的数理语言学主要是采用概率论和数理统计方法。由于计算机信息处理技术的飞速发展,语言文字的统计工作不断产生出丰硕的成果。各种类型的语义频度词典、不同专业的词汇频度词典、作家和作品的词汇频度词典的编印,都是借助于电子计算机,通过查频程序来进行的。

美国人齐夫(G. K. Zipf)通过研究,发现了这样一个公式:
$$P_r = kr - 1$$
其中,r 表示词在词表中的号码,P_r 表示号码为 r 的词的概频,k 是常数,齐夫由实验测出,$r=1,k=0.1$,这就是著名的"齐夫定律"(Zipf's Law)。它说明,在按频递减顺序排列的频率词典中,词的序号越大,则词的频率越小,序号与频率之间存在着以上的数量关系。在计算机语言文字信息处理中,"齐夫定律"具有重要的指导作用。

在数理语言学研究中,还引入了信息论的方法。信息论研究通信系统中的信息传输过程。一个消息所含信息量的大小,用在接到消息前对问题答案的不肯定程序来度量。描写不肯定程度的量叫"熵"(entropy),熵越大,不肯定性越大,信息熵 H 与各个符号出现概率 P_i 的关系是:$H=-\sum P_i \log P_i$。根据信息论创始人申农(C. E. Shannon)提出的编码基本原理,字符的信息铺值应该等于字符最佳编码的平均长度,这是信息编码工作的指导思想。

第四节 国外英语教学主要流派

语言学与语言教学既有区别也有联系。语言教学自古以来既是语言研究的动力,又是语言理论发挥作用的场所。比如,机械语言学制约了语法翻译法;在结构主义语言学的影响下,产生和发展了听说法;转换生成语法学派促使认知符号法产生和发展起来;而受社会语言学影响,功能教学法应运而生。以实证主义为哲学基础的语言观与直接法、听说法、功能法有关;顺着理性主义语言观发展的则有语法翻译法、自觉对比法和认知符号法。现代外语教学流派不下一二十种,而且近 20 年又有新的流派不断涌现,如沉默法、咨询法、暗示法、统整法、折中法,但就其主要流派而言,也不过十多种。这里主要介绍翻译法、直接法、听说法、视听法、认知法、功能法六个流派。

一、翻译法

翻译法(translation method)是用母语来教授外语的一种方法。前面在介绍传统语法时说过,由于中世纪欧洲拉丁语作为官方语言、国际语言的地位,语言研究几乎等同于拉丁语研究,相应地教学上也以教授古典语言(古希腊语和拉丁语)为主。翻译法便是运用翻译为手段教拉丁语的方法。到 18 世纪,学校虽开设了英语、法语等现代语言课程,但仍然沿袭拉丁语教学的传统,所以也称"传统法"(traditional method)。

跨越几个世纪后,已很难有拉丁语的口头语言了,所以传统语言学的研究对象是书面语,发音不受重视。人们学习外语主要是为了阅读古典文献,把它作为一门文化修养课,其核心是掌握语法和足够数量的词汇。

采用语法翻译法,主要选用艰深的文学作品片段作为范文,课后附有词汇表、语法注解和说明,最后是练习,多数为语法练习和翻译练习。教学过程先是分析语法,逐句分析句法功能,然后把外语译成本族语,再进行练习。其特点是强调母语,着重解释,强调背诵规则,强调语法作用。这与历史要求是相符的,有其合理性。因为目标语是不能上口的古典语言,所以教学只能用本族语解释,也由于古典语言曲折变化多而难以掌握,因此强调对词法和语法规则的记忆和背诵。

虽然翻译法已有很长的历史,但从理论上对它进行概括和说明,使之成为一种科学的教学法体系是近一百多年的事。18 世纪的普遍语法认为语言和思维同一,因而各种语言的语法也是共通的。法国语言学家马尚(Loni)曾说:"翻译教授法,就是拿本国言语去译解外国言语。"但是他也承认,"翻译教授法把外国语中的字放到本国语中的字旁边去,却把外国语中的'思想'去掉了",这种翻译只能是两种语言的机械对比和对译,而缺乏正确理解。

在翻译法的发展过程中,分为三种具体方法。第一种是语法翻译法,文法为视觉中心,系统学习语法,课后进行训练。揭示语法规则的主要途径是演绎,即先讲授语法规则,后举例句并译成母语。因为以语法为语言教学的基础而可定名为语法法(grammar method),根据其倡导者的姓氏定名为奥朗多弗氏法(Ollendorff's method)。第二种是词汇翻译法,因代表人物为法国的英语教师菲科托(J. J. Facotot)而称"菲科托氏法"。随着历史比较语言学的流行,德国的马盖尔(K. Mager)又提出了第三种方法,即翻译比较法,主张进行母语和外语的系统对比。

以上皆属古典的翻译法。到了20世纪中期,不断发展的翻译法在理论和实施方面,都比古典翻译法有很大的进步,结束了语言三要素的单项教学,因此被称作"近代翻译法"。近代翻译法提出语音、语法、词汇教学相结合的原则,主张从语音入手,然后进入阅读阶段。注音译读又称"译读法",它以语法为纲,按教学需要选定语法项目,有计划地安排在各课里面,范文的选定要服从语法项目的教学,而词汇的安排在很大程度上受课文的限制。因此,至今人们仍称近代翻译法为语法翻译法。它也把依靠母语作为原则之一,把翻译当成教学手段又当成教学目的。在教学过程中,首先译述课文大意,其次讲解语法、惯用法、短语和名词,阅读课文并逐词逐句翻译,再次在理解基础上进行创造性的又切合原义的翻译,最后从阅读外语的最终目的来看,还必须培养学生不借助翻译直接阅读并理解原文的能力,因此要加强快速阅读,在这一阶段就应排斥母语。

任何一种理论都会经历形成和发展的过程。古典翻译法随着时代的发展和教学经验的丰富,吸取了直接法的一定优点逐渐发展为近代翻译法。近代翻译法抛弃了唯理语法,比较正确地估计了母语在外语教学中的作用,改变了为语法而语法的做法,使语法为培养阅读能力服务,并且不以阅读为单一目标,而是阅读领先,兼顾听说和写作能力。其缺点是夸大语法和母语的作用,重理论、轻实践,过分强调知识的培养,忽视技能。

古典法虽然在某些方面比较幼稚,但它是外语教学发展的必然,它毕竟培养了大批符合当时社会需要掌握外语技能的人才。它创造了在外语教学中利用母语的理论,重视阅读能力的培养和语法知识的传授,重视理性使翻译法成为一种科学的外语教学法体系。翻译法的出现标志着外语教学作为一门科学已具雏形。所以直到现在,我国教学基本上仍以翻译法为主,而事实上,翻法也在不断改进和发展。

二、直接法

直接法(direct method)是20世纪下半叶始于西欧的外语教学改革运动的产物,是古典翻译法的对立面,人们把"改革时期"以来产生的各支派统称为"直接法"。其特征就是通过外语本身进行的会话、交谈和阅读来教外语(即直接用外语教外语),不用翻译,也不做语法分析。

时代对外语教学的新要求和语法翻译法远不能满足这种要求之间的尖锐矛盾,导致了直接法的产生。19世纪末期,资本的发展要求加强国际交往,资本主义列强瓜分世界在政治、经济、文化的争夺对外语教育提出了新的要求:首先,外语应当普及,而不是作为贵族子弟的教养,要求在学校教育外,还能开办短期见效的现代外语培训班;其次,各国人民往来的增加要求排除口头交际障碍,口语成为教学的主要目的,外语教育目标的改变对传统教学法提出了挑战。由于直接法的产生是为了克服古典翻译法的缺点,一开始还有许多别名,如新式法、改革法、自然法、口语法、语音法、心理法等。

直接法教学理论的提出,除了当时社会需要和外语教学实践本身因素以外,还受从夸美纽斯(J. A. Comenius)开始的现代教育思潮、青年语法学派语言学思想、冯特心理学说等相邻学科不同程度的启迪和影响。以夸美纽斯为代表的教育家,提出了"教育适应自然"的思想,他们的教学论基本原则如"直观性原则""从具体到抽象,由事实到结论,由易到难"等都成为直接法的教学论基础。青年语法学派代表人物保罗的代表作《语言史原理》(*Prinzipien der Sprachgeschichte*)对外语教学改革也产生了深远的影响,青年语法学派对"类推作用"非常重视。类推是指无意识依照语言中某些词的形式变更另一些词的形式或创造新词这样一种语言现象。直接法崇尚模仿的句本位原则就以此为理论依据，以句为基本单位，多学一些现成的句子，就会按"类比""替换"方式构造新的句子，以满足交际需要。冯特是现代实验心理学的奠基人，其学说极大地影响了直接法"听说领先""以模仿为基础"的教学法主张。

直接法是继语法翻译法以后产生的最有影响的外语教学法流派之一，至今仍是某些国家（如瑞典）的法定教学法。而它实际上也非一成不变，而是有着自己的发展历史。古典直接法时代，是指改革时期的直接法。1880 年，法国外语教学家戈恩（F. Gouin）发表了他的著作《语言教学艺术》（L'art D'enseigner et D'etudier les Langues），相信用幼儿学母语的方法来教语言要比老方法有效。他创造了一种序列法（the series method），以句子为单位，学习一系列有联系的句子，反复听说并用动作来巩固。他的教学法思想因为是从心理学角度提出的，所以又叫"心理法""自然法""归纳法"。1880 年，国际语言协会发表了直接法的教学原则，标志着一个声势浩大的外语教改运动的开始，这个运动首先在德国和法国兴起，之后席卷西欧，波及全球，持续半个世纪之久。

这一时期学术思想相当活跃，产生了许多著名外语教育家。例如，德国教师维叶托（V. W. Vietor）在《语言教学必须彻底改革》一书中猛烈批评了普洛茨（Karl Plotz）派所提倡的语法翻译法。他主张从语音和生活会话入手，使用分级阅读材料来了解目标国的文化。他的方法又称"语音法"或"改革法"。1901 年，法国和德国都把直接教学法作为官方肯定的外语教学法加以推广。在美国，使用直接法教学类似于短期外语培训班的伯力兹（M. Berlitz）外语学校由于适应了培养外语人才的社会要求而日益兴旺发达。据说，当时欧美许多名流都曾受业于这种学校。伯力兹是从德国移民到美国的，1878 年在美国建立起第一所语言学校，之后逐步发展到 200 多所，遍及欧美。伯力兹不是理论家，他的观点表述在他自编的外语课本序言中，提出"直接联系"和"随时随地使用外语"两条原则。他还编写了大量外语教材和教学参考书,《伯利兹法外语课本》作为早期直接法的代表作问世一个世纪,直至近年仍一再出版。当时,著名的语言学大师耶斯帕森(O. Jesperson)也从理论角度考虑外语教学改革,认为语言是交流思想的主要手段,学习外语等于在两个民族文化和民族精神之间架起了一座桥梁,其巨著《现代英语语法》(*A Modern English Grammar on Historical Principles*)在中国也为许多著作称引。他的《英语语法纲要》(*Essentials of English Grammar*)按照新的方式讲解语法,风行一时的林语堂《开明英文文法》正是按此模式讲语法。

20 世纪 20 年代是现代直接法时期。直接法从翻译法、听说法的抨击中改进自己的缺点并吸取对方的优点,呈现某种程度的折中化,形成了两大支派,即以帕尔默为代表的口授法和以韦斯特(M. West)为代表的阅读法。

帕尔默(H. E. Palmer)的口授法影响也很大,他在理论上全面发展了改革以来的教学思想,把直接法推到一个新的发展阶段。他认为语言是一种习惯,学习语言是学习一种技艺而不是科学,学生采用何种方法学习也是一种习惯,而依靠书本来学口语、离开文字符号便不知适从、孤立地死记单词、随时都要靠翻译,都是必须改正的错误习惯。

韦斯特是英国著名外语教育家。他打破阅读只有语法翻译法才能奏效的观念,主张在大量的实际阅读中自然掌握词汇和语法结构,"通过阅读来学会阅读"(learn to read by reading)便是韦氏直接阅读法的真谛所在,这些思想体现在其教材《新法英文读本》中。

除此之外,奥格登(A. C. Ogden)、理查兹(I. A. Richards)和吉布森(C. M. Gibson)等人又提出了控制语言材料法,教材上提出"基本英语"构思,教学上循序渐进,著有《看图学英语》(*English through Pictures*),现在外语教材的插图漫画化,就是从基本英语派开始的。英国的艾克斯利(C. E. Ekersley)没有成本的理论著作,其因编写《基础英语》(*Essential English*)而出名。

《基础英语》共四册,每册配有相应的《教师手册》,堪称现代直接法的代表作。此书传遍世界,亦为我国外语教学界熟识。

尽管从19世纪至今,直接法的各种表现形式层出不穷,但其基本原理就是"幼儿学语"论,即仿照幼儿学语的过程和方法来教外语,使外语教学顺乎人类学语的自然规律。在此基础上,派生了直接法的一系列原则,如直接联系原则,要求外语与思想直接联系,不用翻译;句本位原则;以模仿为主原则;用归纳法教语法原则;以口语为基础原则;以当代通用语言为基本教材原则。他们认为,语言是一种技能或习惯,也是一种技艺,精通一种技艺在于刻苦多练,正像必然通过游泳学游泳一样,必须"通过说话来学说话","通过阅读来学习阅读"。

直接法在培养口语、制订语音教学法、增加教学中的直观方式和感性成分、通过归纳的途径学习语言理论并进一步指导言语实践方面做出了显著的成绩。直接法提出的一系列与翻译法针锋相对的原理和原则,使人们对外语教学的规律有了新的认识。直接法作为改革法,为以后的听说法、视听法、功能法、自觉实践法等新改革法流派的产生开了先河,是外语教学史上的一大进步。

但是,直接法也有不足之处。例如,偏重经验、感性认识,而对人的自觉性估计不足;对母语采取排斥态度而不善于利用,这在早期直接法中最为明显;忽视幼儿学习母语与成人学习外语之间的差别;偏重实际掌握,而在发展智力方面不够等。使用直接法要克服缺点,发挥优点,首先要求教师必须有足够高的外语水平并领会直接法的实质,班级成员越少越好且课时充足。所以,直接法比较适合于纯实用目的的外语培训班。一般来说,直接法原则集中表现在外语教学的入门阶段,而提高阶段则不宜继续使用。对于初学者来说,直接法比其他方法更能见效,但应注意在掌握语言的同时要进行外语文学修养的教育。

三、听说法

现代语言学的发展阶段跨越两次世界大战,正是社会进步步伐大大加快、国际交往更为频繁的阶段。现代语言教学在直接教学法的基础上继续发展,行为主义心理学和结构主义语言学又对外语教学法启发很多。

听说法(audio-lingual approach)产生于第二次世界大战爆发后的美国,又称为"口语法""结构法""句型法"等,但它们均不是一般的具体方法(method),而是达到教学目的的途径(approach),其精神就是以结构主义语言学研究外语教学问题,把听说放在首位,先用耳听后用口说(audio-oral),通过反复的口头操练最终达到掌握口语的目的,即口语既是教学目的,又是教学手段。

十二人委员会于1929年提出了《美国现代外语教学的报告》,主要论点是在现有条件下外语教学的目标只能是阅读。这个报告长期影响着美国的外语教学,加之学制短、语种少、方法旧,美国的外语教学十分落后,与其国际地位极不相称,以至于第二次世界大战期间,美国发现它无法派出翻译随军到世界各地,遂在各大学的协助下制订了一个军队特别培养计划(Army Specialized Training Program)。在方案的制订和实施过程中,美国结构主义语言学家发挥了重要作用。布龙菲尔德指出,外语教学的失败原因在于似是而非的语法教学和那些解答难题式的翻译练习。语言学家们主张进行集中强化教学(intensive course),由操该语言的当地人(informant)担任教师,促使学生大量接触口语,并将结构主义语言学理论付诸实施,听说法初具雏形。战争期间,美国军队在新方案的指导下开办各种外语学习班,在短期内培养了大批人才,满足了战争的需要,其中日语教学最好。这个规划取得了巨大的成绩,以至于战后,一般学校也继续广泛采用听说法,听说法在理论和实践方面均得到很大发展,在美国国内享有盛名。

结构主义语言学家不仅从事美国人学习外语的研究,而且从事外国人学习英语的研究,代表人物是弗里斯。他第一次区分了 method 与 approach,并采用 approach 这一术语,后者不只是单纯的技巧和方法,而且是达到教学目的的途径和理论;采用口语法,要求用它指导外语教学大纲制订的全过程。弗里斯领导密西根大学英语研究所的英语教学工作,为拉丁美洲培养了大批掌握英语的人才。日本的高等学校也采用听说法培养了通晓日语的留学生。20 世纪 60 年代是听说法发展的全盛时期,几乎成了外语教学界占支配地位的一种外语教学法。

听说法对外语教学的理论和实践两方面都做出了很大的贡献。它在理论上的贡献是把当代的结构主义语言学和行为主义心理学用于外语教学中,使外语教学法建立在科学的基础上。以布龙菲尔德为首的结构主义语言学家从描写语言的工作中发现,各种语言有不同的语言结构特征,不存在以拉丁语语法为模式的普遍语法。他们主张对不同的语言结构进行对比描写和分析,发展了对比描写语言学。其中,弗里斯在研究外语教学实际中运用语言学理论方面成就卓著,因此被称为听说法的创始人。

对外语教学影响颇多的布龙菲尔德的《语言论》也是在扬弃冯特的构造心理学,转而以华生的行为主义心理学的基础上写成的。华生提出了著名的行为主义心理学公式:刺激—反应。他的继承者斯金纳发展了新行为主义,把人们的教学过程归结为:刺激—反应—强化,在教学中采取强化措施是可以使某种行为形成习惯的。结构主义语言学家接受了斯金纳的新行为主义观点,认为新语言是一整套习惯,而习惯的形成也像母语一样需要持久模仿、反复操练、大量实践,同时他们提出"语言是言语,不是文字""语言是结构模式的体系",提出以口语为中心,以句型或结构为纲的听说教学法,或结构教学法,或句型教学法的主张。

听说法的主要特点基本上和直接法相同,主要差异是听说法主张以句型为纲来组织教学内容。其基本原则有:听说领先;反复实践，形成习惯；以句型为中心；排斥或限制母语；对比语言结构，确定教学难点；及时纠正错误，培养正确语言习惯；广泛利用现代化教学技术手段。

1958年，美国布朗大学教授特瓦德尔在日本英语研究会上做学术报告时，提出了语言学习的五个步骤（five steps of language learning），即认识、模仿、重复、交换、选择，进一步丰富了口语法的内容，使口语法成为一种更加完善的独立的外语教学方法。

弗里斯不仅是听说法的创始人，也是听说教材的最初编写者。他亲自编写了《英语句型操练》（English Pattern Practice），弗里斯和沈尧合编的《中国学生用英语速成教程》（An Intensive Course in English for Chinese Students），考虑到中国学生的一些特点，不失为中国学生速成英语的应急教材。典型的听说法教材还有《英语九百句》（English 900）、《英语成效》（Success with English）。麦克米伦公司出版的广播教材《英语九百句》对我国影响很大，全书共分五部分：基本课文、练习、补充读物、录音磁带、教师手册。基本课文分6册，每册包含10个主题，每个主题中有15个标准句型，每个句型通过替换练习又能派生出4~5个句子。全书可为读者提供3600多个常用口语句子，是学习英语口语的好教材。1978年，人民教育出版社受中央教学部的委托，制订了中学英语教学大纲，编写了新的中学英语教科书，二者都吸取了听说法的一些教学原则，并把听说领先法作为我国中学英语教学法，第一外语学院等高等院校英语专业也采用听说法。

听说法与直接法的另一个区别是教材。听说法以对语言的科学描写与分析作为依据，编写时首先要对语言进行系统的对比研究，以揭示所学外语的特点及学生学习的难点，有利于选择语言材料，并按照"最小对应体"（minimal pair）来编排材料。比如，sheep与ship由于元音[i:]与[i]的对立而产生意义区别，come与came由于时态对立而产生意义上的不同。语言学家认为意义的区别来自区别性特征，因此在初级阶段的外语教材中必然有意识地编入对立语言现象。

但是,由于行为主义心理学否认人在认识上的能动作用与智力在外语学习中的作用,这种理论指导下的听说法就过分重视机械训练,忽视基础知识的传授和活用能力的培养;以句型为纲,其实也就是以语言形式为纲,语言材料的选择往往忽视意义与内容。这两个缺点的后果是:学生能自动化地说出句型,却不善于结合情景进行交际活动。

所以,听说法比较适合短期强化教学,尤其是进行口语教学,需要有强烈的学习动机和大量的实践,普通教学过程则不能如此安排。

四、视听法

视听法,顾名思义是听觉形象和视觉形象结合的方法。20世纪50年代中、60年代初,视听法在法国和南斯拉夫开始出现,主张广泛利用幻灯、电影等电化设备创造情景,组织听说操练。因为这种教学法主张听说操练必须同情景结合,所以又称作"情景法",这正是它与听说法和直接法的主要区别。

最早提出视听法的是南斯拉夫的古布里纳(P. Guberina),但具体研究工作是在法国的法语传播研究与学习中心完成的。因为此中心地处圣克卢(Saint Cloud)高等师范学院,所以视听法又称"圣克卢法"。在中心负责人古根汉(G. Gougenhein)的领导下和古布里纳的积极参与下,组织专门委员会进行研究,并一起制订了视听法原则,编写了著名的材料《法国的声音和形象》。

当时,风靡一时的听说法已暴露了它的弱点,枯燥乏味的机械式的句型操练并不利于学生实践掌握语言,因而需要寻求新的教学体系来培养运用能力。视听法吸收和继承了直接法和听说法的精华,避免其缺点,创造出一套新的教学法体系。例如,它继承了直接法的长处:通过实物、图像等直观手段教学,排除母语中介,用外语教外语;采用口语领先原则,按听—说—读—写的顺序培养;吸收句本位原则,学习外语首先要掌握完整的句子;继承归纳法原则,加强模仿原则等。视听法也吸收了听说法用口语训练句型结构的基本原则,因此有人把视听法与听说法等同起来。

　　视听法虽然来源于直接法和听说法,却仍有自己的独特之处——创造了情景视觉与同步录音配合的方法体系。视听法和听说法同样以结构主义为语言学基础,以行为主义为心理学基础。视听法认为,人们使用语言进行交际时,受情景制约,言语交际是译码和编码传递信息的双向活动,外语与图像结合创造类似学习母语的过程,能帮助学生加快掌握运用外语的能力。视听法最大的贡献就在于运用更多的形象教学媒介,建立图像和声音相联系的条件反射,从而大大加速信息的传递过程,实现认识上的飞跃,培养不经母语和外语书面文字为中介,直接用外语思维的能力。到20世纪60年代中叶,在录音机普及的基础上,语言实验室问世了,高档的语言实验室配有主动比较型的录音机,学生可以边听、边模仿、边录音,然后把母带上的录音和自己的录音相比较。它的工作原理和视听法的原则相吻合,更使教师们为二者结合的前景所鼓舞。

　　视听法还认为应该使语言和情景相结合,创造类似学习母语的过程。心理学认为,要恢复和发展儿童时代已具有的而成年时代有所消逝的听觉感知和听觉记忆能力,改变成年人不借助眼睛学外语的坏习惯。而使用情景法要求先学听说,然后才是书面接受和传递信息。口语的性质就是情景化的,因此要求学生在学习外语时排除母语的干扰,而像学习母语一样。语言通过情景与概念直接建立联系,一边看生活情景对话,一边听录音,能够更好地克服传统语法或句型结构单元集中、脱离上下文、难以进行自然的言语交际的毛病。幻灯图像能使交际场合更富于真实感,便于学生对意义的领会和促进记忆的长期保存。录音则有助于学生整体感知语音语调、节奏和结构。

　　除了语言与情景紧密结合、日常生活情景对话是教学中心这两大特征外,视听法还建立了以下的基本原则。

　　(1)培养听、说、读、写等言语习惯为第一位,传授语音、词汇、语法等语言知识为第二位。

（2）整体结构感知原则，从感性知识入手，在能掌握完整的结构基础上进行个别分析，要求词和意义组成一个整体，并按结构的方式发挥作用。

（3）口语是教学的基础，入门阶段书本不仅没有帮助，反而会阻碍口语的理解和掌握，严重妨碍听觉与意义直接建立联系，结果是离开文字就寸步难行。为此，视听教学法在入门阶段设置了一个60～70教时的口语阶段，专学语音、语调、节奏和语句结构，不认字母，不看书。

（4）排除母语和文字为中介。

（5）用有限的常用词汇和结构进行听、说、读、写，即要求控制和精选材料，不宜求全。

视听法的教学过程分感知、理解、练习和活用四个步骤。在感知阶段，看幻灯听录音，感知和理解课文大意。练习是在理解的基础上，在课文题材范围内进行会话。活用是在已获得的技能基础上，培养活用能力。

一般来说，视听法教材的设计，可按主线索的不同，分为情景类型、情景—结构类型、结构—情景类型。

视听法有如下缺点。第一，过分强调整体结构的能力。过分强调语言材料要用整体结构形式模仿和反复重视来掌握，不做语言分析讲解和训练，难以培养举一反三，灵活运用知识的能力。第二，人为割断书面语与口语之间的联系，在一定程度上低估了书面语对口语的促进作用，所以口语领先之后，读写也应及时跟上。第三，过分强调视觉直观的作用，它的根本问题仍然是过分重视语言形式，没有更好地从交际需要内容出发，难以最大限度地满足学生需要。

所以，视听法到后来就日趋简化教材，在文中常用图画代替对话电影，不设不见文字的单纯口语阶段，不排斥翻译用作教学手段，教材中广泛选用文化背景知识。

五、认知法

如果说听说法、视听法、功能法、自觉实践法等改革法流派皆从直接法一脉相承,那么相应的自觉对比法、认知法(cognitive approach)则以翻译法为本源。认知法是 20 世纪 60 年代初把认知心理学的理论用于外语教学的方法,实际上是经过改革的现代语法翻译法,它主张在教学中要发挥学生的智力作用,重视对规则的理解,务必要培养学习者实际而又全面运用语言的能力,又称作"认知—符号法"(cognitive-code approach)。

20 世纪 60 年代,科学的突飞猛进要求有能开展国际文化交流的高水平外语人才出现,而以培养口语为主的听说法已不能适应时代需要。听说法重实践、轻理论,重口语、轻笔语,重机械训练、轻灵活运用的弊病日益受到抨击,而教育学、心理学、语言学等基础理论学科的发展则为认知法的出现提供了条件,其中最为直接的莫过于转换生成学派和认知心理学的影响。

认知法的心理学基础正是皮亚杰的发生认识论、布鲁纳(J. S. Bruner)的基本结构和发现法等理论。皮亚杰的发生认识论主要研究知识是怎样形成和发展的,重视智力活动在获得知识中的积极作用。他反对行为主义的 S—R 公式,提出 S—(AT)—R 公式,认为人不同于动物,就在于人是有智慧的,接受刺激(S)做出反应(R)都是受认知结构(T)支配的,只有被个体同化(A)于(T)中,才会对刺激做出相应的反应,学会动作和认识。因而,认知学习理论是作为刺激—反应学习理论的对立面而出现的。

20 世纪 50 年代末、60 年代初,西方教育危机促使教育界和社会重视学习者的因素,"以学生为中心"的著名口号开始提出。当时,美国著名心理学家布鲁纳受美国政府委托负责领导美国的教学改革运动。布鲁纳等教育家们认为教学要以学习者为中心,在教学过程中要充分发挥学生的积极性和主动性。规则原理不应由教师硬性灌输,而应在教师引导下让学生主动发现,即所谓

"发现学习"(discovery learning)。布鲁纳还在《课程论》《教学论》中提出必须让学生掌握学科的基本结构(概念、基本原理规则)等,以便学生理解、记忆,从而促进各学科的学习。

认知心理学家还区分了机械性学习和有意义的学习,学习外语主要依靠后者;应该多进行有意义的操练和交际活动,而不宜过多模仿、死记硬背。1964年,卡罗尔在《语法翻译法的现代形式》(Modern Version of Translation Method)一文中首先提出认知法,他认为应在理解句子结构基础上进行操练。第二语言是知识的体系,外语学习主要是认知语言规律,而运用语言的能力将会在交际中得到发展。语言心理学的实验证明,12岁是语言的青春期(linguistic puberty),12岁以后学生的逻辑记忆能力发展很快,不再像机械记忆力旺盛的幼儿那样无意识地学习,而是充分发挥其逻辑推理能力。所以,认知法与直接法、听说法针锋相对,反对幼儿学语论,主张有意识的学习。这也与认知法的研究方向有关,它探讨中学生以上的成年人在本国环境中学外语的问题,有必要区分两种学习过程。认知法还认为语言是交流思想的工具,只让学生对刺激做出反应是不够的,还应学习在新环境中创造性地使用语言,因而还要注意语义操练,使外语教学情景化、交际化。

认知法还从乔姆斯基的生成语法得到启示,认为语法是具有普遍性的,学生学习外语时已掌握的母语语法知识,必然会迁移到学习外语中,因而排斥母语将是极大的损失,利用母语是理所应当的。不过,随着教学发展,母语的作用应逐渐削弱。乔姆斯基认为语言在本质上是创造性的,即使幼儿学母语也不是单纯模仿,而是掌握规则系统并创造性活用的过程。有限规则可以生成无限句子,借助规则可以直觉分辨从未接触过的话语是否正确。乔姆斯基认为一旦掌握了高度抽象的语言能力,就能创造出无限的句子,因此教学必须强调认知规则的作用。

由此,把语言看作一种习惯体系,还是一种受规则支配的体系?把学习看作刺激—反应过程,还是看成以规则为基础的创造过程？根据对上述问题的不同看法，外语教学分成两大学派，前者是以经验主义为基础的听说习惯理论，后者是以唯理主义为基础的认知学习理论。

根据前述理论可以看出，认知法是针对听说法的缺陷，作为听说法的对立面而出现的，试图用认知—符号学习理论代替听说法的刺激—反应学习理论，并形成以下特点。

（1）外语教学以学生为中心。

（2）在理解语言知识和规则的基础上操练外语，强调有意义的学习(meaningful learning)和有意义的操练(meaningful practice)。

（3）听、说、读、写齐头并进，全面发展。

（4）利用母语。

（5）对错误进行分析和疏导，语法翻译法和听说法都强调"有错必纠"，这样会使学生产生怕出错误的紧张感，因而对错误进行分析，根据错误类型有针对性地对学生进行解释，或纠正，或提醒，或暗示，调动学生积极性。

（6）广泛运用直观教具和电化教学手段，使外语教学情景化、交际化。

认知法认为外语学习有自己的特点，不同于母语的学习过程。首先，语言环境不同，成人在教室中学习。其次，学生是在掌握了母语的基础上学习外语的。最后，学习外语是自觉的、有意识、有组织的学习。根据上述特点，认知法的教学过程分为认知理解、操练、运用（交际）三个阶段。语言理解是在教师引导下让学生发现语言规则；培养语言能力主要通过有意识、有组织的练习；语言运用阶段则必须脱离课文进行专门的交际性练习，如交谈、讨论、专题发言、作文、演剧、翻译等形式。

认知法的最大贡献是从心理学的理论论述外语教学，强调理解与有意义的学习和操练。至于认知法与听说法孰优孰劣，单纯从各自的试验效果来看很难说清。1970年至1972年的对比实验表明：认知法培养出来的学生，在听、说、读、写诸方面相当于或胜于听说法培养出来的学生，在阅读和自学能力方面尤为显著，但听说班的学生听说能力较强。这些教学实验只是表明：不同的教学方法只能较好地完成各自特定的任务。所以，在运用和选择时要避免片面性、绝对化、极端化的做法。

认知法虽产生于美国，但多半用于教美国人外语，英、美人在国内、国外教外国人英语时多不用认知法，仍用听说法或功能法。这说明，认知法多适用于教本国人学外语。

六、功能法

功能法（functional approach）是以语言功能为纲，培养交际能力的教学法体系。功能法以意念项目组织教学，所以又叫"意念教学法"（notional approach）或"功能—意念法"（functional-notional approach）。由于交际功能是语言最根本的功能，交际能力是教学最根本的目的，因此有些人认为，"交际法"这个名称更能体现掌握交际能力的精髓。虽然也有人认为交际法与功能法为两个流派，但至少它们同时产生于20世纪70年代初期的西欧共同体国家。

20世纪70年代以来，西欧各国为了加强相互间的政治、军事、经济、科技、文化等方面的联系，成立了西欧共同体。随着共同体成员国的扩大，使用语言增多，带来了语言不通的重大问题，翻译不能满足需要。形势迫使西欧各国要更快更好地培养具有外语交际能力的人员。要从根本上解决这个问题，就必须改革各成员国的语言教育。而西欧各国广泛采用的听说法和视听法，着重形式体系的讲解和训练，忽视交际能力的培养，加之无统一大纲、教材，导致教育质量的下降。因此，必须改变教学方法，制订一系列统一的外语教学大纲，设计统一的教材和测验标准。为此，1971年，欧共体文化合作委员会召开专题座谈会，探讨以单元—学分体系（unitcredit system）组织现代教学的可能性。此后不久，又召开了一次多国专家会议，讨论制订欧洲现代语言教学大纲。会后出现了一批极有影响的功能法的文章，主张把语言看作交际工具，教学要根据交际目的进行组织。这些文章收集在1973年文化合作委员会《成年人语言学习发展体系》的文集中。

此后，以英国为中心，西欧各国都从理论和实践上做了积极的探索和实践，并波及苏联、美国，视听法的故乡法国也提出以交际法为教学根据。功能法的代表人物有英国的特里姆（J. C. Trim）、荷兰的范埃克（J. A. Van EK）、英国语言学家威尔金斯（D. Wilkins）、亚历山大（L. G. Alexander）和威多森（H. G. Widdowson）。威尔金斯于1972年发表了《语法大纲、情景大纲和意念大纲》，阐明意念大纲较之前两者的优越性。此后，以范埃克为首的专家们经过三年努力，制订出一份新教学大纲——《入门阶段》（*Threshold Level*, 1975）和英语教学大纲《英语初阶》（*Way Stage*）。1976年，威尔金斯又发表了《意念大纲》（*Notional Syllabises*），1978年，威多森发表《交际法语言教学》（*Teaching Language as Communication*），德国也制订了《基础英语大纲》，著名的《跟我学》教材就是在《入门阶段》《英语初阶》《基础英语大纲》三个大纲基础上编制的。

功能法的建立首先得益于应用语言学的发展。以往的语言学理论都强调语言是独立的符号系统这一特征，而忽视语言是人们使用的交际工具这一特征。乔姆斯基重点研究语言能力，却忽视语言运用和言语，社会语言学则突破了重形式结构的研究，趋向于重语言使用的研究，并且认为语言的交际功能是语言最本质的功能。

社会语言学家海姆斯则针对乔姆斯基的语言能力提出"交际能力"（Communicative Competence）这一概念（即这个概念既包括语言能力，又包括语言运用），他还进一步阐明了交际能力的四个特征：能辨别句子是否正确；能在适当环境中使用适当的语言；能判断语言的可接受性；能知道语言形式出现的或然率，是常用的还是罕见的个人用语。海姆斯阐明的交际能力的涵义，也就是功能法的目的。

韩礼德的系统语言学则认定语言在运用上有三种功能：认知

功能、人际功能、语篇功能。过去的语言学强调概念功能,社会语言学强调人际功能,韩礼德则坚持三者必须兼顾。他的语篇分析(discourse analysis)开辟了语言研究的新天地。威多森也提出外语教学要在语段中使用语言才能培养出交际能力的著名论点。

社会语言学对语言变体和言语交际活动的研究给外语教学以有益的启示:可以根据学生从事工作的需要,决定学生学习何种技术性语言;确定教学目的是全面培养听、说、读、写、译全部能力还是其中一两种能力。因此,功能法更多关注"专门用途英语"(English for Specific Purpose,简称 ESP)。另外,考虑入门阶段的一般要求是通过交际活动来掌握会话能力。

综合起来,功能法是以社会语言学为理论基础,以交际能力为纲的一种教学方法体系。功能派教学专家们充分运用应用语言学研究语言功能、语言变体和言语活动等方面的成果确立教学大纲,把教学方法的研究上升到教学大纲的研究。由欧洲委员会的文化合作委员会所主持的各个语种的《入门阶段》,是一般语言能力最起码水平的大纲。

前面提到,功能法也叫"意念法"或"功能—意念法"。意念这个概念属于心理学的思维范畴,是功能作用的对象,是指从特定的交际需要出发,规定所要表达的思想内容。人们运用语言交际,一是要表达什么,即内容、意念,二是怎样表达,即表达方式。功能的概念在欧洲人文科学中也常用作意念、语义单位的同义词,二者既相互区别又相互联系。比如,询问邮局方位"Is there post office near here?"询问是功能,邮局和附近是意念。功能法的出发点就是在交际活动中表达意念。由于人类思维有共同的意念范畴,因此常用意念项目就构成了欧洲现代主要语言的共核(common core)。这些共核是教学法大纲的基础,由此派生出的常用意念项目及其常用语言形式表达方式就构成了欧洲各现代具体语言教学的共核,这就为制订欧洲各现代具体语言教学大纲提供了依据。

心理语言学研究第二语言习得的心理过程,为以学生为中心提供了理论根据。在整个教学过程中,学习者是起决定作用的内在因素,功能法致力于调动学生的积极因素。如果说在传统教学阶段决定是"教什么"(what)的问题,直接法要解决"怎么教"(how)的问题,听说法和视听法要解决"为什么这样教"(why)的问题,到了本阶段,所要解决的是"教谁"(whom)的问题,同时在外语教学过程中应注意掌握外语的自觉性,充分发挥学生的认识作用,机械的句型操练是达不到运用语言进行交际的目的的。

心理语言学的功能派在对待学生所犯错误的问题上一反行为主义心理学的观点,认为学习过程中出现错误是正常现象。学生所使用的是一种过渡性语言,它处于母语和目标语之间,可称为"中继语"(interlanguage),这种语言不免有许多错误,可称为发展期中的错误(developmental errors),是由不完善走向完善的"路碑",而且通过对这些路标的观察,我们还可了解学生的中继语处于什么发展阶段,只要不影响交际,可以容许他们犯不同的错误。

功能法的基本内容和原则如下。

(一)建立单元—学分体系

这种方法体系是建立在成年学习者不同学习目的和能力基础之上的。首先调查与分析学习外语的需要,然后按共同需要编组,为每组确定明确的教学目标,并提供条件实现教学目标,这样就等于把语言教学分解成单元,每个单元针对学生一项要求,单元之间是有机的体系。先学共同需要的共核部分,然后视需要之分,依次学习不同的单元。每学完一个单元,给一定学分。《入门阶段》就是用这种办法制订的一般运用语言能力的最低水平大纲,是针对使用单元—学分体系中的大多数学生,无论其最终达到什么目标,都必须达到基础水平,适合初学外语的成年人或中学生。

(二)综合运用言语交际的八种要素

(1)情景:功能法注重选择学习未来工作需要的语言情景。

为此,必须考虑角色、场合、谈论的题目各方面。

(2)功能:功能,即语言行为,就是用语言叙述事物和表达思想。功能法以功能项目为纲,即从表达内容出发,而非从表达形式出发。交际活动把语言功能分为六个主要范畴:传达与了解真实情况,表达与获悉理智的态度,表达与获悉感情的态度,表达与获悉道义的态度,请求,社交。

(3)意念:《入门阶段》对意念做了分析说明,意念可分一般意念和特殊意念。一般意念范畴有八类,分别表示存在、空间、时间、数量、质量、心理(精神)、关系、指代等抽象的普遍关系。每类意念范畴又可分为许多细目,如存在和不存在、在场和不在场、发生和未发生等。一般意念与语言功能相对应,与一般意念相对应的形式是句子、短语或单词,共有 524 个项目,其中要求活用的有 420 个。特殊意念则与谈论题目有关,它是由题目决定的词汇项目,因此特殊意念不是由语法形式决定而是由实义词决定的,词汇量约为 1500 个。功能项目、一般意念和特殊意念在语言交际过程中是彼此联系的三大要素。例如,"Where is the nearest bank?"这个句子,询问(功能),银行(特殊意念),在什么地方(存在,一般意念)。

(4)社会、性别、心理作用(social, sexual and psychological role):人们必须像遵循语法规则一样遵循社会行为规则,处于不同的地位会选择不同的语言交际,性别和心理的区别也会影响所使用的语言。

(5)语体或语域(style/register):语体,即人们表达思想的态度和方式,英国语言学家夸克(Quirk)总结了严肃的、正式的、中性的、非正式的、熟悉的五种语体。一般来说,在家用亲昵语体,对同事用非正式语体,对工作对象用中性语体,写报告则用正式语体。

(6)重音和语调(stress and intonation):重音和语调对语言功能的表达也非常有效,一个人可以假意说客气话,而他的语调是粗鲁的、冷淡的、讥讽的。

(7) 语法和词汇(grammar and vocabulary)：一般意念常会有语法内容，并由较固定的语法形式来体现。因为语法是人们表达意义的手段，词汇是人们所需要的意义项目，常与特殊意念相同。

(8) 语音辅助手段(paralinguistic features)：这些是指身体语言、面部表情、姿势、手势、动作等。人们学习外语就要参与各种语言活动(language events)，而各种语言活动是在不同交际情景(language situational categories)中进行的；人们在各种语言场合进行交际时，要运用各种语言功能(language functional categories)，如请求、命令、拒绝等；同时，要运用各种语言结构(lexical categories)，表示各种意念(conceptual and notional categories)，这样需要运用词汇(lexical categories)表达；人们交际时，用不同的行为方式(behaviour models)，或听或说或写来达到掌握外语的目的(practical ording of objectives)。

学习外语必须综合运用上述八种要素，像该语言国成员一样参加各种语言活动，如去商店买东西、去饭店吃饭。这需要在一定语境中进行，而交际中运用各种功能，就必须调动语法结构，表达意念等。教材《跟我学》就是依据人们运用语言交际时所包含的八种要素编写的。

(三) 教学过程交际化

功能法力求使教学过程交际化，把言语交际作为全部教学的理论出发点，因而经常设计两三个自然交际的教学过程。外语教学要一切从学生实际出发，不是在形式化的句子和对话组成的课文(text)中，而是在双向的语段(dicorse)中使用语言，培养交际能力。并且，首先把听、说、读、写看作经常的言语活动，四者同等重要而又具体情况具体分析，重要的是根据目标确定四种活动的适当比例。

(四) 发展 ESP

ESP 是指掌握与某种特定职业评价或目的相联系的英语。ESP 包括范围很广，相应地可以分成各种类型的 ESP 教学，如可分为科技英语教学、职业专用英语教学等。

功能法的教学过程分为接触、模拟范例和自由表达思想三个阶段(接触自然对话,接触多种形式的语言材料,从所接触材料中抽出一两种典型语言项目进行模拟操练,提供情景让学生运用所学的语言形式来自由表达)。

功能教学法的教材有四种类型:纯粹功能型、结构—功能型、功能结构型和题材型。亚历山大编写的《初学者 AB》(*Mainliu Beginners, A and B*),亚历山大和金斯伯里(P. K. Kingsbury)编写的《跟我学》都属于题材型(thematic area organization)。

《跟我学》曾经是我国最为流行的一套功能法教材。它是英国广播公司英语教学部、英国朗曼出版公司协同西德电视台、西德民间学校委员会和欧共体合作委员会编制的电视英语教学片。1982 年在我国中央电视台播放,根据实际情况对课本内容、教学方法做了一些改动。

《跟我学》把学生的交际需要作为出发点,特别注意说的能力,同时培养写、听和读的能力。从教材体系上看,是属于把题材、功能、意念、题目和语言结构综合编排的题材型教材。首先确定项目,以日常生活和社交需要的内容作为最基本题材,然后学习每一题材内容都必须掌握与自己需要有关的各种语言结构,理解相关的功能,而且能掌握各种技能的变化方式。例如,问路,就要能从冗长的口头指点中抓住中心,识别地图,辨认招牌,解释语调模式,以达到正确理解。

《跟我学》中的分级编排,不仅按传统中的结构顺序组织语言材料,还包括全部情景分阶段的安排。例如,介绍自己这一题材一连重复三次,按情景阶段而增加难度和复杂性,依次出现在电视节目和教程单元 1、11、21 中,每次都增加语言材料。《跟我学》的两册教程中共有 10 个日常交际常用题材。

功能法吸取各派之长,继承了听说法的根据难易程度安排语言结构和视听法在情景中学习外语等有效手段,其优点是培养学生掌握交际能力,从学生出发确定学习目的,教学过程交际化,尤其是大大促进了 ESP 教学的发展。但目前,功能法也存在缺乏确定语言功能项目的标准、范围及教学顺序的科学依据,语言形态和结构难以和功能项目协调一致等缺点。

第五章 英语教育的过程和方法

本章从英语教育的基本规律与特点、英语教育的基本原则及英语教学的方法等方面来探讨英语教育的过程和方法。

第一节 英语教育的基本规律与特点

英语教学是英语教师通过各种途径使学生掌握英语,即能够用英语交际,达到英语教学大纲所制订的英语教学目标的过程,在教学过程中学生是学习的主体,由他们认识客体英语语言的规律,而教师、教材和设备是媒体。主体通过媒体认识客体,教学过程中主体、客体和媒体相互联系、相互作用。英语教师必须正确地掌握英语教学过程的特点,因为只有理解英语教学过程中几个方面的关系及其规律,才能合理地设计、组织教学,选择有效的教学方法与手段,以取得最佳的教学效果,达到预期的教学目标。英语教学有以下几个主要特点。

英语学习具有非常强的实践性,因此英语教学过程必须以大量听、说、读、写练习为基础,以培养语言运用能力为核心。大量的实践是能够熟练运用语言的基础,没有大量的实践,语言代码无法迅速在头脑中产生意义联想。我们的外语课时有限,班级人数偏多,这些都是外语学习的不利条件,努力克服这些不利因素是外语教学成功的必要条件。教师可以用自己的亲身经历告诉学生要大量接触语言,观察语言现象,归纳总结语言规则,培养语感。教师应充分有效地利用课堂实践,发展丰富多彩的英语课外活动,如英语会话、唱歌、演出小剧、笔友、阅读、故事会等。另外,教师还要利用各种媒体中的英语资料,如观看电视中的英语新闻、英语学习节目、有英语字幕的故事片、英语光盘及听英语学习磁带。总之,要把课外的英语活动作为课堂学习的延伸与扩展。

英语学习需要良好的语言环境,因此在英语教学过程中教师应该给学生提供充分练习、运用语言的机会,使学生逐步建立英语语言规则系统。由于英语学习在中国是外语学习,学生的外语学习以课堂为基础,语言输入十分有限。课堂外的语言环境仍然是母语环境,根据这种条件,英语学习自然要以课堂语法学习为主,放弃自然习得语言的途径。

如何在课堂中创造一个良好的语言学习氛围呢?首先,教师应为学生创造用英语交际的需求,学生有了需求就会努力寻找手段。其次,教师应给学生自由表达的机会,让他们说自己想说的内容。在起始阶段,教师还要多用直观教具,多用媒体手段,话题多以具体的、眼前的事物为主。

英语学习是具有社会性的活动,因此英语学习过程是教师与学生、学生与学生之间语言交际的过程。语言学告诉我们:语言是社会的产物,是人类交际的工具,是言语社区里的人们约定俗成的一套规则,自言自语的场合远远少于同他人交谈的机会,语言的这些特点决定了语言学习的群体性。学生之间要练习会话、讨论问题、交流信息、研究语法规则,在练习的过程中加深对语言规则及语言运用规则的认识。语言的学习与其他学校科目不同,其不适合个体学习。虽然一个人可以独自阅读,从语法书上学习语法规则,但是他掌握得正确与否需要在实际运用中才能得到检验和证实。

语言的交际能力不能完全从书本上培养,因为按照交际能力的特定含义,它除了包括语法运用的策略能力之外,遵照语言文化的习惯、恰当地使用这些能力都需要在交际中掌握。所以,教学过程中教师应该在课堂上多用英语进行语言交际,并且给学生安排交际练习的活动。第二语言习得的研究发现:指向学生的语言输入、相互作用的语言输入有利于学生理解,可理解的语言输入有可能转化为语言规则的吸收。

各种英语技能在实际运用中很少单独运用,因此英语运用能力是综合能力,综合能力要在语言运用中培养。在英语教学中,教师常常根据不同阶段对听、说、读、写的技能有所侧重,这是应该的,也是必要的。在学习的某一个单元,集中某一项技能的训练,有利于学生语言运用能力的培养。综合能力的培养是英语教学的归宿。在实际生活中,我们与他人对话交谈都是综合利用听、说的技能;在讨论中,人们是边听他人的发言边发表个人的意见;我们在听讲座时,也是边听边记笔记。因此,在教学中不能把语言技能分割开来,不可偏废某种语言技能。

英语学习过程是发展过渡语的过程,因此教师对学生在学习中出现的错误应该持正确态度。过渡语的发展过程即逐渐接近目的语的过程,在这个过程中学生不断建构自己的语言系统,修正对目的语规则的假设,使之对于整个系统的认识更加全面、更加精确。这个过程是漫长的、渐进的,贯穿学生英语学习的始终。如果学习英语是终生的活动,那么发展过渡语的过程也是终生的。

学校的英语教学不可能教会学生关于英语语言系统的全部知识,或者让学生掌握英语的全部词汇。但是,我们也不可能等待学生完全掌握了英语规则和词汇才让他们去使用英语,而应该鼓励学生使用已经掌握的规则和词汇去交际。可以预测,在交际中,学生必然会出现种种语言使用偏差,即偏离目的语规则。但是,教师不能因噎废食,不能因为学生出现语言使用偏差而不给学生提供使用的机会,或者将其视为扼杀学生学习英语的理由。相反,教师应该将其看作积极学习的过程,运用语言规则的过程,是设立假设和检验假设的过程。

根据以上分析,教师在教学中应该正确对待学生语言学习中的偏差,不要过分苛求学生。过分苛求就会扼杀学生的探索精神及创造精神。归根结底,教育的最终目的是培养创造精神,而英语教育是培养这种精神的一块良好土壤。

第二节　英语教育的基本原则

英语教育的基本原则是对英语教学中一些核心问题的认识，也是基本观点在英语教学中全面而具体的体现。它是编选教材、运用教学方法、处理英语教学过程中各种矛盾的指针。英语教学中的学和用，听、说、读、写，语音、语法和词汇，外语和母语，教师的教学过程和学生的学习过程之间的关系等，都是教师在教学中每天都会碰到并需要考虑和处理的问题，都应在英语教学法中有原则性的说明。这些原则建立在我们对语言本质的认识和语言学习规律理解的基础上，因而能指导我们更好、更有效地教授和学习英语。根据国内外研究者的认识，英语教育的基本原则包括：实践性原则，语言输入原则，利用和控制使用母语原则，听、说、读、写阶段侧重与协调发展原则，语音、词汇、语法综合教学原则，以学生为中心原则。

此外，在英语教学中还要正确处理六种关系：思想教育与英语教学的关系，听、说、读、写的关系，语言知识和语言技能的关系，语言知识和背景知识的关系，准确性和流利性的关系，课内和课外的关系。以下将对这些基本原则和关系做简述。

一、实践性原则

学习英语的最终目的是通过英语进行交际，那么怎样才能达到这一目的呢？人们从习得母语的经验中体会到，运用母语的能力是在母语使用中习得的。离开使用母语的实践，很难谈及母语运用能力的培养，外语的学习与母语习得有其相同的地方，那就是人们应该在语言实践中学会使用语言。因此，英语教育要遵循实践性原则。遵循实践性原则要在学习英语的过程中进行大量听、说、读、写的练习活动。听、读是接收语言输入的活动形式，说、写是产生语言输出的活动。语言输入的作用在语言学习中是十分重要的,但是只有语言输入而没有语言输出的练习,那么就有可能把很多语言项目储存在大脑中,在需要时提取不出或不能正确提取。因此,语言学习者只有通过语言输出的实践活动才能对自己的语言水平、语言能力有一个较恰当的评价和清楚的认识,才能根据自己的实际情况,改善自己的不足之处,不断地提高语言水平。但是,进行语言输出的实践活动在不同的阶段应有不同的要求和内容。根据对语言和语言学习的研究,这些实践活动在某一阶段可为形式操练,而在另一个阶段则为交际练习。前者较重视语言形式的掌握和语言准确性的控制性练习,而后者则是强调意义和语言得体性、流利性的交际活动。语言形式和意义、语言准确性和流利性是一对矛盾的两个方面。一般而言,一定的意义要通过一定的结构去表达,如果我们对语言结构掌握得不好,在表达意义时可能就会碰到障碍。但这不等于说,结构掌握好了,意思就一定能表达得清楚、得体、流利。只有语言形式控制性的操练实践而无语言得体性、流利性的实践,对培养学习者的交际能力都会造成影响。因此,在安排不同的实践活动时,我们应正确处理好它们的关系。

(一)控制性的语言活动

控制性的语言活动即非交际性的语言活动。我们可以把产生语言输出的活动分为三类:非交际性的语言活动、准交际性的语言活动和交际性的语言活动。它们的特点如表5-1所示。

表5-1 语言输出活动

非交际性的语言活动——没有交际愿望和目的,强调语言形式的掌握和逐个语言项目的训练。
准交际性的语言活动——教师干预,纠正错误,语言材料难度、结构等受控制。
交际性的语言活动——交际愿望和目的明确,强调内容表达而不是语言形式的掌握和多种语言形式的运用。在活动过程中,教师不纠正错误,语言材料不受控制。

这样我们可以看到,准交际性语言活动是介于非交际性和交际性之间的语言活动,它具有非交际性和交际性的语言活动的一些特点。一般而言,非交际性的语言活动有齐声复述、个人复述和线索反应操练三种形式,可用于操练各种语言项目。齐声复述和个人复述都是学生按教师提供的语言模式进行复述。齐声复述可以使全体学生都有实践机会,不会造成学生怯场,因此可以增强学生使用语言的信心。教师也能从学生复述的情况,大体上了解学生对某一实践项目的接受程度。但是,要了解某一学生是否掌握了练习的项目就要使用个人复述。齐声复述和个人复述是较简单的操练形式,较多的非交际性活动可以采取线索反应的操练形式。线索反应的操练是一种控制性的操练,进行操练时教师按教授的内容向学生说明练习的方法并提供做练习的线索,要求学生按要求做出正确的反应。

(二) 准交际性的活动

准交际性的活动是更接近真实交际活动的练习。较常见的准交际性活动是含有信息沟的活动。在语言交际中,交际双方在信息方面存在差距,交际的一方向交际的另一方提出自己不知道又想了解的事情和信息时,交际双方便存在信息沟。一些含有信息的对话形式很像非交际性的练习,但由于对话双方存在信息沟,他们更像交际活动而非机械性的语言操练。准交际性活动可以在各个阶段使用。例如,JEC 第一册第 20 课中 *Play this game* 的练习,其目的是练句型"Is it a …?"在游戏中,练句型的学生并不知道他(她)后面的学生拿着的那幅图画有什么图像(信息沟),因此他(她)要去猜那幅画的内容。如果课堂上没有图画也没有实物,教师还可用另一种方法进行此类练习,即让学生猜测教师正在想的一样东西,直到猜对,教师才说 Yes,学生在没有猜对时,教师一直说 No,好让学生继续猜测。这类练习可按照不同阶段和不同内容来设计。这一类型练习的书面形式多为听、写形式。学生分两人一组进行练习,练习前各人拿到印有或写有有关信息的表格,并按规定不向对方出示表格的信息,学生就需要的信息发问,并把对方的回答写在空格里。这类练习在 JEC 的 *Workbook* 中有不少。从这类练习中我们看到,要做好这类交际性的练习,学生需要使用听、说、读、写方面的能力。因此,这类练习能促进学生交际能力的培养,教师可以根据教学内容、学生的具体情况,如年龄、兴趣、知识结构等来设计适合学生使用的含有信息沟的准交际性练习。

(三) 交际性的语言活动

在外语教学环境中,交际性练习多数是让学生在一定的语言交际情景中进行的语言交际活动。真实交际活动具有信息沟的存在、交际目的明确和交际时的选择性三个特征。因此,我们应该按照真实交际活动的特点衡量语言活动的真实性。例如,教师把钢笔放在桌上,大家都能看清钢笔的位置,教师如果问"Where is my pen?"就失去了语言的情景交际功能,而只能被看作一种句型操练。因为在真实的交际里,人们很少会问及一个已经知道答案的问题,这样的问题也不易激起学生的兴趣,所以我们在设计交际性活动的时候应该注意上面提到的交际性练习的特点。交际性的语言活动有多种形式,如角色扮演、语言游戏、辩论等。其中,角色扮演是常用的也是在不同的阶段都可以使用的语言交际活动。

二、语言输入原则

对语言的不同认识和理解会导致我们采用不同的方法教授和学习语言。但是,个管我们如何看待语言,语言输入特别是适合学习者水平的语言输入对语言习得或学习都是必不可少的。刚出生的孩子虽然有天生的学习语言的能力,但如果没有外部语言输入对他"天生"的能力加以刺激,他(她)就不可能习得语言和学会使用语言。语言输入对语言习得的作用是极其重要的,埃利斯总结出第二语言习得中语言输入的三种观点:行为主义的观点、先天论的观点、相互作用的观点。行为主义的观点视语言为一种人类行为,并认为语言行为与其他行为一样是通过习惯养成而获得的,而习惯养成有赖于外部语言输入对学习者的刺激。没有语言输入,便不可能有反应,语言习得也就成了无本之木。先天论的观点强调人天生固有的学习语言的能力,认为"接触语言不能对语言习得做满意的解释,语言输入仅仅是激活内在语言习得机制的触发器。"但如果没有语言输入,语言习得机制不能激活,语言习得在语言学习中是不可缺少的。相互作用的观点认为,语言习得是学习者心理能力与语言环境相互作用的结果。语言学习者的语言习得机制作用于并受制于语言输入。由此看来,在第二语言习得或外语学习的过程中,语言输入起着十分重要的作用。

诚然,外语学习的成功与语言输入的量是紧密相关的,但在注意提供尽可能多语言输入量的同时,我们应注意语言输入的质的方面。语言输入的内容应为学习者所理解或适合学习者的水平。适合学习者水平的语言输入应是比学习者语言水平稍高一点的语言材料,学习者可以通过上下文的线索,运用自己已经掌握的语言知识和头脑中有关外部世界的知识对语言材料进行理解。语言材料太难或太容易都不利于学习者更有效地学习外语。

因此,外语教师应该向学习者提供尽可能多的、适合他们水平的语言输入。从获取语言输入的环境来分,语言输入可分为课内的语言输入和课外的语言输入;从语言输入的形式来分,语言输入有声音输入和文字输入两种形式。在我国,在课堂上获取语言输入是学习外语的主要途径,教师向学生提供声音和文字等形式的语言输入,并且主要是声音形式的语言输入。教师可以用简单地道的英语组织教学、控制教学活动、布置课外作业等,还可以用学过的简单英语讲授课文、解释词汇和进行语言结构操练。例如,教师可以用简单的语言组织课文内容问答,注意课文中的生词和词组,帮助学生理解和记忆新的语言项目和课文内容;用学过的词汇解释新出现的单词,如 unhappy means sad, almost means nearly 等。如果课内的语言输入主要是由教师在教学中提供的话,课外的语言输入则可以由教师指定,通过学生的努力去获取。课外的语言输入与课内的语言输入一样,可以是有声的也可以是文字的。教师可以安排、布置学生听合适的录音、看合适的录像,也可以布置学生阅读英语小故事、英国文学作品简写本和难度不大的短剧、诗歌,其他形式的课外活动和游戏也可以提供语言输入。

三、利用和控制使用母语原则

语言与思维有着直接的联系,语言是思维的外壳,"语言是思维的直接显示。"学习外语的学生一般都已有一定的思维能力,已有相当的本族语知识,已习惯于本族语思维。在外语教学中,学生往往将所学的单词译成本族语之后,再把本族语作为中介实物和外语单词联系起来;而不是像儿童掌握本族语那样将听到的本族语和其所代表的事物直接联系起来,直接学习和理解,直接应用,中间不经过翻译程序。因此,如果说儿童发展和巩固本族语熟巧是和发展思维相平行的话,那么外语熟巧的形成和发展的过程就要复杂得多。人们在学习外语的过程中,至少在很长一段时间内,必然会受到本族语思维的影响。在外语教学中,本族语的影响有两种:有时有助于外语学习,促进外语熟巧的形成;有时则干扰外语学习,妨碍正确掌握外语。实践表明,一般青少年学习外语语法比成年人困难,这就是成年人较高的本族语水平和思维能力所产生的有利影响。他们一方面可以将许多本族语知识迁移到外语学习中,帮助自己学习外语;另一方面,我国学生在学习外语时经常出现所谓的"中国式外语",就是本族语干扰外语学习的证明。因此,我们不能一概排斥依靠本族语,而应科学地分析和研究在学习哪些外语现象时本族语可能产生哪种影响,从而有目的地利用有利影响（所谓的正迁移），防止和克服不利影响（所谓的负迁移）。

那么，如何利用母语的有利影响，使之在学生外语学习中发挥正迁移作用呢？

将汉语作为教学手段，教师使用方便，学生容易理解。

利用英语和汉语的对比，可提高英语教学中的预见性和针对性。英语和汉语在语言上相同的地方，在单词、语法意义和用法上相同的地方，学生学起来容易。这是由于汉语的语言习惯经教师略加提示便可产生正迁移作用，迅速地转移到英语的学习和应用上；为英语所特有的东西，学生可能会感到吃力，应该作为教学重点，加强练习；英语和汉语在语音、词汇、语法上相似但不相同的地方，学生在学习时，汉语语言习惯起着干扰作用，这是学习的难点。对比英语和汉语的特点，教师有时可以预见学生的困难并针对学生在学习中的困难，考虑相应的措施和教学方法，从而提高教学效果，节约教学时间。

英译汉作为一种练习形式，可以作为检查、讲解、巩固和发展学生言语能力的手段。由于英译汉使用起来对教师和学生都比较方便，因而有很大吸引力。在高年级，特别是在学生已经较熟练地掌握了英语的基本句型后，这种翻译练习可以适当利用，但应有所控制。说到控制使用，我们应明白有哪些使用母语的负面影响（即负迁移）应尽可能避免。英语教学的目的是培养学生使用英语的能力，这种能力只有在大量接触英语并沉浸到使用中，才能较快地培养起来。中学英语课课时有限，教师在课堂上把时间都用在英语操练上还嫌不够，如果再让汉语占去一部分有限的教学时间，那么学生学习英语的时间就更少了。

用母语教外语主要有这样几个问题值得思考和注意。

用母语教外语曾经是长期使用的教学方法，但随着科技的发展、教学方法的改进、现代化教学手段的运用，用母语教学的方法效果越来越不好了。英语教师应创造条件力争用英语和各种直观手段教英语，切不可依赖用母语上英语课的办法。

学生学习英语的初级阶段最关键,这时教的一般都是一些词义具体的单词,完全可用直观手段教学。培养学生直接理解、直接学习和直接应用的习惯,使学生熟练掌握基本的句型,初步养成英语思维的能力,这时应尽量避免使用汉语。只有到了中、高级阶段,意义抽象的单词逐渐增多,这时学生已具备用英语思维和运用英语的初步能力,教师才可适当运用母语教学。

用英语上课,是指教师用教过的、学生能听懂的英语讲解课文、单词和组织教学,而不是漫无边际地说英语。教师教过的英语不仅要求学生会用,教师自己当然也应该会用。这样,备课对教师运用英语来说也是一个提高和锻炼的机会。用英语上课,如果怕学生听不明白,教师还可以借助图画、实物、表情、手势等直观手段,也可以把关键词写在黑板上。随着学生英语水平的逐渐提高,用英语解释英语和运用英语组织教学的范围就越来越广。

用英语讲解单词比用英译汉的方法费力、费时,但从长远来看这样做有很多优势。

第一,符合启发式教学法,能培养学生运用英语的能力,学生的逻辑思维能力可从中得到锻炼和发展。用英语解释单词,学生必须主动配合,积极地开动脑筋,通过观察、比较、归纳,自己得出结论,达到理解。通过自己想出来的东西不仅记得牢,而且能培养自己利用情景或上下文独立领会词义的推理判断能力。而若用汉语注释英语,形同灌输,需要的只是单纯的记忆,这在功效上与用英语解释是不能相提并论的。

第二,用英语解释英语,虽然多说了几句话,费了一些时间,但在这个时间里,学生接触的是英语。除了学会新的英语单词和其用法外,还复习了许多旧词,训练了听力,而用英译汉解释单词,除了使学生了解词义外,别的收获就谈不上了。虽然省了时间,却减少了学生接触和巩固英语的机会。

第三,用英语解释单词有利于培养学生用英语直接思维的能力。

那么,教师如何控制使用母语呢?

凡能用英语进行的工作，如讲解、练习、测验、安排与布置作业、讲评等，都尽量用英语进行，避免使用汉语。

在必须使用汉语时，可以使用汉语，但不要反复地使用。

在非使用汉语不可的情况下，教师可将汉字写在黑板上，待学生看过后立即擦去。教师尽可能不说汉语，以免破坏学生对教师说英语的期待心理。这样，逐步使英语教学的过程成为有意识地控制使用汉语、有目的地以英语作为交际工具的过程，真正达到提高学生听、说、读、写能力的目的。

四、听、说、读、写阶段侧重与协调发展原则

听、说、读、写在英语教学中既是教学目的，又是教学手段。作为教学目的，中学英语教学大纲对听、说、读、写都有要求，作为教学手段，每节英语课上都要进行听、说、读、写的训练。听、说、读、写的能力是在听、说、读、写的训练中培养的，语音、词汇、语法只有通过听、说、读、写的练习才能熟练掌握。听、说、读、写紧密联系、互相促进。人们通常从不同的角度对它们做出分类，区分出口语能力（听、说）和书面能力（读、写）或理解能力（听、读）和表达能力（说、写）。这四种能力的发展各有其相对的独立性。每一种能力都可以通过相应的活动得到发展，如通过阅读活动提高阅读能力，通过听力训练培养听力能力。而在实际教学中，这四种能力的发展往往不能完全平行一致，某些能力可能超出或落后于其他能力的发展。同时，听、说、读、写相互联系、相互制约。它们所涉及的语言形式（词汇和语法）是一致的，它们只是运用同一形式体系进行交际的这一整体能力的四个方面。实际语言使用和教学过程往往同时涉及这几种能力。

因此，听、说、读、写四种语言能力应全面培养，但在培养过程中要依据不同教学阶段而有所侧重。那么，如何依据不同的教学阶段而有所侧重地进行英语教学呢？以我国中学英语教学为例，一般来说，初中应加强口语训练，高中应重视阅读理解能力的培

养。如果把中学英语教学分为初级（包括初中一、二年级），中级（包括初三、高中一年级），高级（包括高二、高三）三个阶段，在初级阶段，教学应以口语为主，着眼于日常生活的口头交际，培养学生会话和口述能力，在听、说的基础上训练读和写；中级阶段是转折和过渡阶段，应注意培养学生的自学能力，在全面训练听、说能力思想的指导下，逐步转向阅读能力的培养；高级阶段在训练四种能力的同时侧重阅读和写作，阅读材料的分量要增加，因为只有在大量阅读当中才能培养起阅读能力，同时注意加大学生领会掌握的词汇量，介绍书面语中常见的较复杂的语法现象和构词法知识。另外，要注意听、说、写方面的训练，因为提高阅读能力也是有赖于听、说、写的练习的，而且听、说、读、写在协调发展中会互相促进和提高。

五、语音、词汇、语法综合教学原则

语音、词汇、语法是语言的三个组成部分。语音是语言的物质外壳，词汇是语言的建筑材料，语法是用词、造句规则的综合，三者各有自己的内容、体系并各自发展成为独立的学科。但是，三者的关系又是密切相关、不可分割的。离开语音，便无法讲解单词和语法；没有语法规则，语音和词汇教学就无法进行。而语音、词汇、语法三者中的任何一项都不能单独构成语言，也不能起语言作为交际工具的作用。语音、词汇、语法的作用都是在句子中表现出来的，英语教学应以句子为单位，对语音、词汇、语法进行综合教学，尤其是在初级阶段，教材中的句子大都比较简短，最好整句地进行教学。整句教学，学生可以学会单词的意思和用法，也可以学会语法点的用法，还可以学会自然、流利的语音和语调。整句教学可以采用对比的方法，如教师可替换句子中的某一个词，多造几个同类句子，使学生自己发现差异，自己对比分析，归纳出不同单词的意义、用法和句型的用法。在整句教学里既可突出单词，又可突出语音或语法；在对比中学生在教师引导下不仅可以在整体中学习部分,也开动了脑筋,学习更深刻、更牢固,同时锻炼了思维方法。当然,英语教学中要灵活运用句单位教学和单项(语音、语法、词汇)训练,在整句学习中突出重点,注意难点,全面促进整句学习,更好地掌握英语语音、词汇和语法知识,形成真实的语言交际能力。

六、以学生为中心原则

在英语教学中,一方面要发挥教师的主导作用,另一方面要充分调动学生的学习积极性。只有二者相互协调,才能取得较好的教学效果。调动学生的积极性要求我们在教学中应贯彻以学生为中心的原则。教学过程中应注意以下几个方面。

(1)精讲多练。教师的讲和学生的练是外语教学过程中的主要内容,也是教学中的一对矛盾。学习一种语言即掌握一种交际技能,必须通过大量的练习和使用才能形成,在课堂上讲解语言知识是必要的,但"讲"不能代替"练",知识不等于技能。学生的练习应该是课堂教学的主要内容,教师应注意将课堂上将要教授的内容精练化,以学生可接收、能消化为宜,注意给学生留下足够的练习机会,以促进其将所学知识转化为技能。

(2)了解学生的需要。在教学的每一个阶段,教师都应该对学生外语能力发展的整体状态,以及他们对前一阶段教学内容的掌握程度有明确的认识,以作为下一阶段教学安排的依据。要打好基础,按照学生的实际掌握程度安排教学进度,防止出现机械、教条地执行预定教学进度的现象。

(3)重视学生的情感因素。在认知水平相对稳定的情况下,学生的情感因素(或非智力因素)对外语学习的成败有很大影响。情感因素包括动机、态度、个性、心理状态等方面,教师要以生动多样的教学方法、轻松愉快的课堂气氛、融洽的师生关系为学生创造一个良好的学习环境,使他们具有强烈的学习兴趣和动机、充分的信心和愉快的心境。教师要特别注意了解学生在情感方面的个别差异,对症下药,要注意以肯定评价为主,不随意打断学生的语言表达。

(4)研究外语学习规律,要知道怎样教,得先了解学生怎样学。以学生为中心,就是要研究外语学习的过程及其规律,外语教师是外语学习过程中最经常、最具体、最全面的观察者,应成为研究外语学习规律的一支重要力量。

七、正确处理几种关系

(一)思想教育与英语教学的关系

英语教学的根本任务是通过基本训练培养学生运用英语的能力,从而更好地为祖国建设服务。作为学校教育有机组成部分的英语教学,无疑应当为学校总的教育目标服务。那么,在英语教学中融入思想教育,通过对一些课文的教学,不仅要向学生传授知识,培养学生的技能,而且要注意培养学生的爱国主义、国际主义精神,培养他们热爱科学、热爱劳动、热爱父母、见义勇为等优秀品质,为他们全面发展健康向上的人格打下良好基础。同时,使他们认识到要学好一门课是需要勤奋刻苦努力的,只有辛勤劳动才会有收获,从而使其思想品质和学习态度都得到锻炼。教师在教学中的表率作用也至关重要,教师热爱教育事业,认真备课,积极负责,关心学生,对学生也起到潜移默化的作用。因此,处理好思想教育与外语教学的关系,就是要挖掘教材的思想教育因素,随时对学生进行思想教育,帮助他们形成优良品质和健康人格,培养他们刻苦学习和钻研的精神,并以自己的言行教育引导学生形成正确的人生观、世界观、价值观。

(二)听、说、读、写的关系

在中学英语教学中,听、说、读、写作为技能训练是教学目的,但在教学过程中它们也是教学手段,因此学生要在口头和书面上进行听、说、读、写的基本训练。通过听、说、读、写的练习,词汇和语法才能熟练掌握。但是,听、说、读、写的关系是怎样的呢?是否在各阶段都应全面训练听、说、读、写能力呢?就英语教学整个过程来说,听、说、读、写四项技能必须综合训练,不可偏废。因为听、说、读、写是一个统一的整体,它们的关系是紧密相连、相辅相成、互相促进的。在语言学习过程中,听和读是领会和吸收的过程,说和写是表达和运用的过程。领会和吸收是基础,表达和运用是提高。没有领会和吸收,语言实践能力的培养就成为无源之水、无本之木;而没有表达和运用,语言实践能力就得不到锻炼和发展,因而听、说、读、写要综合训练、交替进行,从而达到全面提高。

(三)语言知识和语言技能的关系

在英语教学中,语言知识是指语音、词汇和语法等方面的规则、定义、概念和用法等,语言技能是指运用语言进行听、说、读、写的交际能力。英语课要着重培养学生的语言技能,要教给学生必要的语音、词汇和语法知识。传播语言知识的目的是指导学生的语言实践,培养他们实际运用语言的技能。语言知识的传授能唤起学生对语言规则的注意,使他们更自觉地、有意识地进行某些语言项目的训练,争取更快、更好地掌握语音、词汇和语法结构以及实现语言功能的方式。语言知识的传授和掌握能帮助学生更好地接受和理解语言。语言知识的传授和掌握能帮助我们正确地使用语言,当我们有错误时,储存在头脑中的语言规则、语言知识可帮助我们检查纠正错误,起到监控作用。英语是一种交际工具,英语教师在教学中应把英语作为交际工具来教,学生把英语作为交际工具来学,课内外注意将英语作为交际工具去运用。教师要注意课堂教学交际化,在进行语言操练时,不仅应多给学生一些开口的机会,还应尽量利用教具,创造适当的情景,用英语做交际性的、真实的或逼真的练习,鼓励学生在说英语时带着表情,并伴随手势、动作等,这样不仅能调动起学生的积极性,使学生感到学得有兴趣、有成效,而且能真正掌握用英语交际的能力,学了就会用。另外,教师要处理好语言知识与语言技能的关系,在教学中要坚持贯彻好精讲多练的原则。英语课上必须以语言实践为主,课堂上大部分时间要用于实践,使学生得到充分的听、说、读、写训练。

(四)语言知识和背景知识的关系

语言学家所提出的相互作用阅读模式使人们认识到对语言的理解,不管是口头语还是书面语,都不仅是一个"自下而上"的解码过程,都不是单有语言知识,单有语音、词汇和语法知识就能解决的问题。在阅读过程中,语言知识与人们头脑中储存的知识(或称"图式")相互作用,从而产生了对语言的理解。阅读是两种信息加工方式相互作用的过程,即"自下而上"和"自上而下"的相互作用。所谓自上而下,就是使用背景知识来理解语言的意义。因此,对语言能否正确理解不仅取决于学习者的语言水平,还取决于学习者所掌握背景知识的多少和学习者使用背景知识来理解的自觉性。只依赖语言水平,不一定能正确理解语言的意义;有一定的语言水平,并有一定的背景知识,但不会使用背景知识来联想也不一定能正确理解语言。因此,图式理论给外语教学很大的启发作用:教授语言只注意语言结构,只教授语音、词汇、语法知识是不够的,要使学生形成对语言的良好理解能力,还应向学生提供有关的文化背景知识,并培养他们使用语言知识和头脑中的图式进行正确理解的能力。当然,如果学生没有掌握必要的背景知识,我们必须提供给他们,而如果我们知道或猜想学生已具有理解文章所需要的背景知识时,我们就要训练他们激活这些知识来理解语言。作为英语教师,应注意培养学生使用背景知识或图式来理解语言的能力,从而更准确、更牢固地掌握语言知识,同时丰富学生的背景知识,开阔眼界和思路。

(五)准确性和流利性的关系

准确指的是学习者正确地使用语言表达思想的程序(包括语

音、用词、语法和语体的正确),而流利则是指他们思想表达时的清晰性、流畅性。应该承认的是,语言形式的正确掌握对使用语言表达思想起着重要的作用,因为一定的内容是由一定的形式来表达的。如果某一语言形式掌握得不准确,就有可能产生完全相反的结果。例如,不注意英语元音长短音的区别,将[ɪ]音发成[iː],则会造成将"I'm going to live here."说成"I'm going to leave here."从而产生误会。但是,在过去较长一段时间里,英语教学注重语言形式的掌握及语言准确性的训练,教师不能容忍学生在学习上出现错误,错误一出,必须纠正。课堂上出现的听、说训练大多都是机械性操练,强调语音结构正确性的语言练习。那时候不少人的观点是:只要各个语言项目掌握好了,学习者就能把它们综合起来使用。因此,在过去较长一段时间里,特别是在交际法尚未兴起之前,教师很少在课堂上训练学生运用语言的流利性,学生在课堂上很少进行准交际或真正交际的语言活动,而这些交际活动对培养学生语言流利性方面是必不可少的。这种过分强调语言形式的实质是受了行为主义语言学习观的影响。这种观点认为语言是一套习惯,好习惯的养成要避免错误,错误的出现对语言学习非常不利,所以一定要纠正。这使得不少学生因怕错误而很少开口,敢于开口的学生也仅能操练单个语言项目,而到了真实的交际环境里就不免会讲话结结巴巴,还是不能流利地表达自己的思想。

基于以上的认识,我们认为在英语教学中应该自始至终地给予学习者两方面的训练项目:强调正确性的语言操练和培养流利程度的实践活动。这两种活动相当于 JEC 教师用书中主张使用的 drill 和 practice 两项活动。如果说进行 drill 时教师的注意力在于培养学生使用语言正确性的话,那么在 practice 阶段重点是流利程度的培养。在 practice 阶段,学生要获得较多的自由,有较多的机会去运用在 drill 中练习过的语言项目;教师不应像在做 drill 一样,在学生练习时打断学生的话而去纠正学生的错误。只有当影响语言正确性、妨碍交际而的错误出现时,教师方可提供帮助性指导或在活动之后做总结时提出，在实践中总结出正确处理语言学习正确性与流利性的关系，帮助学生形成正确而自然的语言交际能力。

(六)课内和课外的关系

课内指英语课堂教学，课外指英语课外活动，这两个方面是相辅相成、相互促进的。因此，英语教学应注意在提高课堂教学质量的同时加强学生开展课外活动的指导。课堂教学是英语教学的基本形式和手段，也是学生在教师的指导下获取英语基础知识，通过听、说、读、写基本训练培养运用英语进行交际能力的主要途径。因此，课堂教学要增加语言实践活动的广度和密度，提高课堂教学的效率，以减轻学生的课外作业负担。课外活动是英语课堂教学的一种重要辅助形式，它和课堂教学密切联系，是英语教学的一个有机组成部分。课外活动也被称为"第二课堂"，可见其重要性。因为课时限制了英语课堂教学的时间，这对学习语言这一实践性极强的科目来说是很不利的，尤其对于处于汉语氛围中的英语学习者来说，没有课外活动辅助课内英语教学，学生很难学好英语。由此看来，英语教师除了提高课内教学效率，还应该在课外创造英语环境，多给学生提供练习和使用英语的机会。

第三节 英语教学的方法

一、培养听的能力的方法

听作为人们口头交际活动的基本形式，总是领先于说。听是接近、理解信息的过程，说是表达、传递信息的过程。今天，人们普遍认识到了语言输入(input)，特别是理解性输入(包括听和读)的重要性。人的大脑将"输入"的信息转换成所理解的信息是一个心理语言活动的加工过程,它需要人的有意识和无意识注意、认知策略、个人知识经验和情感等因素的参与。

(一)影响听的主客观因素

有时,对于同一段话语,两人听后所理解的信息存在误差,这是由一系列主客观因素造成的。

口语本身的特点所构成的听力理解困难的客观因素主要有以下几个。

(1)组块或意群。在书面语中,句子往往是语言的基本单位,而在口语中,由于人记忆的内容较为有限,常常把话语切分成一系列小的"组块"或"意群"。从句是常见的组成单位,而短语更易保持和理解。教师在训练听力时不应让学生的注意力集中于词上,而要帮助学生学会抓住组块或意群,有时还要学会理解和保持整句或几个句子的意义。

(2)冗余、缩略和随意性。口头语言中冗余现象很普遍。除了正式的演讲、报告、讲座,口语中常有很多冗词整句和冗余信息重复、解释同一内容,有时伴随停顿、犹豫,如 I mean,you know,that is,in other words 等。它们有时能帮助听者理解意义,但是听者需要明白,不是每一个句子都包含新的信息。相对于口语的冗余现象,缩略形式是口语中常用的另一种形式,包含词形、句法和语用等方面,这对于习惯于完整形式的初学者来说会有困难。另外,口头语的随意性很强。停顿、犹豫、游离话题、自我纠正是常见的现象,说话者的话语有时不符合语法规则。因此,教师在训练学生听的能力时,要教会他们善于剔除多余信息,抓住主要内容,把注意力集中于语言的内容上,而不是语言的形式上。

(3)语速。在听力理解过程中,语言材料输入的速度是由说话者控制的。讲话中间停顿的次数和时间长短是影响理解的关键。听不同于读,它没有"回视"的机会。学习者必须学会适应正常语速的语言材料。

(4)重音、语调和节奏。说话人在传递信息、表情达意时,总是带着一定的个人感情色彩。语言的轻重缓急、抑扬顿挫、手势表情等就如同给自己的内容加进了注解。由于每个人的情绪体验和价值判断不同,对于同一件事情的看法就会有差异,使用的语音、语调也就不同。

(5)人际交往。除了报告、广播、讲座等,人际交流在听力理解中起着很大的作用。真实生活中的对话量能反映交往的规则:协商、说明、角色轮换以及话题的引出、维持话题和结束等。课堂教学中教师训练听力技能时,应该注意这种听力活动的双向性,要明白听者在听话的同时能对对方说的话做出反应,他们应该懂得如何协商、给予反馈、要求解释说明、保持话题等。这样理解的过程才是完整的,听的行为也才是一种积极主动的交际行为。

由此可见,听者无法控制输入内容的难度、速度、语音、语调、节奏等,这些特点构成了听力理解困难的客观因素。这样看来,听者在听的过程中似乎是被动地接收信息的过程。实际上,人是有思想、有思维能力的人,他会调动一切知识、经验,运用一定的认知策略参与听的过程,帮助理解自己所听到的话语,这些是影响听力理解的积极因素。另外,情感因素如动机、兴趣、情绪、焦虑等对听力理解的影响也很大。

概括起来,影响听力理解的主观因素主要有以下几个。

(1)语言知识。语言知识是听力理解的基础,听者必须具备一定的语音、词汇、语法知识,这也是听力理解的前提。

(2)背景知识。背景知识是对话语中人物、场景、文化背景、风俗习惯、生活方式、价值观念等的认识,其作用在于为听者提供判断、推理、猜测等依据。

(3)认知策略。学习者在听力理解过程中运用的认知策略一般有预测、判断、推理等,它是对语言信息的积极思维和再加工,使听者不再停留在对语言形式的理解上。运用认知策略的主要依据有具体的语境,听者对题材、主题的熟悉程度和行文的语法逻辑关系。其中,语境主要是由人物场景、主题构成的。听者不仅可以根据说话人的年龄、身份及相互间的关系预测讲话内容,也可根据内容、场合等判断说话人的身份,进而推断他的观点和态度。如果听者对主题非常熟悉,他就不难理解发言者的意图或"言外之意"。有时认知策略的运用还有赖于表示比较、假设、因果、转折、并列或先后关系的话语标志,如 for example(举例论证),if(条件假设),however(转折)等。

(4)情感因素。动机、自信心、焦虑等情感因素直接影响听力理解水平的高低。一方面,听者必须有强烈的动机和意愿才会积极地去获取信息;另一方面,不能带着紧张、焦虑的心情去听,人在焦虑水平过高的情况下其心理语言活动过程会处于抑制状态,思维也变得迟钝。这样,他就越听越听不懂,越听越不想听,注意力分散,严重地干扰了听的进程,进而挫伤学习者的积极性和自信心。反之,如果听者充满信心,轻松、愉快地听,其思维比较活跃,也就能最大限度地发挥他的听力水平,进而增强他的自信心和积极性,形成良性循环。

综上所述,影响学习者听力理解的因素有很多,客观因素和主观因素相互作用,交织在一起,共同影响学习者的听力理解过程。语言材料由输入到理解的过程反映出学生和语言之间相互作用的过程,更体现了学习者的能动性。

(二)听的教学要领和主要形式

听力教学的目的是培养学生有效地获取信息的能力。学生从学习英语的第一天开始就要听,通过听来理解英语的声音符号所代表的意义。教师不仅要训练学生听辨语句成分的能力,更重要的是培养听和理解语篇以及真实语言材料的能力。

1.合理选择听力材料

为了培养听的能力,教师选择听力材料时应考虑材料的真实性、可理解性和多样性。真实性是指语言的真实、自然、地道,符合英美国家使用语言的习惯,具有真实的交际意义。语言材料的可理解性为现代语言教育所提倡,它是指语言材料在难度上以学生当前的知识结构为基础,又不拘泥于目前水平,稍稍高出现有能力的语言输入。多样性是指题材和体裁的多样化,旨在让学生接触丰富多彩的语言以及它在不同场景中的运用。与以前的教材相比,我国现行的九年制义务教育的英语教材都在不同程度上体现了这些特点。但是,为了增加学生听的机会,扩充语言的输入量,教师还可寻找合适的辅助听力材料,以帮助他们巩固和提高听的能力。

2.训练听的技能技巧

(1)听辨语言的组成部分,识别语法特征。语言是由一系列音、词、句等构成的。教师首先要培养学生听辨这些组成部分的能力,这是听力理解的基础。具体地说,就是要区分不同的音,识别词的缩略形式和词尾变化特征,听辨核心词以及词类单复数、时态等语法特征,分离句子的主要组成部分和判断句法特征。

(2)听辨重音、节奏、语调。重音、节奏、语调等往往能反映出不同人的说话特征,也赋予了不同人的情感特征。听者常常能从讲话的重音、节奏、语调上识别出他的态度、观点和情绪状态。

(3)适应口语的不同语速、停顿、解释、游离主题等现象。不同的人,讲话的速度快慢不一,学生应该在学英语的初级阶段就听正常语速的语篇材料。对于某些难点,教师可以放慢速度重复,以便使学生听清。而停顿、解释等是非正式场合口语中常出现的现象。

(4)识别功能词和话语标记。学生能根据一些话语标记,如 for example,however,if 等,判断上下文之间的呼应关系,理清说话人的思路线索。

(5)辨别话语的不同交际功能。学生能根据谈话的情景、参与者和谈话的目的来识别话语的交际功能。

(6)猜测、预测、推断。听者根据他的语言知识和语用知识从上下文中猜测生词或被漏听、听不懂部分的意义,或根据发生的事件和逻辑关系预测结果,推测因果关系,找出论点、论据、归纳、例证等要点。在交际中说话人的遣词造句、语音语调、表情动作等都反映出他的真实意图和态度倾向,这些线索都能帮助听者解释话语的表层意思和引申含义。

3.听力练习的常用形式

(1)耳听练习。耳听练习一般可分为分析性听力练习和综合性听力练习。从听力本身来说,真实的听力是综合性的、自然的、直接理解的。在教学中,在难度较大的综合性听力的训练之前,先做一些较简单的分析性的听力训练是有必要的。在教学中,分析性的听有两层含义:一是指在听练之前,对所要听练的材料预先进行阅读和分析整理;二是指把所要听练的整体材料分解成更小的词组、句子、段落等部分,听读时先进行分解式的听力基本训练,再进行整体性的听力综合训练。综合性的听则是指模仿日常交际生活而进行的真实的、自然完整的听力实践练习。

(2)视听结合练习。视听结合练习即边听教师说英语,边看教师演示。检查时,可以听教师说英语由学生演示,听教师按图叙述,听英语、看幻灯片,视听同步配合,看英语电视和电影。

(3)听、说结合练习。听、说结合练习包括句型操练,问答,对话。

(4)听、写结合练习。听、写结合练习可听写字母、单词、句子或短文。教师要注意使用正常语速、整词、整句或按意群划分停顿,也要求学生整词、整句或整段地听和写。

(5)听、读结合练习。听、读结合练习要求学生边听英语边阅读所听的课文或阅读材料的内容。

二、培养说的能力的方法

说即用口头语言传递信息和表达思想。它同听一样,也是人类言语交际活动的基本形式。说和听是口头交际活动的两个方面,两种技能常相互交织在一起。教师在进行听力训练时,总伴随着说的活动;而在口头操练语言、运用语言表达时,也总是为了让别人听。在真实的言语交际活动中,交谈的双方既有听,又有说,通过合作协商,填补信息差,达到交际目的。

(一)影响说的主客观因素

口语活动的某些特点构成了听力理解困难的客观因素。

从说的角度看,影响口头交际(说)的主要客观因素有以下几个。

第一,组块。交际性活动中人们流利地说话不是以单个词为单位,而是经常通过一些意群、短语、短句组织语言,并且有一定的呼吸频率与之相适应。

第二,冗余、缩略和随意性。在对话或其他形式的口语交际过程中,为了使对方理解自己的意思,说话者往往采用一系列语言手段,如用 I mean,you know,that is 等词语解释自己的意思,或加进 uh,um,well,like 等做些停顿、犹豫,为自己赢得一些思考时间。另外,语言的简化、缩略形式也是非正式口语交际中较常见的现象。

第三,语速。口语强调流利、自然,口语表达必须有一定的语速。学习者必须学会将注意力集中于语言的表情达意上,养成以正常语速自然说出英语的习惯。

第四,重音、节奏、语调。发音是人们学习说话的第一步,而重音、语调、节奏则是语言学习的重要方面。不同的语音、语调可以"弹"出不同的"弦外之音"。因此,学习者要善于运用各种语音、语调来表情达意。

说话是有一定对象的,它是一种双向的言语活动。"协商"交流信息是它的重要特征。"协商"的过程也是一个创造性运用语言、填补信息差的过程。为了达到交际的目的,说话者总是调动他的语言能力和语用能力,运用认知策略和交际策略,借助非言语手段积极参与"协商"过程,这些因素便构成了影响说的能力的主观因素。

第一,语言能力。语音、词汇和语法是语言的三个因素。正确的语音、语调,一定量的词汇和语法知识,是培养口头交际能力的基础。语言能力是交际能力中必不可少的一部分,培养交际性说的能力并不排斥语言知识和技能的学习。因此,课堂教学中一定量的模仿、操练是必要的。

第二,语用能力。在口头交际活动中,对话的双方必须根据一定的情景和上下文,调动他的文化背景知识和个人经验恰当、得体地使用语言,并被方愉快地接受。

第三,认知策略和交际策略。人在说话过程中常伴随着思维活动,说话者往往运用分析、综合、归纳、推理等手段说明和支持他的观点。说话者还根据听者的反应不断调整着自己的策略,其中包括言语的和非言语的交际策略。言语策略包括强调某些关键词,使用不同语调,解释某个要点,换用一种结构表达,适用一些粘着手段等。当然,脸部表情、身体语言等非言语策略常伴随着言语策略也起着很重要的作用。

第四,情感因素。焦虑是影响口头表达的主要心理因素,怕说错是形成学生焦虑水平过高的原因。教学中必须鼓励学生大胆地朗读,并且养成多说的习惯。多奖励、少惩罚,纠错也要讲究方式方法。不仅如此,教师还要创设情景,运用多种手段,使学生乐于说,当学生一旦获得了自信心和积极性,就会形成喜欢说的良性循环。

(二)说的教学要领和主要形式

说的教学要领和主要形式包括如下几个。

1. 从形式操练到交际性的活动

学校课堂教学中说的类型大致可分为操练性的说和交际性的说两大类。教学中许多说的活动都是以掌握语言的吐字发音和句型结构等为目的的操练,它以语言形式为中心,这是操练性的说。只有当运用语言传递某种思想内容、表达某种交际意图时,说才成为交际性的说。这两者的差别为:前者没有交往的目的,双方没有信息差,只注意语言的形式,受教师控制;后者有一定的交际目的和意图,双方存在信息差,注意力集中于内容上,说话不受教师控制。

2. 先听后说,在听的基础上发展说的能力

听和说是人们口头交际活动的两个方面。先理解后表达是人们学习的规律,在口语活动中则表现为先听后说。在教学中它有两层含义:首先,从听入手,先听后说,这主要是针对音素和某个语言知识点,教师先要让学生听清听准,再模仿重复;其次,理解先行,输入大于输出,这是就语言教学的整个过程而言的。听是一种语言输入,学生经过大量听的活动,扩大了语言的输入量,在语言的大量接触中逐步内化语言规则,吸收扩充词汇,培养语感,从而提高口语能力。

3. 创造机会,使学生敢于说、乐于说

针对许多学生不敢开口说英语的现象,教师应模拟情景、创造机会、营造浓厚的外语氛围,以激发学生的参与欲望,鼓励学生大胆说。对于怕羞的学生,可从简单的模仿开始。有的学生怕说错,教师必须及时给予肯定、赞许,利用积极的情感反馈,消除心理障碍,树立自信心。有时还可通过组织课外活动,结合生活实际演示情景,培养学生说英语的兴趣,体验成就感,获得内在动机,形成说英语的良性循环。

4. 正确处理流利与准确的关系

流利与准确是语言教学中存在的一对矛盾。流利强调意义的完整表达,准确强调语言形式的正确使用。过分注重流利而忽视准确,可能造成语言令人难以理解的局面。而过分强调准确,则会使意义表达不连贯。这两者都是培养交际性说的能力的重要目标。现在普遍认为,教学应以语言的内容为中心而辅以语言

的形式操练。这一矛盾集中反映在如何对待学生口头表达过程中的错误这个问题上。如果过分强调流利,纠错不及时,会使学生形成错误习惯,有时影响听者的理解程度,达不到交际目的。而纠错过多,则会引起学生的紧张心理,影响意思的流畅表达。纠错必须讲究策略,视错误的严重程度(对理解的影响大小)和错误性质(概念错误,还是紧张引起的口误)等决定是否纠错、什么时候纠错(讲话当中还是讲话完毕)、怎样纠错以及由谁纠错。

5. 培养学生说的策略

初学英语的人往往缺少学习策略的意识,他们往往习惯于回答别人的提问,怎么问就怎么答,怎么说就怎么做,别人跟他讲时他才讲,很少能自己设问、提起和维持话题,改变主题。没有主动、积极地参与"对话",双方不能有效地沟通信息、协商意义。策略能力也是口头交际能力的一部分,是极为重要的一部分,教师在教学中应有意识地培养。说的策略包括言语和非言语两个方面,如通过重读、语调强调某些词,请求说明(what),请求别人重复(Huh? Excuse me?),运用一些插入语(Uh, I mean, Well)以赢得思考的时间,引起注意(Hey, Say, So);换一种结构或方式解释意思(paraphrase),举例说明(for example),运用一些习惯用语和脸部表情、体态语等非言语手段。

三、培养读的能力的方法

读是人们通过视觉感知语言符号获取书面信息的行为,它也是人们书面交际活动的基本形式。随着信息时代的到来,国内国际交流正日趋频繁,阅读成了人们获取信息的重要途径。现代媒体尤其是计算机技术的广泛应用,更是加快了信息传递的速度,改变了人们的工作节奏。书面的语言信息在跨国文化交流、商贸往来、经济技术合作等方面起着越来越重要的作用。

英语是国际性语言,随着社会发展的需要,英语阅读更显示出其交际活动的本质。虽然读和听一样是接收、理解信息的过程,但它不受时间和空间的限制,全由读者自己决定阅读的速度和方式。在我国,阅读教学历来受到重视,在实际教学中已积累了大量的经验,但在不同的历史时期阅读教学也有不同的层次要求。当今外语教学都十分强调语言的输入量,读是加大输入的重要途径。

(一)影响读的因素

书面语和口语有很多不同之处:首先,书面语的语句结构更复杂,含有较多的从句,而口语的句子结构相对简单,多并列连接;其次,书面语中出现的词汇更广泛,有时很多生词不是常接触的词汇,需要从上下文中猜测而知;最后,书面语比口语更为正式,它有完整的篇章结构、逻辑顺序和开头结尾,少有冗余现象。这些特点给读者理解语言材料带来一定的难度,而读者无法面对作者请求解释,只能借助自己所具备的语言知识和阅读技能来"破译"语言符号所代表的意义。读者阅读理解的过程是各种因素综合运用的结果,它和听的过程一样,是由语言知识、背景知识、认知策略和情感因素等各种因素共同参与的结果。语言知识的阅读理解过程是从视觉感知语音符号开始的,一定的语音、词汇、语法等语言结构的知识是理解的基础。它有助于语言信息的初步加工,从而获得语言的表层意义。

(1)背景知识。一个人的背景知识和个人经验等构成了"认知图式",它从另一方面影响语言信息的加工,帮助读者获得"字里行间"传递的意义,它和语言知识一起,是读者"译码"的前提条件。

(2)认知策略。读和听一样,是一个主动、积极的信息加工过程,读者(听者)需要利用许多认知策略参与信息加工过程,其中包括识别、预测、猜意、判断、推理、归纳等。它们有助于获取文章结构的深层含义,使理解不再停留于语言的表层意思上。

(3)情感因素。兴趣是影响学生阅读能力的重要因素。学生的阅读兴趣越高,就越有利于培养其良好的阅读习惯,扩大学生的知识面。但是,兴趣并非与生俱来的,它需要教师的培养。阅读材料的选择必须难度适当,考虑知识性、趣味性的统一,以便能激发学生阅读的欲望,让学生读有所得,充分享受到阅读带来的快乐。

(二)读的教学要领和主要形式

当学生掌握了英语的发音,学得了一定的词汇、语法之后,读便成了课堂里常见的教学手段。它操作起来也很便捷,课堂教学中的读一般分两种:朗读和默读。朗读一般做语音、语调训练。默读又分精读和泛读。精读着重于语言和语义的细节。为了理解语言结构的意义和相互之间的关系,学生必须注意语法形式、话语标志以及其他表层结构等细节。泛读则强调对篇章的整体理解,它涉及速读和略读等阅读策略,很多时候读者出于某种需要而读。实际上,精读偏重于语言的知识结构系统,是一种知识性阅读,即分析性阅读;泛读侧重于语言的内在意义,是一种交际性阅读,即综合性阅读。前者重语言形式,而后者重语言内容。在学习的初级阶段应以分析性阅读为主,掌握语言形式,到了中、高级阶段则应以综合阅读为主,增加语言输入。总之,培养学生交际性的阅读能力需要这两种阅读形式的协调发展。

阅读的教学要领如下。

1. 精读与泛读相结合,培养交际性阅读的能力

阅读是一项有目的地获取信息的交际活动。学生必须扩充阅读的量和面,广泛地阅读,读前有一定的目的指向,阅读中和阅读后要伴随一系列以内容为主体的活动。但语言的分析性阅读——精读,也是必不可少的,它是交际性阅读的基础。阅读教学必须处理好这两者之间的关系,使两者相互补充与促进。现行中学课堂的课文教学多为精读教学,学生将大量时间花在语言知识的掌握上,读的专门训练不够,就整个教材提供的篇目和篇幅,

也远不能保证阅读的量。另外,由于课文里包含着许多生词和新的语言结构,学生不能流畅阅读。因此,语言教学应广泛扩充阅读渠道,巩固、扩大词汇量及语言知识,培养学生的阅读技巧,引导学生进行以获取内容为目的的阅读,精读与泛读有机结合,体现语言教学的整体性。

2.合理选择阅读材料

读与听一样同为语言输入,在材料(尤指泛读材料)的选择上都应注意语言的真实性、可理解性和题材的广泛性,并兼顾知识性、趣味性。真实的语言材料往往指为本族语的人所用的材料,如英语国家电视、电台中使用的语言,而非真实的语言材料是专为学习外语的人设计的,它特别考虑了词汇和语言知识。还有一类材料介于两者之间,接近真实,但对语言有所控制。这种语言材料对中学生很有用,它既考虑了学生的语言水平,又比较接近本族语水平。这类材料可帮助学生最终过渡到阅读真实的本族语水平的材料。现在提倡的可理解性输入是指稍高于学生当前知识水平的输入,它忽略语言形式,旨在传递语言负载的信息,帮助学生获得交际性阅读技能。对于初级水平的读者来说,材料应显得既有真实性,又有可理解性,这样的输入才是有效的输入。随着学生阅读能力的提高,读解原汁原味的作品成了水到渠成的事。在选择语言材料时,应考虑题材的广泛性,文章的内容应包括不同知识范畴、文化内涵,涉及政治、经济、文化、科技等各方面知识的不同题材、体裁的作品,这些可以扩大学生的知识面,帮助学生了解外国文化。除了考虑知识性,还应兼顾趣味性。新颖有趣的材料会激起读者的阅读兴趣,并调动他们积极的思维活动,使阅读过程变成一种欣赏、享受的娱乐活动,这种愉悦的情感体验就会变成他们继续阅读的内在动力。

3.训练阅读技能

训练学生的阅读技能主要包括:预测内容,即预测阅读内容,学生理解的过程就是不断验证和修正自己的预测过程,这是读者与作者相互作用的过程;抓特定细节,有时阅读的目的仅仅是获得某些特定细节,读者可忽略其他内容,这种技能也称"跳读"(scanning);抓主题大意,浏览阅读时人们往往跳过细节,忽略无关内容,以获取材料的大意,这是一种快速阅读技能,称为"浏览"(skimming);推断暗含意义,读者在阅读时必须通过各种线索推断作者在字里行间所隐含着的观点、态度和语言表达的引申义;根据上下文猜测词义,学生在阅读过程中碰到的一些词可依据上下文的信息和句法、语法关系等猜测词义;辨认语段标志,一些常见语段标志如 for example, in other words 及文章的呼应手段等均有助于理解篇章结构。

4. 提高阅读速度

理解和速度是检查学生阅读能力的两个指标,首先是理解,其次是速度。只有速度没有理解固然不行,只有理解而没有一定的速度,也就意味着阅读的效率太低,能力不强。阅读教学中教师要有意识地培养学生在一定程度理解的前提下提高阅读速度,协调发展阅读速度和理解程度。

扩大视野,选择信息。首先,人的视觉感知文字符号具有整体性的特点。人通过眼球感知语言符号不是一个词一个词地感知,它以表达意思相对完整的语义单位作为译码的加工单位,如4~5个词组成的短语或句子。眼球的移动是跳跃式的,其停顿的时间为 1/3 秒。教师在教学中应进行扩大视野、加快眼球运动的训练,减少阅读时回视的时间。其次,视觉感知符号具有选择性的特点,学生阅读时优先选择最简练的、最需要的信息和语言符号,不断地证实、修改自己先前预测的结果。为了寻找某种特定信息,读者应忽略无关信息,选择相关内容。

协调发展阅读速度和理解程度。阅读速度常用每分钟能阅读的单词数量为计算单位。阅读速度的加快能促进学生从辨认文字符号的水平向交际性阅读水平的转化,提高学生的理解程度。同样,理解程度的提高,也能加速学生从辨认文字符号的水平向交际性阅读水平的转化,加快学生阅读的速度。因此,理解和速度应协调发展,理解正确率要求基本达到70%,在理解70%内容的基础上求速度是最有效的阅读教学,可用公式表示为:

阅读速度(词/分钟)×阅读理解系数70%=阅读有效数(词/分钟)

如果阅读速度是60词/分钟,理解系数是70%,则阅读有效数是60词/分钟×70%=42词/分钟,这被认为是最理想的阅读。

5. 培养学生正确的阅读习惯和独立阅读的能力

一些学生存在轻声朗读、唇读、指读等不良的阅读习惯,这些也是培养阅读能力的障碍。通常朗读每分钟120～140个词,默读每分钟400～600个词,默读的速度比朗读快三四倍。因此,要养成默读的习惯,必须消除轻声朗读、唇读、指读的不良阅读习惯,这样才能提高阅读速度。学生不仅要获取语言知识,进行阅读训练,还需要培养独立阅读的自学能力。学生只有具备了独立阅读的自学能力才能主动积极地学习,才能提高课堂听课的质量,做到有重点、有的放矢地听课。预习是培养学生独立阅读自学能力的重要途径。当学生开始预习课文时,教师先要在课堂上集体指导,指导学生借助教科书中的词汇表和课文注释独立预习,读懂课本的基本内容,还可以在预习前布置思考题,指导学生阅读。

四、培养写的能力的方法

写的能力包括书写和写作两种能力。书写是指抄写字母、音素、单词、句子、句组等,其目的主要是培养学生正确地书写笔顺、大小写、标点符号和格式等。写作是指用书面形式传递信息,其目的主要是培养学生写信、写通知、留便条、写小文章等书面语言的交际能力。

(一)影响写的因素

写和说同属表达性、输出性技能。但是,说以口头形式表达思想,写以书面形式表达思想。书面语与口语有很多不同。书面语要求语言更加准确、规范和有效地传递信息,这是因为它不像口头交际那样可以通过情景、表情、手势、重复等手段帮助表达思想,也没有直接的当面反馈。同时,写的时候要组织段落,还须考虑逻辑结构,使它显得条理清楚。但由于书面表达不受时间限制,有较多的思考余地,作者也就有较多的时间去推敲文字,用词更精确,句子更复杂,表达形式更多样,因此显示出书面语言的不同特点和风格。总之,写的难度更大。

影响写的能力有诸多因素,如词汇和结构等语言知识、语用能力和认知策略等。

1. 语言能力

语言能力通常指掌握语音、词汇、语法规则等语言知识,确保语言表达的准确性。词汇是句子的组成部分,不仅要求拼写准确,用的形式也要正确。书面语比口语更正式、更复杂,冗余度低,作者必须拥有丰富的词汇,准确、恰当地表达意义。句型结构、语法规则是人们组织词汇、句子进行语言表达的基础。在从句子水平向段落层次过渡的写作过程中,连贯性和连接手段也不容忽视,因而语言能力是交际性语言表达的基础。

2. 语用能力

人们在交际中不仅要追求语言表达的准确,还要考虑语言使用是否恰当。作者在写作时,心里都有"潜在的"读者,他必须考虑对方的需要,考虑读者的文化背景,然后决定所要表达的内容和方式。

3. 认知策略

研究显示,作者在写作过程中往往会采用一定的策略,进行一系列的认知活动,其中包括三个不同阶段:写前的准备阶段、实施写的阶段和写后的修改阶段。每个阶段都涉及不同的策略和认知活动。在准备阶段需要寻找话题,考虑与主题相关的信息,形成思想并组织起来,同时考虑对象和写的目的。这时他可能采用阅读、列出相关信息和观点、与别人交换信息和及时记录等手段来帮助整理思路,做出计划。草稿形成阶段主要是将思想迅速变成文字,写的过程中有时会回头检查所写内容,进而引发新的观点,做出新的计划。写后阶段(修改阶段)则检查所写内容,做某种删减和增添。

(二)写的教学要领和主要形式

写的教学要领和主要形式如下。

1. 从结构训练过渡到自由表达思想

学生从开始写字母到自由表达思想是一个相对较长的过程,其间要经历各种阶段。写的能力的培养不是一蹴而就的,需要教师循序渐进地进行各种指导性的训练,最后学生才能连贯地、自由地表达思想。写的教学贯穿在中学各阶段教学的始终。在入门阶段,写的重心集中于字母的书写、单词的拼写以及大小写、标点符号等,以掌握英语的书写特征,养成正确的书写习惯。单词的拼写要特别重视拼写规则和构词规则,句型的操练有利于巩固语法知识,掌握句子的主要框架,培养运用语言的自觉性。当学生具备了一定的词汇和语法知识后,写的训练不应再停留于句子层次上,而应进入以段落为主的写,进入连贯表达意思阶段,为交际性的写作做准备。教师应适当增强写的真实性,与学生实际的生活、思想、情感相联系。

2. 写与听、说、读的技能相结合

写是一种将意义转变成符号的笔语活动,但写的能力的培养并不限于笔语活动,它总是和其他技能(听、说、读)的活动相联系。事实上,任何一种技能的培养都不是孤立的,这是由语言的交际性所决定的,我们只是在单项技能训练时有所侧重而已。

写与听相结合。听写与听记是用得较多的类型。听写可以是字母、单词、短语、句子和段落。听记一般指边听报告、讲座边记笔记,这是一种高层次的写。听写既练听又练写,一方面它训练写的准确、速度,巩固所学的内容;另一方面,它也检验了听力。

写与说相结合。将口头上熟练掌握的句子或话语写下来相对较容易。学生口头操练句子结构,达到熟巧,养成自动化习惯,逐渐内化,然后再笔头造句,这样就能少写错句。段落的仿写、改写、缩写、看图写话等形式,也由学生先读再写,可减少笔语表达的某些障碍,也为能力较差的学生做榜样,以降低写的难度。

写与读相结合。读是语言输入形式,通过大量的阅读,学生可扩充词汇、增强语感、扩大知识面并发展阅读技能。学生对段落的缩写、扩写、仿写、改写、写摘要等都是在读的基础上落实的。这种写也是对读的理解程度的检测,只有理解好了方能写得好。至于以传递真实内容为中心的自由的写更是需要大量的读的积累。

3. 加强学生之间相互合作,重视学生写的过程

目前的中学英语教学中,有很多类型的写是有提示的写,属引导式的写。这有利于学生从形式到内容的过渡,但是在实际操作中往往忽视内容的表达。为了激发学生的内在动机,教师的提示应适量,有时可通过适当的情景假设、明确的写作对象,使学生产生表达、交流的欲望。比如,给外国朋友写信、寄卡片、出新闻简报、编小品和故事等。相互协作的小组活动能帮助学生交流协商内容,相互讨论,共同完成某种任务。学生应善于从同伴、教师那里得到反馈信息,反复修改。在这种相互合作、共同商讨、不断修改的过程中,学生从各种层次上(从内容到形式)不断完善自己,逐渐接近目标。

4.激发写的动机,训练写的技巧

首先,设置笔语交际情景,可借助于文字资料、画面、图片、图表等。有时可与听、说、读的活动相结合,进行讨论交流,使学生自己产生写的愿望,从而愿意写、乐于写。其次,有意识地指导学生基本的写作技巧,如了解题材和格式,怎样开头,如何对句子进行逻辑联系,使之前后呼应,如何进行段落的衔接过渡等。教师还要督促学生养成酝酿准备和反复修改的良好习惯,特别是在准备阶段,教师可提供线索或让学生分组讨论,以打开学生的思路。写好之后教师应及时给予反馈,指出问题所在,或让学生互改,使学生互相监控,达到自我教育的目的。

五、语音的教学方法

语言一产生就是有声语言,语音是语言的物质外壳,书面语是有声语言的记录符号。有声的口语是第一性的,书面语文字是第二性的。因此,语音教学是英语教学的基础,不掌握英语语音这个物质外壳就谈不上掌握英语这门语言。

(一)正确示范,模仿操练

听正确的发音是学习语音的基础,听到的音不正确就谈不上模仿。要想学习正确的语音、语调,学生听清、听准教师或录音带的正确示范很重要。因此,教师首先应对自己的语音、语调严格要求,发音要一丝不苟,严格要求自己,正确示范。许多学生的语音、语调不准,原因就在于教师本身发音不准。另外,学生也应认真听,听清、听准后再正确模仿操练。

(二)在语流中掌握语音、语调

听、说和朗读不是以孤立的音素和单词为单位进行思想交流的,而是以综合的句子和更高一级层次的话语为单位进行思想交流的。孤立的音素和单词的发音一旦在综合的语流中交际运用就会产生很大的变异,因此学生在综合语流中整体感知句子的语音、语调较之孤立的音素和单词的发音更为重要。

(三) 模仿与讲解相结合

学生学习发音时,要在听清楚、听准确的基础上进行模仿。如果发现学生的模仿不正确,教师就要讲解正确的发音部位和方法,但教师的讲解要简明扼要,突出最重要的特征。当学生领会和掌握发音部位的要领后,再进行模仿练习。

(四) 模仿与对比相结合

对于一些容易混淆的音素,学生单纯通过模仿很难区分它们之间的差异。教师可以有针对性地设计最小音差的一对词进行强化辨音训练,把学生的注意力集中到所需区别的一对音素上进行对比操练。

(五) 模仿操练与总结发音规律相结合

模仿和操练是掌握正确的语音、语调的基本和有效的方法。但是,当单词积累到一定程度时,及时总结发音规律更有利于学生系统准确地掌握单词的语音、语调,也更有利于今后的学习。

(六) 严格要求与适当"宽容"相结合

在语音教学中,如能极有分寸地将严格要求与适当宽容相结合,教学将会更加轻松,时间使用得将会更加有效。严格要求是就语音的整体和教学自始至终的整个过程而言的,也是就学生听音、辨音、模仿发音的态度和表现而言的,要求学生认真对待每次的听和每次的开口模仿,耳、口、心齐动,并成为习惯。而适当宽容是就单个语音项目的训练而言的。有的教师每教一个音素就搞一次人人过关,这样做忽略了一个事实:每个人对语音的接受能力是不一样的,同时语音的学习不是一蹴而就的,而是边发展边完善的。

(七)集体活动与个别活动相结合

大班进行语音教学,集体活动是必要的。为了防止学生在集体活动中有口无心或无口无心,要把"齐唱"与"独唱"结合、穿插起来进行,而在进行个别练习时,教师要巡回检查、辅导,并指导学生相互检查、相互纠正。全班性的个别活动结束后,一般要对几名学生进行面对全班的考查和评价。

六、词汇的教学方法

词汇是语言的三大要素之一,从对语言的掌握熟练程度来讲,在很大程度上也是取决于对词汇的掌握情况,这可从对语言的理解和表达两个方面来说明。从对语言的理解方面来看,语义关系比语法关系显得更为重要。如果词汇贫乏、词义含混,就不能很好地理解一篇文章,也不能准确地听懂别人的话。若从表达思想来看,正如语言学家威尔金斯所说:"没有语法,人们表达事物寥寥无几,而没有词汇,人们则无法表达任何事物。"由此可见,词汇教学在语言教学中占有相当重要的地位。学习外语,只有学会并掌握足够数量的词汇,才能进行语言交际,才算是真正学好了外语。

(一)词汇教学原则

1.词单位教学和句单位教学相结合

在英语词汇教学中,应尽量避免孤立地记忆单词,要把词单位教学同句单位教学紧密结合起来。词单位教学是整个词汇教学的基础,而句单位教学又是词汇教学的进一步发展,是词汇的具体体现。单词一般只有在句子和话语中才能实现其交际功能。词离开句子就很难理解其确切的含义,也就很难掌握其具体的用法。正如语言学家弗斯所说:"每一个词当用于一个新的语境时,就是一个新词。"

在英语词汇教学中,孤立地教单词,让学生死记硬背,会使学生感到枯燥无味,失去兴趣,所以要尽可能地创造情景,让学生在情景中学习和掌握单词。

2.词的音、形、义相结合

词汇教学一般包括音、形、义三个方面。在词汇教学中,应把学生的注意力始终引导到词的语音形式上来,特别是在初级阶段的词汇教学中。词形是指词的拼法或书写形式。在初级阶段的词汇教学中,可首先建立音、义的结合,词的拼写可稍推迟一步。词义是指词所表达的概念。在词汇教学中,音、义的结合是首要的。如果词义含混不清,就会直接影响交际。只有将音、形、义结合起来,才能达到正确地诵读、书写和理解,进而正确地应用。

3.正确处理积极词汇和消极词汇的关系

积极词汇通常指使学生能正确运用的词汇,这些词汇是学生说、写所需要的。消极词汇一般是指学生能识别、理解的词汇,这些词汇主要是学生的听、读能力所需要的。教师可采取多种手段使学生掌握较多的积极词汇和一定数量的消极词汇来满足听、说、读、写的需要。词汇本无积极和消极之分,它们不是一成不变的,在一定条件下可能相互转化。如果不经常复习、巩固,积极词汇也可能变成消极词汇。

(二)词汇教学的方法

1.情景法

情景指社会文化环境、言语情景和上下文。由于各民族的人生活在不同的社会文化环境和地理环境中,因此具有不同的历史背景、生活习惯和风土人情,形成的思维条件、思维方式和反映客观现实的语言都具有很强的民族性。例如,英语中 uncle 一词可代表汉语的叔叔、伯伯、舅舅、姨夫、姑夫,aunt 代表汉语中的婶婶、伯母、舅妈、姨妈、姑妈,至于具体代表谁,只有根据上下文的情景才能确定。利用上下文能使学生正确理解词义和用法,使学生养成在语流中理解词义的习惯。

2. 直观法

把词代表的客观事物直接作用于学生的视觉(看见实物)、听觉(听到发音)和动觉感受器,使词与客观事物建立起直接联系,理解其义,这是最理想的解释词义的途径。例如,教室里的各种实物和用品:chair,door,window 等;各种学习用具:pen,book,bag,pencil,ruler 等;人体各部位以及各种水果、食品等。利用图片、简笔画、投影仪等直观教具和声光电多媒体解释词义,如 park,tree,hill,river,bank,birds,plane,fly 等。利用动作表情解释词义,如 go,come,run,jump,small,big,cry,laugh 等。

3. 描述法

例如,讲 library(图书馆)一词时可做如下描述。
A library is a place where you can borrow books.
这种描述同词典下定义不完全一样,它不需要像定义那样周密。

4. 归类法

将所学过的词汇按发音、拼法、内容等归类,即按词汇的音、形、义的结构特点进行集中归类,便于学生掌握和复习巩固词汇。

此外,遗忘率高是造成学生词汇学习障碍的重要原因。词汇记忆不牢固,不仅单词难以记牢和积累,还会直接影响借助已学词汇、理解新的语言知识和运用英语进行听、说、读、写的交际活动。教师应根据学生记忆词汇的心理特点和规律加强词汇的记忆和巩固工作:及时复习、循环巩固、及时归类总结、机械记忆与活学活用相结合等。

七、语法的教学方法

语法是语言的一个重要组成部分,是语言的组织规律。语法赋予语言以结构形式,并向读者提供词形变化、遣词造句的方法,在任何语言中,不论是语音系统还是语义系统,都同语法有着不可分割的联系。我们在运用语言时,无时无刻不受语法规则的支配。

(一)语法教学原则

1. 实践性原则

语法教学在整个语言教学中占有重要地位,但我们应该清楚,学习语法并非目的,而只是培养学生语言实践能力的桥梁。学习基本语法知识的目的是更好地进行听、说、读、写语言实践,进而达到交际的目的。因此,语法教学必须突出其实践性原则。以实践为纲,以技能训练为核心,把语法知识的传授同语言培养结合起来,不能把语法课上成纯知识课或理论课。在讲语法规则时,可为学生提供大量例句,先增强学生的感性认识,在此基础上引导学生归纳出语法规则,然后运用规则进行大量实践练习,通过大量实践练习使学生形成新的语言习惯。英国语言学家韦斯特(West)在谈到语法教学时说:"语法是药品,不是食品。"这道出了我们目前对语法教学应持的正确观点。我们不否认必要的语法知识讲解有助于调动学生的理性思维,从而也能促成新的信号系统的建立,但是我们绝不能把语法当作"食品",大量的"食品"应是原始语言材料,学生应从原始语言材料中吸收丰富的养料,获得外语语感。

2. 语法、句法相结合的原则

在语法教学中,应遵循词法和句法相结合的原则。在词法和句法的关系上应以句法为主,以句法带词法并以词法来加强对句法的描述和理解。英语的词形曲折变化不像其他一些欧洲语言那样复杂,其词和词的意义关系主要是通过句中的词序来表示的。因此,英语语法在不忽视词法的前提下应以句子为中心。我们要重视句法,但又不能局限于句法。我们还要注意连句成篇的章法,注意其使用场合。语法教学不仅要向学生传授语法知识,还要帮助学生了解如何在具体场合恰当地使用语法。那种认为只要掌握了语法、词汇、语音、语调就算是掌握了所学语言的看法是片面的。因为学会了一些语言知识并不等于会在具体的社会交际情景中恰当使用这些知识,只有学生能用语言知识有效地交流思想、感情,并理解别人的语言所代表的功能,才算是掌握了语言这一交际工具。

3. 对比原则

常有学生反映自己在学过一些语法现象后,在一段时间里有一种"越学越糊涂"的感觉。这是由于一些相似的语法概念在头脑里产生了混淆现象。这时,我们应让学生对那些有相似点的语法现象进行观察、分析、比较,使学生明白它们的区别。例如,在学过定语从句、主语从句和同位语从句后,可利用以下例句让学生进行观察对比。

They've found the fact that they tried to succeed.

It is a fact that he lost his bike.

They were all pleased about the fact that you will come.

通过比较,可使学生了解它们的不同。除了英语自身的比较外,还可进行英汉对比。一般来讲,学习者是在基本上或完全掌握了母语的情况下才开始学习英语的。因此,原有的语言知识必然会对新的语言系统的掌握产生影响。这种影响是双向的,即母语知识会发生正、负两种迁移。如果母语与目标语是相似的,则正迁移可能较多;反之,则负迁移可能较多。

(二)语法教学的方法

1. 归纳法

归纳法是一种由具体到抽象、由个别到一般、由感性到理性的方法。在英语语法教学中,它是一种重要的方法。归纳法实际上就是"实践—认识—再实践"的过程,运用归纳法教授语法,一般采用如下几个步骤:介绍标准词、句,先提出具有典型性的例词或例句,让学生进行观察、认识、熟悉语言材料;对例词或例句进行分析对比,找出它们的共同特征;在具有一定感性知识的基础上,在教师的启发指导下,让学生自己归纳总结出语法规则,最后由教师加以补充或纠正。

归纳法的优点是:从具体到抽象,符合学生的认识规律,能充分调动学生的主观能动性,有利于培养学生的分析观察能力。其缺点是:如果运用不当会浪费时间,也较难促进抽象思维的发展。

2. 演绎法

演绎法是一种由抽象到具体、由一般到个别的方法。教师先讲授语法概念、结构,使学生对语法结构先有一个清楚的了解。然后再通过例句进行验证、说明。演绎法是一个"认识—实践—再认识"的过程,演绎法简便易行,节省时间。因成年人高度发展的认识能力,教师比较适合用演绎法教授语法知识。

3. 情景法

所谓情景法,是指在教学过程中,教师有目的地创设生动具体的场景,以引起学生的一定态度和体验,从而帮助学生理解和获得知识或技能,并使学生的心理机能得到发展的方法。例如,教师一面做开门和关门的动作,一面说着"I'm opening the door/closing the door."学生通过教师的动作和所处情景就容易理解动作正在进行的英语句型模式。然后,再通过观察、分析、综合,归纳出动词进行时态的结构和用法特征。

第六章 英语社会文化能力的培养

本章从文化观与文化教学、文化差异与文化内涵词、英语习语及其文化解读、社会文化能力培养及人文精神培养等方面探讨了在英语教育过程中,如何培养学生的英语社会文化能力。

第一节 文化观与文化教学

什么是文化?其定义众说纷纭,似乎英语教师没有必要再煞费苦心地给文化做任何具体的界定。对此,季羡林先生早就做过精辟的论述:"据说现在全世界给文化下的定义有500多个,这说明没法下定义,……,现在好多人写文章,还在非常努力地下定义,这个不过是在500个定义外再添一个,501,502,一点问题不解决,所以我个人理解的文化就是非常广义的,就是精神方面,物质方面,对人有好处的,就称作文化。"(周思源,1997:17)那么,文化的本质属性究竟指什么?如何真正确保文化范围的宽广并在教学中真正切实可行和得以实施?英语教学如何有效地实现文化与语言的有机融合?对这些问题的回答不同,文化观就不同;文化观不同,文化教学的思路、方法和效果也不同。

一、知识论

知识论视文化的本质属性为知识(culture as knowledge),而且是"完全独立于任何人自以为是的知识"(戴维·米勒,2000:

45)。文化作为知识,既可以是外显的,也可以是内潜的;既可以是明晰的,也可以是模糊的;既可以是主流的,也可以是支脉的。

首先,知识有时是外显的,文化可相应地解释为存储于书本、音像、记忆、习惯和其他实物之中、供交际使用的、话语社团所共有的知识系统,有知识即有文化;有些知识则是内化了的、独立而自成体系的,这时文化可视为事物存在的模式,用于观察、描述和阐释外部世界。其次,有些文化知识是明晰的、完全可见并能够习得,有些文化知识则是模糊的,只可意会、难以言传,甚至连受过专门训练的人都难以解释和描述。再次,如果文化教学侧重于盎格鲁-撒克逊中产阶级的文化价值和美国的主流文化,那同时应兼顾印第安人和其他少数民族的文化传统、风俗习惯、行为举止和价值观念等非主流文化。总之,无论哪种呈现方式,文化和文化知识本质上并无优劣良莠之别,都同样地有价值。

以该文化观来组织教学,文化即知识,而且大多是能描写和传授的知识,属于外语课程的核心内容。尤其是在中国文化背景下,不是人人都有机会生活在英美文化环境中亲身感受其文化、学习其语言,寓文化知识于课堂教学确实是切合实际而行之有效的尝试。

在课程设置上,应充分考虑相关的文化知识。1983年出台的《基础阶段英语专业课程设置方案》之所以将文化知识课作为不可或缺的独立项目首次列入教学计划,2001年7月颁布的《国家英语课程标准(试验稿)》之所以将文化知识、文化理解、跨文化交际意识和能力作为英语基础教育的目标首次写进大纲,正是因为课堂是传授文化知识最适宜、最主要的渠道。除了出于语言学因素的考虑之外,跨文化方面的知识更应适时地、自觉地、系统地融入教学,而且应从现在做起,贯彻始终。

在教学内容上,因为"只是在很少的一部分教材中文化学习被摆在与语言学习平等的地位"(胡文仲、高一虹,1997z:36),所以应最大限度地挑选出真实、充足、相关、简明的文化成分导入课堂,不仅是因为"外语教师亟须将文学作品中的文化项目一一指出,他们常会由于熟视无睹而忽略某些文化项目的特别意义"(Valde,1986:41),更是为了培养学生"学会用科学的方法去吸取正确的、甚至是视而不见的知识。"(Geddis,1996:29-30)毕竟,外语学习是学生自身的学习。

在选材的深度、广度和难度方面,应悉心研究和充分考虑学生的实际水平、个体差异、情感特征和文化需求等诸多因素。事实上,也只有"首先建立学生需求档案,然后才能将这些需求转换成课程的内容"(Robinson,1980)。更何况,不论是导入课堂的文化知识的多寡和深浅,还是对各种微妙的文化信息的领悟程度,无一不因人而异,因学生自身的语言能力、个人经历、文化背景、科学素养等因素而异。

在导入文化知识的策略上,应不拘一格,可针对课文中零散的文化知识或随语随文对比分析、阐释讲解,或指出其文化内涵,或点明其文化规约,旨在让学生循序渐进、润物无声地增进对异域文化的理解和文化知识的积累。比如,同样是指培养自己的学校,汉语讲"母校",英语则借用一个源于拉丁文化的词 Alma Mater。该词原义为"丰盈之母",是古罗马人对谷物女神的尊称,以此指称"母校"更带几分虔诚的色彩。英语有时也采用 Father 和 Mother 来描写英美特有的人文和地理特征,如"英国议会"被冠以 Mother of Parliments;汉语如说"议会之母"则显得不自然,说成"议会之首"倒更为顺口。又如,从美国弗吉尼亚州(Virginia)先后走出了七位总统,该州因此被誉为 Mother of Presidents,也称 Mother of States,字面释义为"总统之母""众州之母",但说成"总统之乡"或"众州之首",听起来更符合汉语语言习惯。再如,英国人常用 Father Thames 指称"泰晤士河";美国人也常用 Father of Waters 来表示"密西西比河",这些都属于典型的西方文化。汉语则不然,中国的黄河、长江历来被称为"母亲河",而很少说"父亲河",因为中华民族向来以农业为本,视黄河、长江为哺育万物乃至整个中华民族的"母亲",这种心理文化与物质文化息息相关。相对而言,英语习惯以"父亲"指称大江大河,也许是西方人着眼于江河奔腾不息的恢宏气势和阳刚之气,也许更与他们的文化传统密不可分。像这样,在随语随文导入类似的文化背景知识的过程中,可以激发和保持学生学习文化背景知识的兴趣,从而"将课文作为一个文化窗口通向更为广阔的文化领域"(Bianco,1999:6)。

二、行为论

行为论视文化为行为(culture as behavior)。如果说知识论重"学而知"(learning to know),那么行为论则求"学以用"(learning to do)。文化作为行为,既可以是个体的,也可以是社会性的,即表达、体现和象征普遍意义的行为;既可以是外显的,也可以是内隐的。其中,"隐型文化具有抽象性,常常不为群体的多数人所认识,需要文化学家从人类精深微妙的自我意识深处去探寻。"(刘守华,1992:7)

理论上,行为论以心理学和社会学中的行为主义、语言和文化研究中的功能主义以及交际文化学(ethnography of communication)为基础,而实践上主要表现为交际教学(communicative language teaching)。首先,在内容上,文化作为行为,不再只用文字描写和解释的知识或信息,更多的是借助特定语境使用语言的行为。日常生活中的口头和书面交流,甚至每个手势、眼神、表情等,都是有意义的行为,而这些透过各种信号映射出来的有意义的行为都属于文化研究的范畴和对象。其次,在形式上,文化作为行为,不再像知识那样可以人为地、随机地添加到语言课程之中,而格外注重文化知识的实际应用,并力求在应用中实现与语言的交融和渗透,即由"使用形式"(usage)变为"实际使用"(use)。从这层意义上讲,行为论在对文化本质的认识上和在教学实践的可行性上都大大地向前迈进了一步。文化和语言作为一个整体在各门课程中以及在教学全过程中都得到了同样的重视,并在交际行为中自然地、有机地融合在一起。

在教学目标方面,跨文化交际能力(communicative competence)被提到前所未有的高度,并进一步细化为:能分辨合乎语法的语言形式,能分辨实际可接受的语言形式,能分辨得体的语言形式,能分辨一种语言形式的常见程度。

文化教学也比以前任何时候都更加重视文化知识的学习和应用,旨在"促进对文化多样性的尊重和相互理解,并从理解自己人民的文化发展到鉴赏邻国人民的文化,最终鉴赏世界性文化"(赵中建,1990:499)。

在教材建设方面,最初先是引进国外原版教材,西方的风土人情、社会习俗、生活习惯等文化因素随之闯入国人的视野,原汁原味地呈现在人们面前。在这一过程中,越来越多的人认识到国内的文化环境和西方大不一样,并着手编写具有我国特色的、"一纲多本"的交际法教材。继李彼菊主编的《交际英语教程》之后,一大批通用教材、辅助读物和配套的视听说资料陆续面世,使我们系统学习西方国家中与日常生活密切相关的、我国学生不易接触或接触不多的文化知识成为可能。

在课堂教学方面,应始终坚持以交际行为为重点、以语言使用为关键。尤其是随着交际能力和交际法被摆上英语教学的议事日程,学生逐渐被推到课堂学习的中心和前沿,教师不仅仅是课堂活动的组织者(organizer)、学生习得语言文化和培养交际能力的促进者(facilitator)以及学生自主学习的鼓励者(inspirer)。教师扮演"多元角色"(辛斌,1995:54)设计各种活动,调整学生的组合,提出学生感兴趣的话题,监控交际活动的实施,确保学生在课堂说英语的时间和覆盖面达到最大限度。交际教学给学生提供了足够的、可理解的信息输入和体验交际行为、从中习得语言文化知识的机会,从而使学生学会应用这些知识,变知识为行为。

在教法方面,虽然交际法没有定式,也没有经典样板,但应利用课堂主渠道尽可能多地进行 group-discussion、seminar、debate、role-playing、story telling,并辅以英语角、英语沙龙、英语辩论、英语晚会、专题讲座以及口语、听力、阅读、写作、演讲、表演等单项或综合比赛等内容丰富、形式多样的课外实践活动,融知识

和应用、所学和所为于一体,在用中学、在学中用。特别是针对那些难以言辞的潜在的文化知识,更应如此。请看下面一段文字:

The interviewer eventually turned me down because, he said, I lack eyeball contact. When I called him to say I didn't understand, he told me that because of my courage in asking such a question, he would reopen "the discussions". ("Darken Your Graying Hair, and Hide Your Fright")

该语境中,何为 eyeball contact? 它又何以能成为"我"未能找到工作的缘由? 尽管"我"深感"不解",尽管主考官答应和"我"一起"重新讨论",但其中的文化内涵和奥妙之处绝不是他人三言两语就能讲得清、道得明的,而必须由学生本人在特定的上下文中通过长期和反复的实践慢慢地加以咀嚼和领会。教材中类似的文化因素不仅数量众多,而且多为言语交际行为,这也正是提倡在勤开口、勤动手、勤操练的交际氛围中增进跨文化理解和交际能力的理据之所在。

三、意义论

意义论将文化的本质解释为意义(culture as meaning),而且所涵盖的内容与交际文化十分接近。文化作为意义,其产生、理解、表达和交流既依赖于知识和知识的运用,又通过交际行为表现出来。知识和行为借助意义得以对接,但着力点并不在外部环境,也不在内部结构,而在这两者对接后所产生的意义。

诚然,视文化为意义,可以弥补知识论和行为论的某些不足,但上下文始终是基础和前提。一旦"忽略上下文意义,就无法表达语言的完整图画"(Halliday et al.,1964:149)。该图画所传递的不仅仅是个人的思维和动机,更多的是整个话语社团的意向、观念和价值;意义也不仅仅限于"text",更受制于"context"和非言语的社会文化因素。这些文化因素浸润于话语、话语各方和话语意义之中。

该文化观及其指导下的课堂教学,从内容到形式,从目标到上下文,都无一例外地凸现出多元文化的双向"互动"过程和特定语境下的交际能力。从这一层面来看,意义只有在语言文化情景中才能学到,教语言的同时是在教文化。

在教学目标上,应始终以文化的双向互动为方向,始终以学生为主体和课堂活动为重心,既有扎实的语言基础又了解和揭示异域文化,并能结合特定的语境以特有的、创造性的方式表达自我;既吃透、吃准异域文化及其所蕴含、表达和象征的意义以尽可能为我所用,即双向互动中的"拿来主义",又能把本国文化清晰、得体和准确地介绍给持有不同文化价值的人们,即双向互动中的"送去主义"。这两者在跨文化对话中同等重要,只有洞察异域文化,才能对本民族文化有更深刻的理解;只有懂得本民族文化,才能更好地掌握异域文化。

在教学内容上,首先应有足够的文化信息量,努力"给学习者提供充足的知识和语言文化技能,以便和一些具备同样背景和教育的外国人成功地进行交际"(Byram et al.,1994:69)。其次,选材应尽可能多样化,"因为外语学习者必须充分地接触各种各样的课文,从最经典的到最大众化的。但如果他们最终在外国语言文化中寻求自己的声音,那么文学作品能提供给他们特别的模式和特别的机会来沟通协商意义。"(Kramsch,1993z:131)再次,选材应适当兼顾可读性和趣味性。文化学习和语言学习一样,最好的刺激就是对所学材料保持持续的学习兴趣,而且"学生对其学科的兴趣和他在这一学科取得的成就的大小有着密切的关系"(张会勤,1999:31)。

在课堂教学上,应以实践性的多边活动为主。至于课堂环境,大多宽松自然,桌椅的摆设较为随意,没有高高的讲台把师生隔开,教室配有直观的视听教具,墙上挂满了各种文化背景材料。师生交流亲切自如,学生对教师可直呼其名,可随时插话,大胆地表达自己的所思所想,甚至就个别问题还可与教师争得面红耳赤,目的在于发现和表达个人独特的见解,学会跨文化交际和合作。相对来说,"来自日本、中国和越南等国集体意识较强的学生会发现'个体意见'的概念极为陌生,难以接受,更不用提在许多社交场合中是多么不妥了。"(John,1997:10)不少中国学生就是如此,他们更喜欢课后单独请教教师,课上很少主动回答问题,即使被点名答题,也力求用"Yes/No Question"等简短句式,且多用不很肯定、不很精确的话语,如"I am not sure, maybe …""I guess it is so.""Sorry, but … "等, term paper 也常以"……刍议""……初探""……之我见""试论(析)……""浅谈(议)……"等为标题,以示自谦。

四、话语论

话语论就是视文化的本质属性为话语(culture as discourse)。所谓话语,是指为了交流或沟通而具有构建意义的语言实践,涉及社会和个人两个层面上的互动,融抽象的意义和具体的语言使用于一体:既展示了一个独特的、个性鲜明的个人世界,又传递了所属话语社团的世界观;既是步入该话语社团文化的社会化过程,又是一个抒发见解的语言文化习得过程。实际上,人们常常根据话语和行为习惯来规范和约束自己,话语模式的形成也是在逐步认知和适应外部世界。从这点出发,"对话交际才是语言的生命真正所在之处。语言的整个生命,不论是在哪一个运用领域里,无不渗透着对话关系。"(巴赫金,1998:252)

可见,文化不仅是外加的知识或技能,更是话语所揭示的全新的世界观。视文化为话语并以此来组织教学,是一种极具潜力的文化观,表现于外语教学的各个层面。

在教学目标方面,始终应以学习过程为中心,以任务为本(task-based curriculum),以跨文化交际能力为目标,通过"对话"即文化互动将知识、行为和意义紧密相连。首先,语言应被作为一种文化现象加以学习,并由此加深对语言本质的理解。其次,语言学习将进一步与文化学习交叉、渗透和融通,学语言更应学文化,学好文化以强化语言的理解和应用。话语作为意义的载体,深受语言内外因素的制约。

在组织教学方面,教师的作用仅在于引导和鼓励学生平等地、互动式地对话;学生不仅作为个体而且作为社会一员在多边对话中表达双重声音。随着网上教育(On-line Education)和电脑辅助语言教学(Computer Assisted Language Learning,简称CALL)的普及,人机对话、网上对话、电子邮件和以信息传媒为中介的互动对话程序正越来越多地步入课堂,服务于教学。传统意义上的课堂被延伸和拓展到话语本身和话语社团之间的多层次的互动和对话。

在课堂设计方面,教学活动多为讨论式的双向交流,师生之间、生生之间根据上下文营造相应的情景,尽可能逼真地再现书本内容,旨在激发师生以不同的角色保持文化互动。这样的课堂教学本质上就是创设语境,具体的场景、目的、内容、角色和对话的主题、模式、语气以及互动的规范、任务的类别等全都融于课堂之中。越是能激发师生领会和交流更多的潜在意义,学生学习外语的积极性和主动性就越强。

在上下文情景的创设和运用方面,还应努力挖掘和表达话语中的弦外之音、言外之意。胡文仲先生的《大学英语教程》第一册第六页中的短语"fig leaves"就是如此:读者应透过字面释义即"无花果树叶"来探究其深层的文化内涵"遮羞之叶"。此语典出《圣经·创世说》第三章第七节:"亚当和夏娃的双眼明亮了,才知道自己赤身裸体,便编制无花果树叶来遮掩下体。"(Then the eyes of both of them were opened, and they realized they were naked; so they sewed fig leaves together and made coverings for themselves.)这一专门用以遮羞的叶子,正是"无花果树叶"。西方特别是英国维多利亚时代(1837—1901年),一些裸体绘画和雕塑中的人物常有一小片树叶遮掩下体,也源于此。

像这样,在追根溯源中准确把握"fig leaves"的文化渊源和潜在寓意是必要的,但还是远远不够的。特定的前言后语又赋予其更为深刻的喻义："遮掩下体之物""维持体面之策"。请看下面一段文字：

The only way out is fig-leaf diplomacy. So long as the Baltic countries nominally acknowledged their Soviet membership, Gorbachev may give them more latitude in running their own affairs.

(Jeff Trimble and Doughlas Stanglin)

这里，"fig-leaf diplomacy"委婉地指"维持体面的外交政策"。全句大体是说："只要波罗的海各国名义上承认是苏联的一员，戈尔巴乔夫就可能（虽然勉强地）给他们以更多的自主权，这是唯一的出路。""fig leaves"在该题旨情景中获得了极其微妙的文化寓意，如果是学生本人咀嚼和琢磨到的，而不是教师细细讲解以曲尽其妙，这样的理解或许更深刻、更牢靠。所以，理解课文的过程实际上也是与作者潜在对话的过程。

五、结语

文化一直是包括外语在内的众多学科研究的重点、难点、热点和焦点之一，社会文化能力业已成为继听、说、读、写之后第五种语言运用能力，并被美国外语教学协会（American Council on the Teaching of Foreign Languages）正式列入外语教学大纲。本节以此为基点分别对知识论、行为论、意义论、话语论这四种文化观及其指导下的文化教学逐一进行了探讨。其实，文化是动态的、兼容的，相应的文化教学应该是开放的、发展的。培养既精通异域文化又深深扎根于本民族文化土壤之中，并对社会变迁有较强的适应能力、应变能力、自主能力和良好的身心素质，"通""专"结合的人才，过去是、现在是、将来仍然是外语教学的根本任务。

第二节　文化差异与文化内涵词

语言诸要素中,只有词汇最能承载文化信息和反映人类社会生活。英语作为开放性和包容性最强的国际通用语言,其词汇素有"世界性词汇"(cosmopolitan vocabulary)之称(Baugh,1978:9)。长期以来,英语先后将许许多多代表欧美乃至全球文化精华的词兼收并蓄,熔于一炉并赋予其附加的、独特的文化内涵:有的在汉语中根本找不到与之等值的对应词;有的虽表面上与汉语词汇相对应,但深层的文化内涵不同;还有的虽形似意近,但并不完全对等。这些貌合神离却蕴含着鲜明文化色彩的词,往往统称为"文化内涵词",即 culturally-loaded words(束定芳、庄智象,1996:144)。它们极易使学生望文生义,特别是不少"学习外语的人有这样一种倾向,即容易把自己的母语和本民族的文化形式、意义及分布转移到外语和外族文化中"(Lado,1957:281),从而对词汇习得和跨文化交际造成巨大障碍。因此,本节拟运用文化语言学的相关理论分别从世界观、文化心理、价值观念、文化渊源、习语惯用法等方面对一些最为常见的文化内涵词的文化渊源和词义信息作一具体探讨,以期学生在跨文化交际中学好和用好这些文化内涵词。

一、世界观的差异与文化内涵词

所谓世界观,指的是人们对世界的总的看法和根本的观点。世界观不同,观察、描写和解释世界的方式和结论就不同,并通过语言特别是词汇显现出来。从这层意义来看,"学习外语意味着用讲这种外语的人观察世界的方法来观察世界"(Wilkins,1987:14)。

(一) 与人有关的文化内涵词

"大学毕业找工作,不找市长找市场",业已成为莘莘学子的共识。对于"人才市场",不少中国学生倾向于表述成"talent market"。而多数西方人的着眼点和落脚点不是作为个体的、找工作的人或人才(talent),而是工作(job)本身,因此更多的是倾向于用"job market"。

It is notable that the popularity of the gap year developed against a background of increasing pressure for graduates in the job market.

在找工作过程中,人们接触最多的当数"personnel"或"the personnel department",即汉语里常说的"人事处"或"人事部门"。英语对应的说法为"human resources",即"人力资源"及其职能部门。据 *The Oxford Dictionary of New Words*(1997:151):The staff and employees of a business or an organization, human in contrast to material resources, considered as a significant as-set. The term human resources is welcomed as conveying a notion of value with regard to the people employed.

在西方,职工和雇员(staff and employees)是企业或组织(a business or an organization)极为重要的人力资源(human resources)和宝贵财富(a significant asset),他们自身的价值(value)得到广泛的尊重和普遍的认同。透过"human resources",西方人对人的价值的重视程度便表露无遗了。例如:

You will need to be an excellent manager and have skills in human resources and professional development as well as a keen interest in the built environment.

(*Independent*, Feb. 16, 1995)

中西方看待人以及与人有关的其他问题的角度上的差异,也不时地体现在其他一些词语之中。比如,同样都委婉地表示"生理上有缺陷的人",汉语倾向于从客观医学角度表述成"残疾人",强调的是"疾",而不像"残废"那样强调"废",英美人则倾向于说成"differently disabled",强调的是他们同样"有能力"(abled),只不过是"在不同方面"(differently)而已,因而更具有积极意义。例如:

The politically correct send their children to schools like Smith College, where they can learn about ablelism("oppression of the differently abled by the temporarily abled").

(Boston, June, 1991)

(二)与意识形态有关的文化内涵词

东西方对物质世界的不同看法,不仅在意识形态上有明显的映射,还通过文化内涵词体现出来。"idealism"一词便是如此:

Jefferson's courage and idealism was based on knowledge.

(Bruce Bliven: *Lessons from Jefferson*)

此处的"idealism"本义为"strong belief in principles or perfect standards even when they are very difficult to achieve in real life"(*Longman Dictionary of Contemporary English*,1995:705),在词义内容上相当于汉语里的"理想主义",在词义贬褒上"有时肯定,有时否定,甚或兼而有之"(胡文仲,1995:190)。但在这一上下文中,"idealism"无可争辩地用作褒义:美国第三任总统托马斯·杰斐逊在建筑学、药理学、考古学、农业、创作、骑马等诸多方面兴趣广泛、才华出众,其"勇气和理想主义是以知识为基础的"。此其一。

其二,英国社会的势力也通过词汇反映出来。其中,"God"(神)一词,汉译时往往选择中国传统文化中的"天"来最大限度地传递其固有的文化内涵。例如:

Man proposes, God disposes.

谋事在人,成事在天。

God helps those who help themselves.

(Aesop's Fables)

自助者天助。

(三)与自然有关的文化内涵词

英美人与东方人一样,都拥有人类共同的审美特征。恰如法国著名艺术家罗丹所言:"自然中的一切都是美的。"然而,在人类社会中,民族文化的多元性又给这一共性增添了明显的个性色彩。例如,由于东西方民族的地理环境不同,同样一个词在英汉语中的词义不同,不仅是直接的、表面的、词典上的词义不同,而且内涵的、情感的、语体的、涉及许多联想的意义也不同。east wind(东风)和 west wind(西风)就是如此。中国西临高山,东临大海,故东风送暖,西风送寒,文人墨客大多扬"东风"、抑"西风",因为西风在汉语中使人联想到令人嫌恶的"朔风"。其中,最为典型的是马致远的"古道西风瘦马。夕阳西下,断肠人在天涯"(《天净沙·秋思》)和辛弃疾的"东风夜放花千树,更吹落,星如雨。"(《青玉案·元夕》)可是,英国西临大西洋,东面是欧洲大陆,从西面吹来的是暖风,从东面吹来的是寒风,东风与隆冬和瑞雪相连。查尔斯·狄更斯(Charles Dickens)曾写道:"How many winter days I've seen him, standing bluenosed in the snow and east wind!"英国著名诗人约翰·梅斯菲尔德(John Masefield)还写过一首关于西风的诗(*The West Wind*),颂西风送暖之美,赞西风迎春之景,寄悠悠怀乡之情。

(四)与动物有关的文化内涵词

在东西方文化中,与动物有关的词的文化内涵也不尽相同。crane(仙鹤)在汉语中代指吉祥、美好,在法语中却暗指"淫妇"。phoenix(凤凰)在汉语中也有"吉祥"之义,但在英语中是神话中的一种鸟,在阿拉伯沙漠中生活了五六万年后自我焚烧并获得重生。所以,phoenix 一词常包含"再生""复活"之寓意。例如:Religion, like a phoenix has been resurrected from the ashes of the war.

再如,peacock(孔雀)是多数中国人酷爱的动物,可它在英美人心目中喻指骄傲、炫耀和洋洋自得，法国人甚至视其为祸鸟。magpie（喜鹊）被中国人视为吉祥鸟，在英语中却喻指喋喋不休、令人讨厌的人，瑞典人常把它和巫术联系在一起，苏格兰人甚至认为喜鹊上门预示着死亡。turtle（龟）不仅在中国而且在日本都象征长寿，但其他国家的人则视其为丑恶的象征。elephant（大象）在东南亚国家深受人们喜爱，在英美人眼里却是呆头呆脑的象征。bat（蝙蝠）中的"蝠"与"福"同音，因而在汉语中是祥瑞的化身，在日本和韩国同样象征幸福，但多数西方人非常讨厌这种动物。至于家喻户晓的 dog（狗）及其所折射出来的东西方文化差异，尤为突出。

...if she chooses your doorway as her place to sleep in the night, it is as morally hard to turn her away as it is a lost dog.

("Lady Hermits Who Are Down But Not Out", Observer, April 9, 1978)

这里，a lost dog 意为"丧家之犬"。按照多数中国人的传统理念，这似乎难以理解：丧家之犬窜到你家，理应棒打出门，绝无道义可言，可作者为何把"潦而不倒的都市女隐士"比拟成"丧家之犬"并好心收留过夜呢？

究其缘由，中西方迥异的世界观赋予了"dog"（狗）以不同的文化内涵。在中国人心目中，"狗"多为贬义，多用来形容、斥骂敌人或坏人，鲁迅先生笔下的"丧家的""资本家的乏走狗"，就是最好的佐证。至于像"狗腿子""看门狗""狗急跳墙""狼心狗肺""狗眼看人低""狗嘴里吐不出象牙"等习语，在汉语中比比皆是，所蕴含的感情色彩更是不言自明。在西方，"dog"则是多数英美人所钟爱的动物，是"忠实"的象征。*Longman Dictionary of English Language and Culture* 将其诠释为人类最可信赖的"动物伴侣"：a common four-legged animal esp. any of the varieties kept by humans as companions or for hunting, working, guarding, etc. 其次，*Cambridge International Dictionary of English* 给出的释义就是人类最心爱的"宠物"：a common four-legged animal, esp.

kept by people as a pet or to hunt or guard things. 近年来,有些人认为 pet(宠物)在情感意义上略带贬义,有"a possession"(附属物)或"a member of an inferior species"(低等物种)等言外之意,使用 pet 在一定程度上反映了"an exploitative view"(一种剥削观)。因此,大约从 1980 年起,人们就较多地使用"animal companion"(动物伴侣)了。

在该语境中,英美人在道义上(morally)难以把前来借门廊过宿的人赶走,就像难以赶走丧家之犬一样,也不足为怪了。西方人常说"Love me, love my dog."大概也源于此。在很大程度上讲,"在一种语言中存在的语义,在另一种语言里可能并不存在。"(Lado,1957:78)即使有时存在,也未必总是完全对应的。因此,"如果一个学生(或教师)没有意识到一个词的文化内涵,那么他就不能算是理解了这个词,无论他能否读出或译出这个词。"(Seelye,1984:5)

二、文化心理的差异与文化内涵词

除世界观因素外,词义的褒贬离不开民族文化心理。不同文化孕育出了不同的心理结构和思维方式,并深刻地影响着语言的形成和使用。所以,英汉两种语言中的某些词常能唤起人们对所指事物的感知和记忆,并能产生与本族文化对等事物的联想。

在汉文化历史上,"黄色"至为尊贵,代表神圣、高贵和威严,是皇权的象征。几千年来,封建帝王一直是黄袍加身,黄色为皇族所垄断,变成了历代帝王的专用色彩。1986 年,英国女王伊丽莎白访华时特地定做了一套黄色礼服,就是为了表示入乡随俗的意愿。但在英美等国,yellow 并非人们所崇尚的色彩,而喻指"胆怯""嫉妒"。在"yellow peril"(黄祸)中,"yellow"是有些英美人对东方人的轻蔑称呼。

在现代汉语中,"黄色"象征腐化堕落,特指色情(《现代汉语词典》,1996:556),以致有时人们一看到"yellow book"和"yellow press"，就想当然地将其与属"扫黄打非"之列的黄色书刊联系起来。实际上，它们与"blue film"（黄色影片）毫不相干。"yellow book"指的是"法国等国家政府发表的报告书"，"yellow press"指的是"哗众取宠的报刊"，"yellow pages"则指包括机关、学校、医院、商店、厂矿企事业单位在内的分类电话簿，与传统中国文化中"黄色"的联想意义有天壤之别。"yellow"一词非但不一定表示贬义，而且在课文 *Going Home*、在19世纪中期风靡全美的歌曲 *Tie a Yellow Ribbon Round the Oak Tree* 以及在日本影片 *Yellow Handkerchiefs* 等题旨情境之中，甚至带有褒义色彩，相应的汉译为"幸福的黄手绢"。例如：

It told her that if she didn't have a new guy and if she'd take me back, she should put a yellow handkerchief on the tree …

(Pete Hamill, *Going Home*, New York Post, 1971)

类似的文化内涵词还有很多，它们多半和 yellow 一样，词义的引申取舍在很大程度上依赖于深层的文化心理因素。实际上，词只有在它们起作用的文化情景中才是有意义的，不同的文化之间词的差异主要在于词的文化内涵的差异，因为"文化心理决定了语符指称反映的内容和方式，决定了语符系统的构成和发展"（刘守华，1992：148）。

三、价值观念的差异与文化内涵词

不同民族的语言棱镜所折射出的文化是迥然不同的。价值是文化的核心，东西方民族对同一事物具有不同的价值观念，赋予同一事物以不同的意义，反映在语言上就是词的褒贬不一。总体而论，一种价值就是一个概念，它或是外显的，或是内潜的；它或是指某一个体的属性，或是说明某一群体的特征。目前较为流行的看法是：个人价值至上是西方文化的属性，社团价值至上是东方文化尤其是儒家文化的特点。在西方文化中，最基本的价值观念当数私人意识（privacy）了。

英语中，privacy 的确切含义是（*Oxford Advanced Learner's Dictionary of Current English with Chinese Translation*，1984：902）：

state of being away from others, alone and undisturbed，即隐私；静居；独处而不受干扰

secrecy，即秘密（与 publicity 相反）。

首先，在情感意义上，privacy 并不带有中国人传统观念上贬义的色彩。在中国这样一个社团价值至上的文化背景里，往往以"群体为本位"，具有"重整体、尚人伦、喜欢怀旧、贵和持中的特点"（朱维远、方平，1984：115），因而相对来说 privacy 意识不浓，个人的事就是集体的事，朋友之间是没有隐私的。而隐私在中国传统文化里，多指不愿告人的或不可告人的个人的事，其表现形式也不同于西方人心目中的 privacy。中国文化一向强调心理而非物质上的独处，即"心远地自偏"；在西方，privacy 深受人们的尊重和维护，"Mind your own business."也一直是社交礼仪中极为重要的信条。

其次，在内涵意义上，privacy 比中国人在传统意义上的理解要深广得多，泛指"私人时间、私人空间、私人活动领域以及维护这一类事的私人权利"（顾嘉祖，1996：31）。如果单纯地将 privacy 理解为"隐私"或"静居"，似乎过于狭窄。英美人心目中的 privacy，其涵盖的内容绝不仅限于此。在他们看来，任何私事，不论大小，不论重要与否，都属 privacy 或 private affairs，是绝对不能容忍他人横加干涉的。这大概就是人们常称的禁忌语（taboo），它们在汉语中并不那么讳莫如深。"操英语的人对年龄、收入、婚姻状况以及体重等信息都要尽量回避，而我们对这些事情似乎都可以公开。"（何自然，1988：225）*Western Manners*（*College Core English*，1991：25）指出了英语中一些避免谈及的主题以及英汉两种价值观在这方面的差异：

The subjects to be avoided are: bodily functions, or anything connected with the more private parts of the body, details of birth, details of unpleasant illness; income or salary of friends, or prices of their possessions; the age of the person one is talking with;personal questions or remarks,such as,"why don't you get married?" "I should think you would want to have some children."Some of these are all owed in Chinese society, but they are all taboo in formal Western society.

可见,大凡涉及年龄、辈分方面的话题,涉及个人经济方面的话题,涉及婚姻状况的话题及涉及政治倾向的话题等,都属于忌讳的范畴,都应该慎谈。或许正因为如此,在 A Private Convenation(New Concept English,1983:30)一文中,一对青年男女在戏院看戏时大声交谈,面对"我"略带不满的抗议"I can't hear a word."还以为"我""poke my nose into their privacy."而根本没有意识到"I can't hear a word of the actors in the play."竟粗鲁地回答"It's none of your business."个中缘由,价值观念上的差异是其根源:在西方人看来,"This is a private conversation."

可见,英美人的 privacy 意识无时不在,无处不在,并渗透于生活的方方面面。事实上,"人类生活中还没有哪一方面是不受文化的影响,不被文化所改变的。"(Hall,1976/1977:16)

四、文化渊源的差异与文化内涵词

对同一内容,不同民族的思维角度可能不一,深层的文化内涵也截然不同。换言之,由于汉英两个民族的思维方式和文化背景不同,同一个词所承载的内涵意义可能是不同的。唯有追根溯源,厘清词语的来龙去脉,了解词语的历史文化渊源,才能吃透吃准这些词在特定上下文里的附加含义,从而加深对语篇主旨大意的理解。

英语中很多典故直接出自古希腊文化。整体而言,"作为西方文化之源的古希腊文化,最具思辨理性精神,与实用理性精神占主导地位的中国传统文化大不相同。"(戴昭铭,1996:73)例如,"sphinx"在古希腊神话中指"a winged monster with the head of a woman and the body of a lion that destroyed all those unable to answer its riddle",但在 *Darken Your Graying Hair*, *and Hide Your Fright* 一文中,则具体喻指"女儿"对"我"长期失业"从不表露自己的看法"的含蓄态度,意味深长,委婉动人。

I'm never sure just how the children are taking it … One is sphinx, one seems almost removed, and one sees it all.

(*College English*,1995:114)

像这样,结合课文对一些重点词或随语随文加以诠释,或指出其文化内涵,或点明其运用的文化规约,引导学生在学习语言的过程中逐步掌握文化差异,既激发学生的学习兴趣,又拓宽文化视野,扩大图式知识,可谓事半功倍。相反,如果"只学习语言材料,不了解文化背景,犹如只抓住了外壳而不领悟其精神"(胡文仲,1995:1),就没有真正掌握词和词的文化内涵。从文化学的角度来看,思维方式的差异本质上就是一种文化差异。

五、习语惯用法的差异与文化内涵词

英语在漫长的实践中融入了世界上几乎所有其他语种的有用词语,逐渐将其同化,为己所用。其中,习语最为典型,文化内涵最为厚重。"如果说词汇是思维大厦的砖头,那么习语可说是某种特制的预制板。这些'语言块'一般是经过较长时间的使用才逐渐固定下来、传播开来的,它们当中既凝聚了人类共同的生活感受,也积淀了深厚的民族文化特色。"(胡文仲、高一虹,1997:99)文化内涵词既深受本民族文化传统的影响,又在很大程度上折射出该民族特有的思维方式和思维习惯。例如:

(1) Honest. The truth is we had a ball.

(*Turning off TV*:*A Quiet Hour*)

(2) This was the last straw. I was very young: the prospect of working under a woman constituted the ultimate indignity.

(Robert Best:*My First Job*)

(3) There were no more butterflies in my stomach when I opened up an abdomen or a chest.

(Dr. Nolen: *The Making of A Surgeon*)

(4) I teach because I enjoy finding ways of getting myself and my students out of the ivory tower and into the real world.

(Peter G. Beidler: *Why I Teach*)

(5) They were ill-tempered about what was, to them, much ado about nothing.

(Ruth Reichl: *There's Only Luck*)

(6)"Piece of cake!"Your older college son had shouted.

(John G. Hubbell: *Big Bucks the Easy Way*)

这里,所有的习语全都超越了原有的字面意义,并借助相应的上下文获得了新义,或凸现主题,或激发联想,或强化语势,或活泼语言,或画龙点睛。其中,例(1)中的习语"have a bail"引申为没有电视长大的一代确实"过得很开心";例(2)中的习语"the last straw"喻指我一个大老爷们在女人手下混饭吃"再也受不了了";例(3)中的习语"butterflies in my stomach"用来刻画医生在切开病人腹腔或胸腔时那种"瑟瑟发抖"的情形;例(4)中的习语"the ivory tower"喻指"高校远离实际、闭门教书的现象";例(5)中的习语"much ado about nothing"喻指"无事生非";例(6)中的习语"piece of cake"引申为"不费吹灰之力",与汉语成语"小菜一碟"十分接近。

以上这些习语的文化附加意义,对于长期生活在中国文化氛围中的人来说或许有点难以理解,就像外国人一开始对"宰客""走后门""穿小鞋""敲竹杠""拍马屁""唱对台戏"等汉语习语的真实含义感到困惑一样。词义本质上不能脱离文化而存在,交际时经常会由于缺乏某字、某词、某句的文化背景知识而产生歧义和误解,有时甚至无法继续进行交际,也就不足为奇了。对此,在教授语言时必须传播文化,学生的文化知识越丰富,理解篇章内容的能力也就越强,学习外语的信心也就越足。

此外，作者可以运用仿拟（parody）这一修辞手法，通过改动某一名著、名篇、名句、警句或谚语的部分词汇来表达一种全新的意义，从而凸现和深化其文化内涵，增强词语的感染力和表现力。最让人耳熟能详的是莎士比亚的名剧《哈姆雷特》（*Hamlet*）中那富有哲理、永远也解不透的台词"To be, or not to be: that's the question."古今中外，这一千古名句不知赋予多少文人墨客以灵感，也不知激发多少哲人苦苦思索人生的价值。课文 *To Lie or Not to Lie—The Doctor's Dilemma* 正是以此为基础巧妙地改动个别单词就有效地传递了一种全新的语义信息，给人以耳目一新之感，可谓匠心独具："对病人撒谎还是不撒谎——医生的两难处境。"

同样，在课文 *How to Mark a Book* 之中，作者巧妙地从固定短语"read between the lines"中仿拟出"write between the lines"，自然而然地过渡到在书上做标记的重要性，实为画龙点睛之笔。

I want to persuade you to write between the lines. Unless you do, you are not likely to do the most efficient kind of reading.

(Mortimer J. Adler, 1985)

与此相类似，"down and out"原本是一个专业术语，指"拳击运动员在比赛中被击倒在地超过一定时间而失去继续比赛的资格"。通过变动个别词语从而仿拟出"down but not out"，得新义为"潦而不倒"，并以此来修饰 lady hermits 作为课文的标题可谓异常醒目：特指那些生活在纽约这样一个大都市却过着隐士一样生活的女士，既突出和强化了"down but not out"的附加含义和感情色彩，又使语言诙谐幽默，韵味无穷。

六、结语

英语中的文化内涵词数量庞大，文化信息极为丰富，有着深刻的语言文化因素，绝不仅仅局限于上述这几个方面。文化内涵词的本义虽然相对稳定，却没有一成不变的绝对意义。所以，坚持以词汇为中心组织教学,"联系文化差异讲授词汇知识,这不但会加深学生对词义的透彻理解和准确运用,而且会激发学习兴趣,增加课堂的活跃气氛"(张绍杰,1998:3),更可以增进学生对文化差异的敏锐性、领悟力和驾驭词汇进行跨文化交际的能力。毕竟,"词汇是语言的基本要素,是语言大系统赖以存在的支柱,因此文化差异在词汇层次上体现得最为突出,涉及面也最广。"(张后尘,1999:7)

第三节 英语习语及其文化解读

文字作为语言诸要素中最活跃的因素和最深刻的标记,经历了记认、图形、表意和表音四个时期。文字如此,包括谚语(proverb)、俗语(colloquialism)、俚语(slang)、比喻性词组(metaphorical phrase)等在内的习语的发展历史则更长,至少还得加上由文字组合到推广普及这一过渡期。如果说从记认到步入词典,语言中的一字一词都有其独特的历史渊源的话,那么兼有意义的整体性、结构的凝固性和语法的特殊性的英语习语,更有其深邃的历史背景和独特的文化内涵。本节拟首先对英国语言文化发展轨迹稍加梳理,然后侧重对英语习语的演进、产生、构成、特点和修辞作用等进行探讨,以期使学习者更好地在学习习语中学好文化和在学习文化中学好习语。

一、英语习语的演进历程

社会历史的变迁对语言文化产生了莫大的影响。无论是古英语时期(450—1150年)、中古英语时期(1150—1500年)、现代英语时期(1500年至今),还是古英语之前的一段漫长的发展时期(?—公元450年),英国历史上的重大事件及其文化痕迹都一一残留于英语之中。其中,英语习语可谓是最集中、最完整的体现。

(一) 古英语之前(? —公元 450 年)

古代印欧游牧民族西移之前,不列颠一直居住着旧石器人(Paleolithic Man)。到公元前 3000 年,伊比利亚人(Iberians)从地中海来此定居,随之带来了新石器(Neolithic)文化。到公元前 550 年左右,凯尔特人(Celts)从欧洲大陆入侵并占领了不列颠,凯尔特语因此成为英语形成以前不列颠唯一的具有史料依据的最早语言。及至公元 450 年,对当今英国及其语言文化最早产生影响的当数"罗马人征服"(Roman Conquest),相关的习语足可见证。公元前 55 年,罗马帝国入侵不列颠。但英国历史上真正意义上的"罗马人征服"始于公元 43 年,直到公元 407 年,罗马人才最终撤离。在这一长达四百多年的统治中,罗马人的入侵影响渗透到不列颠的每个角落。特别是伴随着军事占领,拉丁语迅速成为不列颠的官方语言、法律用语和商业用语,以致英国历史上曾有一段时期不会说拉丁语的人就难以在政府部门任职。更重要的是,罗马文化也一同渗入不列颠:罗马人的风俗习惯、社交礼仪、服装、装饰品、陶瓷、玻璃器皿等很快在不列颠流行开来,不列颠人的社会生活呈现出"罗马化"趋势。凡此种种,"罗马人征服"给不列颠的语言和文化刻下了深深的印记,这些印记甚至在现代英语习语中仍然依稀可见。例如:

All roads lead to Rome.

When in Rome, do as the Romans do.

这两条习语意指"条条大路通罗马"和"在罗马就要过罗马人的生活",在内涵上接近于汉语中的"殊途同归"和"入乡随俗"。这类习语经过大约两千年的锤炼,大浪淘沙,至今仍广为使用。透过这些习语,我们既可领略到罗马帝国昔日的辉煌,又可对罗马文化特别是拉丁语对现代英语的影响有更加透彻的理解。

(二) 古英语时期(450—1150 年)

"日耳曼人征服"亦称"条顿人征服"(Teutonic Conquest),对英国语言文化起到了全面的、决定性的作用。公元449年,居住在西北欧的盎格鲁人、撒克逊人和朱特人侵占不列颠,建立了诸多王国,逐步过渡到封建社会。虽然这三支日耳曼部落各有其方言,但同属"低地西日耳曼语"(Low West Germanic),共同之处很多。到公元7世纪,这三支部落逐渐磨合成统一的英吉利民族,其语言也融为统一的盎格鲁-撒克逊语(Anglo-Saxon),这就是古英语(Old English),即现代英语的起源。

可见,没有"日耳曼人征服",不列颠诸岛难有今天这样的语言。盎格鲁-撒克逊语因此被公认为现代英语词汇的三大来源(即古英语、拉丁语、法语)之一。实际上,整个古英语时期,英语持续不断地从法语和拉丁语借入词汇,特别是597年,圣·奥古斯丁率罗马一些人士来英国传教,众多拉丁语词如Christ,nun, temple, angel, discipline, apostle, pope, shrine, sealm, priest, mass, abbey, alter, abbot, monk 等随之涌入英语。如不特别留意,人们似难以觉察这些竟然都是外来词。

"日耳曼人征服"对文化的影响同样是举足轻重的。追根溯源,盎格鲁、撒克逊和朱特这三支日耳曼部落的文化正是英国文化的起源。从文化的角度来考察,这三支日耳曼民族的外来文化已完全融入历史长河,不易辨别。现代英语中,盎格鲁-撒克逊语言文化的痕迹只有在少数习语中还依稀可见。例如:

Their insults cut him to the quick.

英语习语"cut sb. to the quick"出自古撒克逊语,quick 在这里指"皮肉"尤其是"指甲下面的嫩肉"。该习语喻指"深深地伤害""损伤(某人之)感情"。整句话是说"他们的侮辱刺痛了他的心"。

I'll go through fire and water to find out the truth of the case.

习语"go through fire and water"源于盎格鲁-古撒克逊时期的神裁法:将犯罪嫌疑人的手浸在开水里,如果安然无恙,则无罪;其喻义近似于"赴汤蹈火"。全句意思是:"我会不惜一切代价把该案查清楚。"

"斯堪的纳维亚人征服"对英语习语的影响无论从深度还是从广度来看都十分巨大,且对当时英国社会、经济、文化等也产生了巨大影响。英国在8世纪至10世纪中连续遭到斯堪的纳维亚人(Scandinavians 亦称 Vi-kings)尤其是丹麦人的大规模入侵,语言文化又一次经历了融合的过程,数以千计的斯堪的纳维亚词被吸纳到英语中,以致"今天,在英国北部和东部地区,大约有1400多个村、镇名称来自斯堪的纳维亚语"(Funk,1978:44);包括 Jackson,Thompson,Stevenson 和 Johnson 等在内的许多人名至今还保持着斯堪的纳维亚语的后缀-son。

在文化方面,英国大部分地区深受北欧的影响,到丹麦国王卡纽特(King Canute,1017—1035年在位)统治时期达到了顶峰。比如,直到现在还广为使用的十二进位制就是由斯堪的纳维亚人传入英国的:1 shilling = 12 pennies,1 feet = 12 inches,甚至连法庭陪审团也由12人组成。"斯堪的纳维亚人征服"带来的这种影响在英语习语中留下了许许多多的文化烙印。例如:

Emma drove off though it was raining cats and dogs.

习语"rain cats and dogs"来自北欧神话,喻指"下着倾盆大雨"。因为古代斯堪的纳维亚人的主神是奥丁(Odin),dog(狗)和 wolf(狼)象征"风",cat(猫)象征"雨",所以 cats and dogs 连在一起自然表示"狂风暴雨"。该例句的意思是:"尽管下着倾盆大雨,爱玛还是驱车出发了。"

(三)中古英语时期(1150—1500年)

中古英语时期,正值英国封建社会鼎盛、资本主义开始萌芽,也是英语成为独立统一的民族语言的时期。这一时期,英国国王多是诺曼底(Normandy,法国的一部分)公爵,爱德华在继位后的二十四年间(1042—1066年),不但重用了许多诺曼底封建主,而且与诺曼底公爵结盟,从而使法语成为上层社会的主要交际工具。特别是1066年9月28日,诺曼底公爵威廉率军入侵英国,加冕为王,自称威廉一世(William Ⅰ),标志着英国历史上诺曼底王朝时代(House of Normandy)的到来。此后,英语、法语、拉丁语在英国同时并存,法语长期成为英国的官方语言。仅在1250—1400年的150年中,一万个法语词相继涌入英语,其中75%的法语词沿用至今。

"诺曼底人的征服"影响深远,不但使法语成为英语的三大来源之一,而且向英国社会施加法国文化的影响。实际上,整个中古英语时期,英国语言文化受到的外来影响主要来自法国,而且这种影响一直延续了相当长的时间。说法语、穿法国服装、梳法国发型、吃法国菜肴一度成为一种时尚和身份的象征。当然,也有一些英国人蔑视法国,把"避孕套"称作 French letter,把"不辞而别"叫作 take French leave。据说,这是源于18世纪有些客人不向主人道别就从宴会上自行离去的习俗。

在具体的方式方法上,有些英语习语直接译自法语同义习语,如"put all one's eggs in one basket"就是从"mettre tous ses oeufs dans le meme panier"翻译过来的,暗含警告的意味:把所有的鸡蛋放在同一只篮子里太冒险。因为篮子一破,所有鸡蛋都会打碎。所以,该习语在下例中借助前言后语来喻指"孤注一掷"之义,即只买一家公司的股票太冒险了:

To buy stocks in a single company is to put all your eggs in one basket.

此外,还有一类习语的构成更为简便,直接从法语原封不动地借用单词,如 on the qui vive 中的 qui vive 就是法语,是值勤哨兵查岗时的问话"什么人"。该短语被借用到英语之中变成了"警惕、小心"之义:

You've got to be on the qui vive for any mistakes because these workers have never used such a kind of advanced machine.

这些工人以前从未用过如此先进的机器,你要小心看着,以免出错。

(四)现代英语时期(1500年至今)

1. 文艺复兴对英语习语的影响

早期现代英语时期(1500—1700年)起始于文艺复兴运动。这实质上是新兴资产阶级借助古希腊和古罗马文化进行的改革和反封建的思想文化运动。这一时期,希腊语直接或间接地通过拉丁语进入英语。人文主义者注重研读古希腊和古罗马文化,不少典故及其派生的习语浸润着丰富的文化内涵。例如,Pandora's box 喻指"灾祸之根源",as fair as Helen 喻指"沉鱼落雁之美",the Wooden Horse of Troy 喻指"木马计"。

2. 海外扩张和北美的独立对英语习语的影响

从1607年到1763年约一个半世纪的时间里,英国在北美建立了北起加拿大,南到墨西哥,东达大西洋沿岸,西至密西西比河流域的辽阔疆域。从18世纪到19世纪30年代,英国基本完成了工业革命,政局稳定,经济腾飞,进一步助长了英国的海外扩张。到19世纪末,英国已成为独一无二的"海上霸主"。20世纪初,英国的国外领地比本国领土还大一百多倍,号称"日不落帝国"。各领地不但以英语为共同语言,还逐步形成了统一的思想、文化和传统,并潜移默化地影响英国的语言文化,特别是后现代英语时期(1700年至今)。

正是在北美这块土地上,崛起了一个崭新的民族——美利坚民族和一个崭新的国度——美利坚合众国(the United States of America)。虽然美国英语是在英国英语基础上发展起来的,但独立的民族、经济和文化,特有的地理生态环境、文化心理和价值取向,使在这块土地上使用的英语有别于英国本土英语。很快,美国英语成为世界英语大家族的成员之一。习语作为语言文化的一面镜子,清晰地折射出美国文化独有的底蕴。例如:

As a good secretary, she always kept the boss's desk in apple-pie order.

了解习语"apple-pie order"是理解该句意义的关键。虽然 apple pie 是一种典型的美国食品,但 apple-pie order 与食品无关,意指"井然有序、整整齐齐"。典出美洲早期欧洲移民的日常生活:当年居住在新英格兰的英国移民,生活极其艰苦,家庭主妇每周一就准备好了一周的食物,即七块 apple-pies 分七层搁在食品架上,星期一吃最上面一块,星期二吃第二层,依次类推,细心的主妇总把一切安排得井井有条。本例中的 apple-pie order 就取此义:"作为一位称职的秘书,她总是把老板的写字台收拾得整整齐齐。"显然,英国语言文化在整个发展过程中无不深受外来民族的影响。作为这一影响的主要印记之一,英语习语深深地打上了各个时期文化的烙印,因而格外绚丽夺目,斑斓多姿。

二、英语习语的产生

生活是丰富多彩的,反映生活的语言也是如此。作为英语重要组成部分的习语,栩栩如生地反映了实实在在的英国生活。

(一)与海运有关的英语习语

19世纪,英国的商船和舰队的总吨位位居世界第一,海运在英国占有特殊的地位,在全世界也有不可动摇的优势。即使是在第二次世界大战之后,英国的航船吨数仍位居世界第三。可以毫不夸张地说,没有近代的海上运输,就没有近代的英国。正是由于这种难以替代的海上霸主地位,英语中不乏众多与航海有关的习语。例如:

We are all at sea in regard to his explanation.

从字面上看,习语"all at sea"描述的是:船在海上随风漂流,失去控制,以致船上的人全然不知身在何处,引申为"不知所措"。该习语在例中就蕴含这一喻义:"他的解释让我们如坠云雾中。"

He ran to me this morning to raise the wind.

众所周知,出海远航离不开风,特别是在帆船时代,没有风船就难以远航。习语"raise the wind"就是从长期的航海生涯中慢慢地积淀下来,意为"找风"。后来,该习语的用途日益宽泛,不仅用于航海,还喻指"筹款":没风出不了海,没钱办不了事。例中的习语"raise the wind"就蕴含了这一喻义:"他今天早晨跑来找我筹钱。"

(二)与捕鱼有关的英语习语

英国是一个岛国,四周环海,星罗棋布的内河和漫长的海岸线孕育了富饶的渔业资源,渔业在英国国民经济中占有独特的地位,工业革命以前尤其如此。所以,英语中与捕鱼有关的习语不胜枚举。例如:

She felt like a fish out of water before such a large audience.

习语"feel like a fish out of water"描写的是离水之鱼的困境,喻义为"局促不安"。因此,本例可译为:"在如此多的观众面前,她觉得忐忑不安。"

A qualified teacher should treat all his students equally instead of making fish of one and flesh of another.

习语"make fish of one and flesh of another"的字面意义是把一个当成鱼,而把另一个视为肉,喻指"厚此薄彼"。因此,本例可译为:"一个称职的教师对学生应一视同仁,而不应厚此薄彼。"

(三)与狩猎有关的英语习语

We've got the match in the bag.

与沿海和内河地域不同,英国内地山区的人主要靠狩猎为生,并由此创造出了许多相关的习语。"in the bag"就源于狩猎:猎人打猎收工后,把猎物放进口袋背回家。山中动物繁多,只有放进袋里的才是"已到手的"。慢慢地,该习语步入了日常生活,喻义逐步拓展。"in the bag"在本例中就是如此:"该比赛我们已稳操胜券。"

(四)与放牧有关的英语习语

放牧和家禽饲养业在英国农业中居主导地位,不但产值占农业总产值的七成,而且从业人员多是寻常百姓,所以现代英语中留下了不少耐人寻味的习语。例如:

Jack is the black sheep of the family.

羊群中如有一头浑身长满黑毛的羊,虽格外醒目,但不受欢迎;长黑毛的绵羊远不及长白毛的绵羊值钱。所以,the black sheep 的深层喻义是"微不足道的无用之辈"。例中特有的题旨情景赋予该习语这一喻义,句子大意为:"杰克是个败家子。"

His woolgathering was a handicap in the school.

牧羊既可变卖羊肉,又可出售羊毛。剪羊毛时,有时要把散落的羊毛捡起来(gather wool)以减少损失。干的时间一长,容易觉得这是一件"琐碎无聊、没精打采的活"。据此,woolgathering 在现代英语中多见于这层喻义。本例可译为:"心不在焉是他上学的一大缺点。"

(五)与采煤有关的英语习语

To offer a millionaire so much money is nothing but to carry coal to Newcastle.

采煤在英国可追溯到 13 世纪,在 18 到 19 世纪的工业革命中曾发挥过不可替代的作用。到 1913 年,采煤业的从业人员、产煤量和出口量都达到了顶峰。虽然采煤业的辉煌历史早已过去,留下的英语习语却一直广为流传。英格兰 Northumberland 郡之首府纽卡斯尔(Newcastle)是著名的煤都,如果还有人"运煤到纽卡斯尔"(to carry coal to Newcastle),难道不是徒劳无益?难道与汉语习语"倒贩槟榔到广东"不是如出一辙?尽管表现形式不一,却表达了一种价值取向完全相同的文化心理:如有人送钱给百万富翁,难道不是多此一举?

可见,英语习语是在长期的海运、捕鱼、狩猎、放牧、采煤等实践中创造出来的,所反映的正是普通老百姓的生产活动和生活经历。这也是多数英语习语来自实践、源于生活、经久不衰、生机盎然的主要原因。所以,"英语的根基宽广而低下,靠近土壤。英语里交织着普通人民的爱与恨,欢乐与痛苦,需求与满足。"(Funk,1978:2)

三、英语习语的构成

英语习语多半由语音、词汇、比喻等手段构成,既是语言特性的集中体现,又相沿久远、约定俗成、包含完整而独特的语义;既是语言的精华,又是语言的缩影。

(一)语音手段

构成习语最为常见的语音手段有头韵(alliteration)、尾韵(consonance)和正韵(rhyme),它们都以特有的韵律创设意境、活泼语言,习语也因此韵味大增,生动有力。

1. 头韵

利用头韵构成特定的习语,主要采用连续几个词相同首音的技巧,开头的音节具有相同的字母或声音(主要是辅音的重复)。下面例(1)中习语 sixes and sevens 的[s]音和例(2)中的[m]音,就是如此。这样的习语不但在节奏上更为紧凑,而且在声调上更为有力。

(1) That house is rather at sixes and sevens.
那间屋子有些乱七八糟。
(2) Money Makes the Mare go.
有钱能使鬼推磨。

2. 尾韵

在以尾韵构成的习语中,两个或两个以上词的词尾辅音完全

一致,往往更富节奏感,读来朗朗上口。例如:

Harm watch, arm catch.

害人反害己。

3. 正韵

所谓正韵,就是通过词尾重读元音及其相随辅音相同或相似构成的韵律。这样的习语对仗工整,节奏明快。例如:

Might makes right.

强权即公理。

No pains, no gains.

一分辛劳,一分收获。

(二)词汇手段

为达到预期的表达效果,有些习语常常在构成方式上借助词汇手段。归纳起来,常见的词汇手段不外乎同词重复、词义重复、词义相对和词义相反等。它们或蝉联出现,或相互映衬,使习语语义显豁,形象鲜明。

(1)同词重复(repetition)。例如:

Call a spade a spade.

直言不讳。

Love me, love my dog.

爱屋及乌。

(2)词义重复(tautology)。例如:

The path wound through the hills through many a turn and twist.

路在群山中蜿蜒延伸。

(3)词义相对(complementarity)。例如:

East or west, home is best.

金窝银窝,不如自家的茅草窝。

Like father, like son.

有其父,必有其子。

(4)词义相反(antonymy)。例如:

A true friend sticks through thick and thin.

真朋友是会同舟共济的。

Penny wise, pound foolish.

小事聪明,大事糊涂。

(三)比喻手段

习语是各种修辞手段和民族文化的完美结合,英语习语也一样。日常生活中的许多习语多是借助明喻、暗喻、借代等手法传情达意,其构成可谓独具匠心。

1. 明喻性习语

明喻性习语由比喻词把本体与喻体联系起来,从而更深刻地说明事理来让对方易于理解和乐于接受。其中,"as…as…"结构是最为常见的明喻性习语形式。例如:

He is as busy as a bee.

他像蜜蜂一样忙。

The 80-year-old man is as fit as fiddle.

这位八十岁高龄的老人仍精神矍铄。

2. 暗喻性习语

明喻把本体和喻体说成是相似的,暗喻则干脆把两者说成是一致的;明喻有比喻词,而暗喻没有,因此暗喻常被称为"压缩了的明喻"。习语"irons in the fire"就是通过暗喻构成,而且直接源于生活:铁匠打铁时,火炉上有好几块烧红了的铁等着要打,喻指"手头要做的事很多"。例如:

I tell them that we're all well, that the family fabric is intact, that I have a half-dozen irons in the fire.

(*Darkening Your Graying Hair, and Hide Your Fright*)

3. 借代性习语

借代性习语一般不直接说明想要说的人或事物的本来名称，而借用与其密切相关的词来代替，跟汉语里的"借代"十分相似。其实，"这两个英、汉修辞格基本上是对应的"（李国南，1998：1921）。现代英语用 Homer 代替"所有伟人"，用习语"Homer some-times nods."含蓄地表示"伟人有时也会犯错误"，二者在深层结构上同属借代性手法。Homer（荷马）是西方文化的鼻祖，著名史诗《伊利亚特》（*Iliad*）和《奥德赛》（*Odyssey*）是他的传世力作，所以他一直是西方人崇拜的智者和伟人。罗马诗人贺拉斯在《论诗》（*Arts Poetica*）中这样写道："Sometimes even the good Homer falls asleep."意思是说："有时连聪明的荷马也会打瞌睡。"后人由此借用他的这句话来表示"人非圣贤，孰能无过"之义，并渐渐地形成了今天的固定习语"Homer sometimes nods."

以上这些习语，通过语音、词汇、比喻等手段收到了简练、幽默和生动的表达效果。除了单一地选用之外，对这三种常见的手段有时还可根据需要兼收并蓄、综合运用，以强化习语的表现力和说服力。例如：

"Your fishing tackle's in the closet safe and sound. The fishing's good, plenty of perch, and bass. Let bygones be bygones."

(William Saroyan: *The Oyster and the Pearl*)
Where there's a will, there's a way.

值得一提的还有习语变体。虽然习语结构相对稳定，有时可以用词性相同而自身又有独特意义的单词来替代习语中相对应的词，以求奇特或醒目之效。比如，"A word in time saves nine."就是由习语"A stitch in time saves nine."（及时缝一针，抵得上将来的好多针）演变而来。由这一变体产生的联想重返规范的瞬间让人印象深刻，入木三分："关键时讲一句话，抵得上好多话。"除了替代之外，习语变体的另一种常见形式当数缩写。比如，*My*

First Job 一课中的习语"This was the last straw that breaks the camel's back."原本出自《伊索寓言》,文中被缩写成"This was the last straw."之后,借助语境既充分达意,又简洁明了。同样,如果有人给你一只苹果并说"An apple a day",其真实的交际意图是为了你的健康,希望你接受并吃掉这个苹果。因为"An apple a day"是习语"An apple a day keeps the doctor away."(一天一苹果,不用找医生)的缩写。如果对方想要赞扬你"捷足先登"或提醒你要"捷足先登",既可以用习语"An early bird catches the worm."也可以采用其缩写形式"An early bird",可谓殊途同归。

四、英语习语的特点

习语是语言中的某些成分经过长期反复的使用,慢慢积淀下来的形式固定、寓意深刻、表达简洁的短语或分句,具有与一般语言形式不同的特点。

(一)民族性

英语习语酷似一面镜子,既形象地映射出该民族的文化渊源,更与英国的历史地理、社会生活、风俗习惯、理念信仰、价值观念等有着不可分割的联系。其中,最具民族文化特色的是那些源于希腊罗马神话和《伊索寓言》的习语。

首先,不少习语带有浓厚的神话典故色彩,并深入人心。Morpheus(摩耳普斯)是古希腊神话中的睡梦之神,所以"in the arms of Morpheus"喻指"在梦乡里"。同样,在古希腊神话中,Jupiter是主神,Apollo是太阳神,Isis是主管生育繁殖的女神。所以大难来临时,庞培人(Pompeiians)便向他们跪拜求助。

They rushed to the temples—he Temple of Jupiter, the Temple of Isis, the Temple of Apollo. (Pompeii)

其次,很多英语习语出自《伊索寓言》,既短小精悍,又老少皆宜,体现了英国老百姓共有的文化心理特征。"bell the cat"和

"cat's paw"就是其中的两个,语言明快、情节简单,给人以启迪。前者讲述的是:一群老鼠商量如何对付猫,最后一致同意在猫的脖子上系铃(bell the cat),以便猫走近之前老鼠就能听见铃声而有足够的时间跑开,但一见到猫时,竟没有一只老鼠敢上前给猫系铃。现代英语中,该习语喻指"敢于为大家的利益承担风险",但正如下例所言:"现实生活中这样的人不易找到。"

It's difficult to get a man to bell the cat.

同样,后者巧妙地寓深刻的道理于浅显的故事之中:猴子想吃火中的栗子,就叫猫火中取栗,结果猫爪上的毛让火给烧光了,偷出来的栗子却全让猴子给吃了。该习语形象地比喻"被当爪牙利用的人"。"cat's paw"在下例中就是这一释义:"你被那个女人利用了,她只是要你帮她步入当地的社交圈。"

You've been used as a eat's paw by that woman; she only wants you to help her get into the local society.

(二)民俗性

习语大多来自民间,是由出海的水手、山中的猎人、田间的农夫、作坊里的伙计、战场上的官兵、家庭里的主妇创造出来的。他们从周围熟悉的环境和事物中发现了一些规律,悟出了一些道理,琢磨到一些传神的词句。这些词句不但不局限于本行业,而且被推广到其他领域,经过千锤百炼,变成了意味深长、雅俗共赏的习语。这些习语或总结生产中的经验,或交流生活中的体会,或抒发内心的情感,或反映五光十色的民俗生活。

茶(tea)是英国的大众化饮品,英国人对茶可谓情有独钟。大约在17世纪初,荷兰人把源于中国的茶叶介绍到欧洲,之后茶叶便一直倍受西方人欢迎而久盛不衰。尤其在英国,早晨醒来起床前、早餐时、工间休息和晚上饮茶十分普遍。下午四五点钟喝下午茶(afternoon tea)更被视为英国人的传统习惯,而且饮茶时常用一些点心(cake)。饮茶并品尝点心在英国如此受人欢迎,自然会产生一些相关的习语。

以"piece of cake"和"another cup of tea"为例,前者喻指"小菜一碟"。美国《读者文摘》1982年6月曾发表过John G. Hubbell撰写的一篇题为 *Big Bucks the Easy Way* 的文章,讲述的是两个上大学的儿子为了不再伸手向家里要钱,想方设法在星期日七点之前按时将4000多份报纸的广告插页分送到客户手中,并获600美元收入的故事。下例就是上大学的大儿子的一席话:这事在他看来简直是"小菜一碟":

"Piece of cake!" our older college brother had shouted.

同样,习语"another cup of tea"的语义大大延伸了,原指"另一杯茶",现引申为"另一码事":读懂法文不难,但用法语对话是"另一回事"。

Even if you read French easily, you'll find it's another cup of tea to make conversations in French.

(三)独特性

习语是语言中相对独立的部分,只作单一的语言成分独立使用,语法、语用和语义等诸多方面都有其特性。有些习语不一定符合语法和逻辑。习语"ups and downs"和"ins and outs"中的两组介词都用作名词,喻指"兴衰"和"底细";"Diamond cut diamond."中的谓语动词cut理应加上-s,但习惯不加,这些是就词性和主谓配合方面而言的。至于搭配,习语在选词和词序方面更是约定俗成,不能随意拆分或更换。例如,英语习语"neither flesh nor fish",在喻义上对应于"非驴非马",但结构上表现出固有的特殊性,既不可将词序颠倒成neither fish nor flesh,也不能随心所欲地将喻体更改为neither mule nor horse。

诚然,英语习语是在长期实践中形成的,特点很多,远不止上述这三个方面。作为一种特殊的语言表达形式,习语对该民族文化的起源、变迁、发展等尤为敏感,生动而逼真地记录下了英国社会经济和文化生活的各个侧面。

五、英语习语的修辞作用

英语习语的来源虽各不相同,但它们都从不同视角、以不同方式来增强作品的表现力和感染力,丰富并传递文化信息,产生耐人寻味的修辞效果。

(一)深化主题

借助上下文情景,习语特别是比喻性习语能使语气更为委婉,语义更为含蓄。例如:

I teach because I enjoy finding ways of getting myself and my students out of the ivory tower and into the real world.

(Peter G. Beidler: *Why I Teach*)

该例中的习语"the ivory tower"通过暗喻构成,没有比喻词,并把本体和喻体说成是一致的,即由字面意义"象牙塔"直接喻指"高校远离实际、闭门背书的现象"。特别是前言"the ivory tower"还与后语"the real world"(贴近真实的世界)在语义上前后观照,对比烘托,凸现主题。

(二)创设意境

行文中,"最重要的东西就是要有独创性(original)和新鲜感(fresh)"(丹·海金司,1993:2),这样才能吸引读者,扩大影响。例如:

There were no more butterflies in my stomach when I opened up an abdomen or a chest.

(Dr. Nolen: *The Making of a Surgeon*)

在以上这段文字中,为了形容医生切开病人腹腔或胸腔时那种忐忑不安、瑟瑟发抖的紧张情形,作者巧用习语"butterflies in my stomach"来创设意境,并起到了松弛神经、缓和气氛、活泼语言的作用,让人倍感新奇,过目难忘,印象深刻,其效果远非"butterflies in my stomach"的字面意义所能及。

(三)激发联想

习语深受西方文化的影响,在特定的上下文中更多的是传递弦外之音和言外之意,习语"in the long run"(最终,从长远的观点看)、"in the short run"(从暂时的观点看)和"neck and neck"(并驾齐驱)就是如此,而且直接源于赛马(horse-racing)。

赛马原是皇家贵族的运动项目,被称为"国王的运动"(sport of kings),后因融入了赌博的成分而步入寻常百姓之家,成为世界最热门的观赏性运动(spectator sports)之一;参与人数成千上万,赌注可大可小,场内(on-track)和场外(off-track)都可以投注下赌。这种规模庞大的大众娱乐赛事,英语习语自然有所反映。比赛中,参赛马一般为三龄马,有时可能在一段短跑后(in the short run)领先,有时可能不相上下(neck and neck),但跑到最后(in the long run)获胜的可能是另一匹马。追根溯源,正是赛马孕育了这些习语,并赋予其独特的语义信息,而且一直沿用至今。试以"in the long run"为例:

Lies also do harm to those who tell them: harm to their integrity and, in the long run, to their credibility.

(Sissela Bok: *To Lie or not to Lie—the Doctor's Dilemma*)

在上句中,作者借用习语"in the long run"来剖析撒谎对撒谎者的危害:不但损害其诚实,从长远看还损害其信誉。层层展开,逐步深入,既让读者联想和领会到"in the long run"的附加信息和引申意义,又使语言更加生动,韵味大增。构思之巧,寓意之深,实难言语所能曲尽其妙。

(四)强化语势

谋篇布局时,作者根据需要常会运用习语来制造声势,突出语义,加强语气。习语"play my queen of trump"(打出王牌"Q")在课文 *Why Do We Believe That the Earth Is Round?* 中确实起到了这种画龙点睛的作用。例如：

Defeated in the minor exchanges, I now play my queen of trump: the opinion of the experts.

(George Orwell: *Why Do We Believe That the Earth Is Round?*)

该文旨在驳斥"地卵说"(the Oval Earth theory)，作者出的第一张牌是"根据太阳和月亮类推"(Tile first card I can play is the analogy of the sun and the moon)，接着出的第二张牌是地球的影子(my second card is the earth's shadow)。两次交锋受挫，"我"打出王牌"Q"，即援引专家们的意见。对此，"地卵说"者用"K"牌压倒了"我"的"Q"牌(The Oval Earth man covers the queen with his king)。在"我"的"A牌"化为乌有之后，"我"只剩下最后一张牌：航海(I have only one card left: navigation)。可见，贯穿全篇的主线是 playing cards，高潮和亮点则在习语"play my queen of trump"及其创设的意蕴上，全文正是以此为中心环环紧扣，步步为营，推理严密，一气呵成。

(五)活泼语言

一些优秀作品常常利用习语来渲染作品的气氛或活泼作品的语言，以满足情节发展的需要或塑造鲜活的人物形象。比如，习语"The Rise and Fall of the Third Reich"在课文 *The Death of Hilter* 中形象地描写了"第三帝国兴衰"；习语"ebb and flow"原本是指日常生活中潮汐涨落的现象，课文 *Honesty: Is It Going out of Style?* 的作者 Stacia RobbIns 巧用这一意境喻指"学校作弊之风时涨时落"；习语"open and above board"原来是棋类游戏中的一个专门术语，在具体上下文中常超越字面意义，引申为"正大光明"。试看下例：

In chess, everything is open and above board. The nature of the game of chess is such that cheating is impossible.

(E. B. White: *The Hour of Letdown*)

以上这三个习语都来自生活,反映生活,不仅语言简练,形式活泼,而且语义互为映衬,寓意隽永。如能结合课文认真研读,细加领会,不仅能加深对习语和文章的理解,而且能激发学习兴趣,学到不同领域的文化知识。

六、结语

英语习语源远流长,构成方式不拘一格,文化信息也极为丰富,涉及生产和生活的方方面面。这种信息或是民族的,或是民俗的,更多的是言外之意、话外之音。只有随语随文把握英语习语及其文化背景和在特定语境中的文化蕴涵,才能学好和用好习语,并有效地提高语言交际能力和社会文化能力。正因为如此,"现在美国外语教学协会(American Council on the Teaching of Foreign Languages)在其编写的外语教学大纲中把社会文化能力列入交际能力之中,这样交际能力就由原来的听、说、读、写四种语言运用能力增加到五种。"(许嘉璐、王福祥、刘润清,1996:432)

第四节 社会文化能力培养

一、文化与社会文化能力

人们对文化的理解远非一致,各学科从不同视角对文化所下的定义林林总总。据统计,20世纪80年代初,各学科给文化下的定义已达450多条。著名的人类学家泰勒(E. B. Taylor,1832—1917年)对文化是这样阐释的:"文化是一个复杂的综合体,包括知识、信仰、艺术、道德、法律、习俗及一个人以社会一员的资格所获得的其他一切能力、习惯。"(罗常培,1989:1)从更宽泛的意义上讲,文化包括两个层面:一是知识文化,即一个民族的哲学、历史、地理、文学、政治等因素的总和；二是交际文化，即对隐藏在语言系统之中、反映该民族的价值观念、生活方式、行为准则、风俗习惯等文化因素的总称。交际文化通常要比知识文化更直接地影响信息的传递和跨文化交际，因为知识文化是基础，是陪衬；交际文化是重点，是目的。对文化所包含的这两个层面的熟悉、掌握和运用程度，就是本节拟要探讨的社会文化能力。

二、为什么要特别注重社会文化能力

首先，这是教学目标决定的。语言是交际工具，语言教学旨在培养学生以书面或口头方式进行交际的能力。而有效的交际，既包括语言的输入（主要指听和读），也包括语言的输出（主要指写和说）；既包括对语言形式的掌握，也包括对与语言使用密切相关的社会文化因素的了解。科学研究表明（郑树棠等，1997：24-26）：有"81.8%的学生在不同程度上趋向于喜欢通过'用英语'来学英语，而且时间愈长，愈趋向于喜欢'用英语'这个策略"。交际教学的实践同样有力地证明：learning by doing 或 learning by using 是语言学习的最佳途径。所以，斯特恩（Stern,1983）提出了一个包括形式成分、社会语言成分、社会文化成分和经历成分的四重外语教学模式，并把社会文化作为一个独立成分纳入外语教学。海姆斯（1985）也反复强调："仅仅学习某种语言是不够的，还必须学习怎样使用那种语言，即必须掌握的交际能力，懂得什么情况下使用何种语言形式和语体。"继而，海姆斯把交际能力细分为：(1)能分辨合乎语法(grammaticality)的语言形式，(2)能分辨实际可接受(acceptability)的语言形式，(3)能分辨得体(appropriateness)的语言形式，(4)能分辨一种语言形式的常见程度(frequency)。可见，只教会学生语言是不够的，还必须丰富学生的文化背景知识，增强学生对于文化差异的敏感性，提高学生的逻辑思维能力，使学生打好文化基础。

其次，这是教学现状决定的。刘润清先生在"21世纪的英语教学"一文中不无忧虑地指出:"目前英语的教与学更多的是出于商业目的,并不是为了发展什么'文化'和'社会'的目的,这正是有识之士所担心的。"特别是由于东方文化(社会价值至上)和西方文化(个人价值至上)的差异,"文化诧异"的现象在当今大学生中普遍存在,并影响跨文化交际和教学质量(朱维芳、Sarailbenholm,1997:58)。有鉴于此,教师必须始终把增进学生的语音、语法和词汇等方面的语言基础知识和综合运用这些知识进行听、说、读、写、译的语言应用能力作为重点,同时应帮助学生开阔视野,加深对世界的了解,借鉴和吸收外国文化精华,提高文化素养。

再次,这是探究隐蔽文化的需要。从文化学的角度来讲,"文化具有各种内隐和外显的模式"(Hoijeu,1953)。内隐得很深、难以显现的文化即所谓的隐蔽文化(covert culture),一般位于文化深层结构的最底部,上面覆盖了大量的文化积淀物,要发现它,得透过表层的文化沉淀物细加探究。一个民族越是历史悠久,隐蔽文化隐藏得就越深,要揭示它就越难。诚如爱德华·霍尔(Hall,1991:265)在《无声的语言》一书中所言:"文化所隐藏之物大大甚于其所揭示之物。奇特的是,它能隐藏的东西最难为其自身的参与者所识破。"但是,不管隐蔽文化有多么巧妙、多么深奥,它总有一些外部表现。只要把握好这些外部特征,由表及里,就一定能透过曲折迷离的历史和日常熟悉的表象,洞察和解剖出隐蔽文化的深层奥秘。从这层意义上讲,"文化是一种文本集,事物可以在其中得到合理的、丰厚的描述。"(林舟,1996:56)

最后也是最重要的是,这是可以通过努力做到的。一方面,多数师生都已认识到文化离不开语言,并对文化差异、社会风俗、异国风情这三类题材表现出浓厚的兴趣。另一方面,现行的大学英语四套通用教材《大学英语》《新英语教程》《现代英语》《大学核心英语》无一不格外重视上述三类题材的研究开发和推广应用,并充分考虑学生的情感因素和个性差异。更何况,类似于《英美文化辞典》(胡文仲,1995)、《语言与文化》(邓炎昌、刘润清,

1989)、《文化语言学》(邢福义,1990)、《文化与语言》(王福祥、吴汉樱,1994)这样的课外读物和视听说材料详尽介绍了与日常生活相关的、我国学生接触不多、不易了解的文化知识,从而使多数学生系统地掌握和迅速提高社会文化能力成为可能。在未来社会中,没有多种文化知识和跨文化交际能力的人可以说是"残缺不全"的人。换言之,牢固确立科学的语言文化观,着力培养和提高学生对异域文化的敏感性、领悟力和社会文化能力,不仅是可能的,而且是必要的。

三、如何处理好文化教学与语言教学的关系

(一)进一步明确文化教学的地位

文化教学的主要目的"是增进对异民族文化的理解,减少对异民族文化的偏见"(Byram,1989)。换言之,联系文化教授语言对于培养交际能力的重要性显然是不言而喻的。但教授社会风俗、文化传统、生活习惯乃至具体细节,是为坚实语言基础和提高交际能力服务的,是为了更准确地理解和更得体地使用外语而采取的一种辅助手段。所以,文化教学旨在加强而不是削弱语言教学,是补充语言教学之不足,而不是取代语言教学,不应也不会在外语教学中占主导地位。

据此,教学中不必苛求学生对西方文化的了解达到细致入微的程度,也不必为学生在这方面的错误过分担心。首先,语言习得本质上属于试误性的(trial-and-error),出错在所难免,不犯错就难以学会外语。其次,语言学习时常伴有错误的产生,说明学生正努力使用既有的语言文化知识和相关策略进行交际实践。从这一层意义上看,"errors are tolerable because they are viewed as indicators of development."(Penner,1995)

但这绝不能成为漠视文化错误的托词,一方面文化错误比语言错误更严重,因为文化错误容易造成外国人与中国人在感情上

的不快。在与外国人接触中,讲本国语的人一般能容忍语音、词汇或句法错误。相反,对于讲话规则的违反常常被认为没有礼貌,因为本族人不会认识到社会语言学的相对性。另一方面,事实是交际中中国学生动辄出错。其中,与语言有关的文化错误大体有四类。一是从社会语言学的角度来看是不适当的,如路遇外国友人时说"Hello, where are you going?"以示关心,拒绝外国朋友的提议时用"We will think it over."等。二是在文化习俗上不可接受,如用沉默的方式来回答外籍教师的提问,邀请外籍朋友参加社交活动时不请其配偶等。三是表现为不同价值体系的冲突,如与外籍友人久别重逢时说"You've got no change at all",未经外籍教师许可翻看案头的影集等。四是过于简单化或过于笼统,如简单地认为所有的美国人都爱去麦当劳,或笼统地认为所有的英国人都寡言少语等。因此,如何地道而得体地运用语言不但与如何正确地使用语言同等重要,而且是社会文化能力的核心内容。

(二)进一步明确文化教学的范畴

1. 全球性

语言与文化并非都是一一对应的关系,有时一种语言对应的是多种不尽相同的文化,英语就是如此。在联系文化教授语言的过程中,应以哪一文化为融合点和切入点呢?当不同文化背景的人进行交际时,又应遵循哪一种文化标准呢?这是其一。其二,单一目的语文化教学难以提供关于该文化的全部情形,而只能大致了解一些具体的文化特征和细节,所以我们需要选择。更何况,实际的跨文化交际活动远比课堂情景丰富得多、复杂得多。语言是多种多样的,文化也是形形色色的。试图"把两种语言详尽而周密地对比,旷日持久,可能需要五十年以至一百年,俟河之清,人寿几何,外语教师实在等不得。而且即使工作完成了,也一定卷帙浩繁,材料山积,教学是怎么挑选使用,还是一件挠头的事情"(王宗炎,1980)。

语言之间难以对比,文化更是如此。当今世界,英语可以而且应该成为表达任何一种文化的概念。它不仅属于英美等众多将英语作为母语的国家,也属于新加坡、菲律宾、印度等将英语作为国内交际工具之一的文化,甚至属于任何讲英语的人。事实上,在教学计划中,哪种语言活动占主要地位,学生在这种活动方面的能力也就较强。尤其是近 20 年来,在英语教学领域,美国学者 Larry smith, Peter Strevens, Braj Kachrud 等提出用全新的概念——EIL(English as an International Language,作为国际语言的英语)取代传统理念上的 ESL(English as a Second Language,作为第二语言的英语)和 EFL(English as a Foreign Language,作为外语的英语),用 EIL 教学取代传统的 ESL 和 EFL 教学。从长远看,教师有责任引导学生立足现实,放眼全球(global perspec-tive),对全球文化兼收并蓄:针对教材中零散的文化因素或随语随文对比分析,阐释讲解,或指出其文化内涵,或点明其运用的文化规约,帮助学生在学语言中润物细无声地掌握不同民族的文化,尤其是在语构文化、语义文化、语用文化等方面的种种差异,挖掘不同国家文化的共同属性(cultural universals),逐步增进对全球文化的了解和兼容。在很大程度上讲,越是民族的,越是世界的,文化全球化乃是人类文化发展的必然趋势。

2. 主次性

以上是从不同民族不同文化的角度来认识文化教学的。就同一文化而论,常有主次之分、主流和支脉之别。西方各国同样不是清一色的,而是有多元文化共存的国家。在联系文化教授语言的过程中,如果试图对西方文化的方方面面全盘加以介绍,恐怕既难以做到,又扰乱学生视线,使学生无所适从,最终反而不利于学生社会文化能力的培养。故应拣其主流,重点讲授,对于非主流或不提或只做简单处理。试看 *Diogenes and Alexander* 里的一段文字:

Like Diogenes, he admired the heroic figure of Hercules who labored to help mankind while all others toiled and sweated only for themselves.

(*College English*, Book 3, Lesson 11)

这里，Hercules(赫尔克里士)源于拉丁语，其希腊语对应人名为 Heraldes，意为"宙斯之妻赫拉的光荣"。它取自希腊神话中的大力士、主神米庇特之子，对于理解主旨大意至关重要。因此，教学中我们不但详细介绍了古希腊神话里大力神 Hercules 的文化历史渊源，透析了 Diogenes 和 Alexander 对 Hercules 这一英雄人物的敬仰之情，还对 Herculean task(艰巨的任务)，malte Hercu-lean efforts(尽最大努力)，Hercules Fchoice(放弃享乐、主动吃苦而得到的回报)，Hercules and His load(统括一切的举动)等与 Hercules 有关的文化典故顺带做了讲解。这样，既激发了学生的学习兴趣，又使学生在学语言的同时，学到不同领域里的文化知识，增加了图式知识。

3. 相对性

英语不是一种自我封闭的文化实体，不同文化背景的人讲英语会有不同的文化感受。外语交际过程实质上是在建构一种既有别于目的语也不同于母语的社会文化认同感。比如，public school 在美国指公立的、不收学费的普通小学或中学，而在英国专指一种私立的寄宿学校，是为培养将来要升学或从政的人才服务的，既非公立，也不平民化。同样，chancellor 在美国一些大学指"校长"，但在英国教育体制下的许多大学，"校长"一职是一个名誉职务，在前中国香港就由总督兼任，而在新加坡国立大学的校长由总统兼任。所以，英国人讲"vice-chancellor"并不对应于中国人心目中的"副校长"，而实际上是指中国的"校长"，pro-vice-chancellor 才相当于中国大学的副校长。可见，同一种语言形式在不同的文化背景和不同的国家中，往往具有不同的文化内涵。

此外，文化有地域和社会阶层之别。通常，拉丁语或法语被视为博学和高贵的象征,从拉丁语或法语借来的词汇似乎更"科学"、更"干净",因而常作委婉语使用,本族词汇则成为禁忌词。例如,人们倾向于用 micturition(拉丁词 micturitus)和 halitosis(拉丁词 haltitus)以及 toilet(法语词)委婉地表示英语中 piss 和 bad health 以及 lavatory 所表达的词义。

有时,英语还要考虑个性和习惯的不同,因为文化有其个性的一面,意义的规约性往往也就因文化而异。比如,美国俄亥俄州与宾夕法尼亚州接壤地区的人们在普遍接受规范地道的句子"This car needs washing."时,也觉得"This car needs washed."这样的句子非常自然。

其实,实际生活中的文化和文化行为是千变万化的,全球化背景下的文化融通也是不可逆转的。本民族认为是正常的言语行为,在其他文化框架下可能被认为不正常。"文化"不是一个名词,而是一个动词。与世界上的万物一样,文化也在不断地变化,近十年来变化特别快。总体上讲,中国人的文化观念是个人服从社会,个人的自由、权利受到很大的抑制和约束。美国正好相反,在个人与社会发生矛盾时,往往强调个人的自由和权利。即使如此,目前中国部分学生已经能够变换视角,跳出社团价值至上观的束缚,用个人价值至上观来看待和评价外籍教师的行为。他们对某些行为不仅能理解,还加以赞扬。与此类似,按照我国的文化传统,在受到表扬时总要说些自谦的话,但当代青年人在听到赞扬时一般说的是"谢谢""还行"或其他肯定的话。再如,白色在西方象征纯洁、庄重、忠诚等,所以婚礼上新娘总穿白婚纱、戴白手套、穿白鞋、佩白花,这一习俗已渗透到传统的汉文化之中,并正为当代中国青年所接受。从这一意义上说,文化确实是一种近似(appromm-tion)、一种倾向(tendency)、一种抽象(abstraction)。恐怕对任何文化规约都只能如此看待。或许正因为如此,在各种文明中,西方恰好利用了它汇集无数文化潮流的优越地位。千百年来,文化从各个方面吸收营养,甚至向已死的文明借鉴,这才使它后来光芒普照,风靡全球。

四、结语

　　21世纪的外语教学改革,最根本的目的是要造就基础扎实、知识面广、思路开阔、对社会变迁有较强的适应能力、应变能力和良好身心素质的"通""专"结合的专业人才。要达到这样的目的,关键是提高学生在语言文化学习过程中的投入、参与和运用的程度(Foiey,1991:62,75),特别是在夯实语言基础和专业基础的同时,多侧面、多层次、多渠道地培养学生的社会文化能力,真正做到"教语言、教文化、教育人综合统一"(张彩霞、孙芳春,1998:21)。一方面,专业课程和实践课程中蕴涵着丰富的人文精神和科学精神,教师在讲授专业课时,要自觉地将人文精神和科学精神的培养贯穿于专业教学的始终,充分挖掘和发挥专业课对人才文化素质潜移默化的作用,真正做到既教书又育人。同时,要把文化素质教育的有关内容渗透到专业课程教学之中,使学生在学好专业课的同时,提高自身的文化素养。

　　此外,笔者也深切地感到:联系文化教授语言,固然要注重外来文化的导入,同时不应忽略适时适度地导入本族文化,应鼓励学生将英语与本族文化结合起来,努力用英语来介绍本族文化中独有的现象和思想。跨文化交际是双向的"对话",并不是单方面的"独白"。西方需要借鉴中国传统的"和合文化",以吸收其兼收并蓄的精神而更利于文化融合;中国也要借鉴西方的人文精神,才会更富于创新进取。

　　事实上,也只有将本族文化和英美文化同步引入英语课堂,学生才有可能在系统的比较和鉴别中加深对本族文化特征的了解,也才有可能调动和保持持久的学习外族语言和文化的积极性,最终促进语言能力和社会文化能力的迅速提高。归根结底,"学生需要一种跨文化交际能力,他们能够受益于语言文化教育。"(Hymn & Morgan,1994:62)而要培养学生的社会文化能力,首先应进一步提高教师自身的社会文化能力,因为"要学生学好,首先要老师教好"(戴炜栋、黄任,1997:3)。这在当前尤为迫切,"一则随着五六十年代大学毕业的老教师的退休,目前在高校教师队伍中占主流地位的是恢复高考之后的大学毕业生及1977年前培养的大学生,他们已经或多或少地存在基础薄弱、知识面不够广等缺陷;二则理工科大学缺乏人文氛围,教师参与各类文化活动微乎其微,接受新的人文社会方面的东西较少……"(庞海苟,1998:3)

第五节 人文精神培养

汉语中,"人文"这个词古已有之。《易经》早就指出:"文明以止,人文也。观乎天文,以察时变;观乎人文,以化成天下。"现代汉语里的"人文",主要"包括人类社会各种文化现象"(《辞海》,1999:864)。现实生活中,人文因素无时不在,无处不在。

"人文精神",英语称"attitude",既指一个人对待自我、他人、自然和社会的"态度",更包括"做人"这一深刻含义。寓人文精神于英语课的目的是,引导学生善待自己、他人、自然,学会合作共事,对集体和社会富有责任感,努力成为基础扎实、知识面广、思路宽广、对社会变迁有较强的适应能力、应变能力和良好的身心素质的高级专门人才。这既是21世纪英语教育教学改革的时代要求,也是强化大学生文化素质教育的应有之义。

一、寓人文精神于英语课堂教学的基本内涵

教育旨在促进人的全面自由发展,英语教学融东西方文化于一体,理应在夯实语言基础、增进跨文化交际能力的实践中渗透人文精神的培育。

(一) 人对自我的 attitude

这是人格塑造的问题,也是培育人文精神的基础。"三军可夺帅,匹夫不可夺志也"(《论语·子罕》),强调的就是人人都应有独立的人格和坚定的意志。试想,如果课文 *Sailing Round the World* 中 65 岁高龄、身患肺癌的主人公 Francis ChiChester 缺乏这种远大的抱负和坚韧不拔的意志,又怎能历经九个月,航程 28500 英里①,终于如愿以偿地独自环球航行呢?同样,如果课文 *The Day Mother Cried* 中的女主人公没有这种意志和"一往无前的勇气"(霍象俊,1997:94),又怎能一次次从挫折中站起来并最终成为报社记者呢?

诚如 1998 年哈佛大学校长陆登庭先生在纪念北京大学 100 周年校庆演讲时所言:"请允许我说明我称之为'人文学习'的重要性……不仅有助于我们在专业领域内更具创造性,还使我们变得更善于深思熟虑,更有追求的理想和洞察力,成为更完善、更成功的人。"

融人文精神于英语教学,就是要适时地利用课堂主渠道激励学生树雄心、立壮志、强本领、学"做人",努力像 *The Professor and the Yo-Yo* 一文中的爱因斯坦那样"力所能及地跟自己和周围的世界达成妥协""只要尽己所能就心满意足了"(霍象俊,1997:85)。这种既恰当地评价自我、又积极进取的人生"态度",不正是我们孜孜以求的人文精神的重要一环吗?

(二) 人对他人的 attitude

这实际上是人伦与群己的关系问题,仁、礼、和、义、信,多被视为处理这一问题的基本准则。"仁",孔子说,"夫仁者,己欲立而立人,己欲达而达人。"(《论语·雍也》)即人我俱立,人我俱达,人人和谐。"礼",孔子解释道,"不知礼,无以立。"(《论语·尧

---

① 1 英里=1.609344 千米。

曰》)即知礼才能自立,自立才能立人。"和","以他平他谓之和"(《论语·郑语》)。"义",即公正,是对待他人应有的规范。"信",即诚实、守信,主张人与人之间应讲究信用。

古人尚能如此,21世纪的大学生面对全球化的冲击、信息化的浪潮、科技革命的日新月异、多元文化的交汇、终身教育体系和学习化社会的构建,更应学会学习、学会合作、学会理解、学会关心,这是极其重要的人文素质。从这一意义上讲,"什么是危机学生?那就是离开学校就不会学习的学生。"(Hallingeh,1995)这既是现实,更是挑战。正如课文 *Lessons from Jefferson* 所告诫我们的:"尊重他人,虚心向每个人学习。"(霍象俊,1997:39)更何况,"三人行,必有我师焉。"

对他人应虚怀若谷,对亲友更应持宽容的"态度",这需要良好的人文素养。正因为有了这种素养,课文 *Going Home* 中的女主人公才能以一个博大的胸怀谅解和接纳服刑四年之久的丈夫回家并在门口的橡树上挂满了幸福的黄手绢。这种心灵的碰撞、人性的交融,不正是人文修养的重要内容吗?

善待他人不易,善待敌人更难,这更需要高尚的人文精神。正因为具有这种人文精神,课文 *The Woman Who Would Not Tell* 中的女主人公米特才会在邂逅重伤的北方军中尉比德尔后,不愿告密而心甘情愿地冒着生命危险到北方军司令部为他取药,并在他伤愈后再一次冒险把他送回北方军;正因为具有这种人文精神,在她眼里"这个士兵不是敌人,而是一个受苦受难的人",米特才会把敌人看成人,处处推己及人,易位而思:或许"在什么地方有位妻子等着他、盼着他——就像她翘盼自己的丈夫詹姆斯——南方军的军官——回家团聚一样"(霍象俊,1997:24)。

学完这一课,谁又不为米特的这种超越战争、超越时空的人文精神所深深地震撼呢?谁又不为她终于从北方军俘虏营找回自己的丈夫而深感庆幸呢?"只有用爱才能唤醒爱",诺贝尔文学奖获得者赛珍珠在课文 *Christmas Day in the Morning* 中的这句名言,确实很真切、很动情。

(三)人对自然的 attitude

中国传统文化历来主张人与自然的和谐。管子曾说:"凡人之生也,天出其精,地出其形,合此以为人。和乃生,不和不生。"同时,自然界的变化不以人的意志为转移。"天行有常,不为尧存,不为桀亡。"(《荀子·天论》)

人对自然的 attitude 正确与否,是人类成熟程度的一种标志。"人定胜天",似乎折射出"敢教日月换新天"的豪情壮志,但把大自然置于敌对的地位,最终还是受到了大自然的惩罚:污染严重,高楼林立,人满为患,汽车泛滥,尾气超标,以致金星科学家推断,地球上没有生命。课文 Is There Life on Earth? 正是以这种诙谐、幽默、讽刺的口吻再一次警示人们:关爱人类共同的家园——地球。

在这方面,1981 年诺贝尔化学奖得主福井谦一先生在《学问的创造》一书中曾有过极为精辟的论述:"人们不是为了生活便利和享乐,而是为了保全包括大自然在内的地球遗产以及人类的可持续发展,才必须学习、必须创造的。"通过这一课的学习,当代大学生一定会更加深刻地认识到人类对大自然不恰当的"态度"及其带来的恶果,自觉地增强生态环保意识和坚持走可持续发展道路的决心、信心和恒心。而体现人文精神的这种"态度",实际上正是人类自我觉悟、自我提升,由"自在"状态过渡到"自为"状态的一种潜质。

(四)人对民族和国家的 attitude

"天下兴亡,匹夫有责""先天下之忧而忧,后天下之乐而乐",这些都是中华民族以关心社稷民生、维护民族独立和捍卫中华文化为基本内容的爱国主义传统的真实写照。

人类已迈入 21 世纪,新世纪赋予人文精神以新的时代内容。学完课文 Lessons from Jefferson 之后,我们对"科教兴国"战略和所肩负的历史重任应有更为透彻的理解。正如该文最后一句所言,"只有受过良好教育的民族,才是真正自由的民族。"当代大学生报效祖国和人民的 attitude,应更多地体现在增进知识、能力、科学精神和人文素养的实际行动上。

其实,大凡有所成就者,无一不既有精深的科学造诣,又有高尚的文人修养。著名经济学家厉以宁教授对中国古诗词也颇有研究:"词工似古人,词情是今人,词境真才人。"李政道教授酷爱艺术,深感"艺术和科学是相通的……是一个硬币的两面,这枚硬币就代表了文化"。杨振宁教授更是如此,物理学理论框架、物理学公式以及物理学对自然奥妙探索的精神等在他眼里都充满着"美",都"与诗有共同点",而"学物理的人了解了这些像诗一样的方程的意义以后,对它们的美的感受是既直接又十分复杂的"。爱因斯坦甚至认为艺术使他"比从物理学那里获得更多的东西","从艺术中获得的想象力比知识更重要,因为知识是有限的,而想象力概括着世界上的一切,推动着进步,并且是知识进化的源泉。"这正是美国国会通过的《2000 年:美国教育法》在美国历史上第一次将艺术与数学、历史、语文、自然科学并列为基础学科的原因所在。我国的教育方针也把德、智、体、美、劳全面发展作为培养目标的基本要求。就世界范围内教育发展的趋势而论,各国都越来越注重人文精神的熏陶及其与科学精神的融合。

以上四点涵盖了寓人文精神于英语课堂教学的主要方面。其中,善待自我是善待他人、自然、民族和国家的基础,而一个人人生价值的完美实现,又通过正确处理与他人、自然、民族和国家的关系体现出来。实际上,人文素质教育的基点和归宿恰恰在于人的全面自由发展。所以,"如果学生选择的不仅仅限于那些当时流行的或者职业发展所需要的内容,而是那些关注能够使自身全面发展的选择,那么大学生活是令人神往迷醉的,他可以成为他所期望成为的一切,却关照和思索自己的种种选择。"(阿兰·布鲁姆,1994:357)

二、寓人文精神于英语课堂教学的尝试

将人文精神浸润于课堂主渠道之中,既能使英语教学更富生机和人性,又能潜移默化、润物无声地培育学生的 attitude,实现人文精神和科学素养的交融。

(一)激发学生学习英语的兴趣和激情

教学成功与否,往往不在于教给了学生多少具体的知识,而在于能否培养和保持学生的学习兴趣和激情,英语学习尤其如此。一旦学生对它有兴趣,产生了激情,就会主动去学,就有了不竭的源泉和内在的动力。这种兴趣和激情正是难能可贵的人文素养。有了这一素养,有了稳固持久的兴趣,就有可能学有所得,学有所成。国内外的学者和大家,生命中的每一个亮点无一不与兴趣有关。马克思概括得好:"激情、热情是人强烈追求自己对象的本质力量。"列宁也说:"缺乏情感便失去了认识的深入,人的思想只有被浓厚的情感渗透时,才能得到力量,引起积极的注意、记忆和思维。"梁实秋先生早就说过:"学校的教育应该是启发学生的好奇求知的心理,鼓励他自动地往图书馆里去钻研。假如一个人在学校读书,从来没有翻过图书馆的目录卡片,没有借过书,无论他的功课成绩多么好,我想他将来多半不能有什么成就。"

英语课堂要生动有趣,引人入胜,教师自身对所教内容首先要有兴趣和激情,这更离不开教师的人文素养。

仅对"教什么"和"学什么"抱有兴趣和激情还远远不够,对"如何教"和"如何学"以及课文的篇章结构还应了如指掌,并视学生实际水平分级教学、分类指导、分层次提问。提问时,应突出重点、兼顾难易,或予提示、或予鼓励、或予纠错,激发学生积极思考与质疑问难。古人道:"学始于思,思始于疑。"无"疑"便无以为"思",无"思"便无以成"学"。爱因斯坦也曾说过:"提出一个问题往往比解决一个问题更重要。"所以,还应尽可能多地鼓励和启发

学生勇于好奇、勤于思考、敢于质疑、善于发问,对人对事有见解、有思想,并能与学生得体地设问、作答、表达自我,从中学会交流、讨论和协作。正因为如此,"成功在很大程度上并不取决于教学材料、教学方法或语言分析,而更多地取决于学生自身和学生之间的活动过程。"(Steviclh,1980:4)毕竟,"21世纪教育哲学观需要一种全球合作精神。"(王一兵,1990)有了这种精神,学生不仅能自主学习,"自己去看、自己做出判断、做自己认为正确的事情"(霍象俊,1997:39),而且"学生们从相互间学到的东西比从教师那里学到的东西还要多"(罗索夫斯基,1996:82)。

(二)培养学生的英语思维能力

所谓思维(thinking),实质上是一个内在的认识活动历程。在该历程中,个人运用储存于长期记忆中的信息,重新予以组合,从纵横交错的复杂关系中获得新的理解与意义。这些信息多半是语言,而语言与思维密切相关,培养学生的思维能力也是英语教师的职责之一,更是人文素质教育的重要内容。

不同的文化渊源赋予英汉民族各自不同的思维方式:汉语多呈线性,而英语循圆周轨迹。既操汉语又学会英语的人察一曲、审一事,都有绳直和钩曲两个视角,思想如水之横流,屈伸多姿,方圆无常。体味过这种乐趣的人,大概不用鞭策便会有恒久的动力。他们不但擅长英语语音、语法、词汇和修辞,还熟悉英语本族人如何看待和观察世界,懂得他们的"心灵之语言",即了解他们的社会文化和思维方式。"学会一门外语,不但多了一双眼睛、一对耳朵和一张嘴巴,甚至还多了一个头脑!"(陆谷孙,1999:1)

学英语在很大程度讲就是用英语思维,而英语思维只能通过大量的实践才能得到训练和提高。正如布龙菲尔德所说:"学习语言就是实践,再实践。"(章兼中,1985:100)但多年来,我国英语教学似乎过于偏重模仿、记忆和操练,学生的思辨能力、创新能力、分析问题和提出独到见解的能力没有得到应有的重视。对此,应有针对性地将大学英语教材中有代表性的课文如何提出问题、分析问题和解决问题的过程,提纲挈领地细加分析,让学生在多读、多听、多写、多说的实践中深刻领会和准确驾驭文中的思维方法和表达技巧。随着英语水平的提高,学生的思维会更趋灵活和缜密。遇到英汉语不同的表达方式,就会见怪不怪,并最大限度地克服母语的"负迁移"。毕竟,人的思维深受文化传统和价值观念的影响,而"当学生与外族文化接触时,他把本族文化系统迁移到外族文化中,在表达和理解时都运用本民族的模式"(Lado R.,1961:28)。

1997年,诺贝尔物理学奖得主朱棣文先生在谈及成功者的经验时感慨地说:"要想在科学上取得成功,最重要的就是要学会用与别人不同的思维方式、别人忽略的思维方式来思考问题,也就是说要有一定的创造性。"有人甚至把21世纪称为"创造的世纪",这意味着国家间将是创造力的竞争。如今,俄罗斯开有"思维课",美国开有"思维技巧课",保加利亚开有"思考课",法国小学每周27节课中有6节是"激发好奇心课"。虽然这些课程名称略有不同,但本质大体一样,旨在开启学生的创新思维、创新意识、创新精神和创新能力。而以上只是从微观层面所做的一点尝试。大学英语是全国最大的一门课,其教学对象有几百万人。而百万大学生的人文素养得以提高,对21世纪的中国会产生多么大的能量!可见,寓人文精神于英语课堂教学是学校特别是广大英语教师非常重要的任务。

(三)优化英语课堂心理环境

英语课堂心理环境是指在以教学班级为单位的教学活动中,为人们所感知和体验到的人际环境,如班风学风、师生关系和同学关系、教师期望、课堂气氛等。它关系到课堂教学活动和学生的情感、认知、行为等诸多因素,更深刻地影响着学生的身心发展。正如英语教学专家斯特恩所指出的,情感因素对英语学习的作用至少与认知技能同等重要,甚至更重要一些。毕竟,语言学习是一个复杂的过程,优化课堂环境是培育心理素质和人文精神的良好开端和最佳切入点。

教师不仅要"传道、授业、解惑",还要育人,培养学生的 attitude。首先,教师本人应以正确的 attitude 感化他人,这是教好书、育好人的前提。同时,作为课堂活动的组织者(organizer)、学生习得语言文化知识和发展交际能力的促进者(facilitator)以及学生学习积极性的鼓励者(inspirer),教师扮演着其他多种角色,更应善于控制自己的情绪,不断增进自身的师德修养和宽容精神,在跟学生平等地交往中发挥学习主体的积极作用,最大限度地创设宽松自如的课堂教学气氛。

对此,心理学家罗杰斯(Rogers)早就指出:"创造良好的教学气氛是保证教学顺利进行的主要条件,而这种良好的教学气氛又是以良好的人际关系为基础或前提的。"换言之,友好融洽的课堂关系所孕育的相互支持、彼此协作的学习氛围,有助于进一步提高教学效果:一方面,学生会在教师鼓励和期待的目光下,勤于思考,质疑问难,大胆发表意见,自由进行辩论,既勇于修正自己不太成熟的想法,又敢于坚持自己合理的见解;另一方面,教师会与学生一同进步,教学相长,师生双方都会从中愉快地感受并学到坚持真理、修正错误、实事求是的科学态度以及谦虚豁达、和而不同、彼此尊重、相互合作的人文精神。

(四)运用英语教师的人格魅力

良好的人文素养,在外语教学中尤其会凸现其独特的魅力。英国著名教育家伯特兰·罗素(Bertrand Russell)在《教育与美的生活》一书中这样写道:"为爱所支配的知识是教育者所必需的,也是他的学生所应获得的。"1998年,联合国教科文组织的《世界教育报告》的主题就是"变化世界中的教师和教学",并明确指出:"进行真正有效的变革,只有通过促使人的变化——尤其是促使教师,即与学生接触十分密切的人的变化——才能完成。"事实更是如此,学生往往会因为喜欢某位教师而喜欢他的讲课。恰如教育家乌申基斯所言:"在教育工作中,一切都应以教师的人格为依据,教育力量只能从人格的活的源泉中产生出来。任何规章制度,都不能代替教师的人格作用。"

与其他课程的教师一样,英语教师高尚的人格特征对学生具有磁力效应:学生会愿意和教师接近,乐意跟教师交往,愉快地向教师学习,真可谓"度德而从之"。德国的第斯多惠就明确指出:"教学的艺术不在于传授本领,而在于激励、唤醒、鼓舞。"一旦英语教师以高尚的人格在师生之间架起一座相互信任、相互尊重的桥梁,学生自然而然地会把他当作最可信赖、最可亲近的人,视为自己的良师益友,推心置腹地谈思想、谈学习、谈感受。所以,当年蔡元培先生出任北大校长以后,高举"民主"与"科学"大旗,明确指出:"大学者,研究高深学问者也……学者当有研究学问之兴趣,尤当养成学问家之人格。"(《蔡元培全集》,第3卷,第191页)与此类似,当年南开大学校长张伯苓先生也明确指出:"南开大学教育目的,简单地说,是在研究学问和练习做事","而熏陶人格,尤其是根本。"(《张伯苓言论选集》,1984,南开大学出版社)这种强调塑造健全人格、注重修身养性的传统,是高瞻远瞩、富有远见的。更何况,我国要办的是"a university of China",而不是"a university in China"。

三、结语

总之,人文精神理应是具有现代科学(自然科学和社会科学)意识的人文精神,理应融于英语和其他课程的课堂教学主渠道、第二课堂和各种社会实践活动之中。不仅一线教师,而且所有管理和服务人员都应加强自身人文精神的修养,都应有孔子之热忱、释迦牟尼之忘我精神,为人师表,化育他人,共同营造"文、雅、序、活"的校园人文环境,不仅因为"大学本科教育是否成功与校园生活质量有关系。它与学生在校园内度过的光阴和他们所参加活动的质量有直接联系"(博伊,1988:154),而且因为人文精神的培育是一项巨大的系统工程,渗透于大学校园学习和生活的方方面面。

第七章 英语教学策略研究

简单来讲,教学策略是指教师在课堂教学中为达到教学目标而采取的一系列方式和方法。本章将从"策略"的本质、有效教学与教学策略、认知教学策略、激励策略及提问策略几个方面来探讨英语教学策略。

第一节 "策略"的本质

一、策略的含义

从语义学角度来讲,策略指根据形势发展而制订的行动方针和斗争方式;讲究斗争艺术,注意方式方法(见《现代汉语词典》)。策略在英语中对应的词为 strategy,用以指"规划、指挥大规模军事行动的科学和技术"(见《韦氏英语大词典》)。《国际教育大百科全书》也把"策略"解释成对大规模军事行动所做的计划和指挥。比较以上中英文定义可见其共性:策略是计策、谋略、"技术"与"艺术"。

"策略"原为军事用语,随着语言的发展,现已成为普通用语,指为达到某种目的而使用的手段和方法,由"讲话要注重策略""谋职策略""经商策略"等可见策略的"艺术""技巧"(tactics)之含义。

在教育领域中,策略用来指教学活动的顺序排列和师生间连续的实质性交流,指为实现预期效果所采取的一系列有目的的教学行为(熊川武,1997:38)。

二、教学策略的分类

虽然教和学的历史久远,但对相关策略的研究只是近几十年的事情,并且主要集中在学习策略方面。对教学策略所做的系统研究屈指可数,不过也形成了几种不同的策略观。

(一)教学类型观(categories instruction)

持该观点者。以斯特恩为代表,他认为语言教学法分三个层次:原理层、原则层和具体行为层。策略属于原则层(policy)(图7-1),指教学的类型,为教学的程序安排提供依据。

斯特恩将教学策略分为以下三个层面。

目的语参照—母语参照策略(the intralingual-crosslingual dimension)。

分析型—经验型策略(the analytic-experiential dimension)。

显性—隐性策略(the explicit-implicit dimension)。

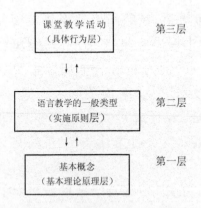

图 7-1 语言教学的表层深层结构

1. 目的语参照—母语参照策略

母语参照策略源于"语法翻译法"(the grammar translation

method)。"翻译"(translation)是母语参照策略实施的主要"技巧"(technique)。在以母语参照策略为主的教学中,母语是课堂教学的基础,教学中涉及大量的双语互译,并将母语作为主要的交际媒介和教学媒介。

由于人们学习外语总是始于一种自己已掌握的语言——母语,因此新的语言总是在这一已经习得的语言基础之上习就的,第一、第二语言(母语—外语)的联系成为不可避免的事实。语言的普遍性(language universals)也使得母语有可能成为学习外语的参照。即使在阅读中,大部分学生也都在进行这种双语翻译(Hosenfeld,1975)。由于教师自身外语水平的限制,在师生持同一母语的课堂上,母语自然就成了教学活动的媒介。杜弗(Duff,1989:7)认为:"翻译是一种有效的语言学习活动,它可以激发构思,引发讨论,促进精确、明晰,增加适应性,帮助学习者解决令其头痛的外语问题。"因此,即使在交际教学法占主导地位的今天,母语参照策略仍被广泛使用。

目的语参照策略在19世纪随着直接法(direct method)的出现而走入课堂。柯林斯(Collins,1934:419)指出:"If we teach German, let us teach as German as possible."换句话说,尽管母语参照是无法避免的,但是教学重点仍应放在目的语参照策略的使用上。根据目的语参照策略的要求,为使学习者浸泡在目的语中(immersion method,"浸泡教学法"),教学中禁止使用母语媒介。在培养交际能力被公认为外语教学目标的今天,对使用目的语参照策略的呼声越来越高,目的语参照构成了今日外语教学的主要特点。

策略的使用是由教学目标、学习需求、目标需求、课程内容以及教师的素质所决定的,因此斯特恩提倡一种以目的语参照为主、母语参照为辅的教学方式。

2. 分析型—经验型策略

分析型与经验型的区分于20世纪60年代中期开始出现,20

世纪 80 年代后期引起语言教育家的兴趣。斯特恩对两种策略的特征进行了综述，如表 7-1 所示。

表 7-1 分析型策略和经验型策略的特征

分析型	经验型
客观	主观
关注形式	关注交际
非交际性	交际性
以媒介为中心	以主题为中心
用途	运用
正式	非正式
抽象	具体/真实
非情景化	情景化
技能获取	技能运用
语言操练	语言运用
可预测性回答	信息沟
控制性语言形式	自然语言形式
"准确"定向	"流利"定向
语言交互	人际交互
系统语言	源语言

分析型与经验型是两种截然不同的教学方式。分析型教学以语言项目（词汇、语法、语篇）和语言技能（听、说、读、写）为学习内容，以获取语言知识和语言技能为学习目标，注意表达的准确性和语言的系统性，学习方式为语言项目的操练而非真实情景下的运用，翻译教学法、听说教学法是分析型策略运用的代表。

与分析型策略相反，在经验型策略下，外语教学以获取运用语言的能力为目标，通过有意义的交际活动培养学习者运用语言表达思想和解决问题的能力。经验型策略使教学活动注重目的性、真实性、实用性、交际性，语言教学不再以形式为内容，也不再以准确为目的。交际教学法的基本特征就是经验型教学。

3.显性—隐性策略

显性策略是一种"有意识的"(conscious)教学方式,"直接法"和"翻译教学法"采用的就是显性教学策略。显性教学把语言学习看作一种认识发展过程,学习以"分析""推理""解决问题""学习规则"为特征,是一种系统性的学习。显性策略在教学中常用的一些认知技巧包括:观察(observation)——注意语言特征,概念化(conceptualization)——讲授抽象概念,解释(explanation)——规则演绎,记忆辅助(memonic devices),规则发现(rule discovery)——语法归纳,关系性思维(relational thinking)——辨别(differentiating),尝试(trial-and-error)——假设检验(hypothesis testing),显性操练(explicit practice)——规则言语化的句型操练,监控(monitoring)——在意义交际中注意规则的使用以检验语言的正确性。

隐性策略源于行为主义心理学,把学习看成一种"习惯养成"(habit formation)过程,通过"刺激—反应—强化"以达到"不假思索的回答"(non-thoughtful response)。通过接触实用中的语言来进行类比和模仿,培养对语言的整体感悟能力,像儿童习得母语一样习得第二语言。隐性策略包含多种技巧,如听说法的隐性策略有重复(repetition)、死记(rote learning)、语音/句型模仿(imitation of sounds and sentence patterns)、对话记忆(memorization of dialogues)、句型操练(pattern practice)。

(二)教学程序观(pedagogical procedures)

以马顿(Maton,1988)为代表的学者认为教学策略指能够刺激某特定学习策略并对语言能力的培养起直接作用的教学程序。也就是说,在众多的课堂程序中,只有以培养能力为目标的程序安排才可称为"教学策略"。当有些程序目的只是增加语法知识时,如显性语法规则的处理,我们只能称其为"教学活动"。马顿将教学策略分为以下四类。

(1)接受型策略(the receptive strategy of language teaching)。

(2)交际型策略(the communicative strategy of language teaching)。

(3)重组型策略(the reconstructive strategy of language teaching)。

(4)折中策略(the eclectic strategy of language teaching)。

马顿的策略只是刺激某一特定的语言学习策略运用的程序安排。接受型策略指把听、读放在首位,以培养听力和阅读技巧。重组型策略指通过一些再现(reproductive)活动、重组活动(recombining)、再创造活动(recreative)重组原文,创造新的言语,其中听说教学法的成分比较大。马顿的交际型策略则指"关注意义"(meaning-focused)的隐性教学程序,与交际教学法的教学程序大体相同。折中策略同"折中教学"(the eclectic approach)一样,指根据不同的课堂情况将上面三种程序两两组合,以取得预期的教学效果。

(三)原则观(principles)

在普拉特(Pratt,1994)看来,教学策略就是促进"有效教学"(effective instruction)的一些原则。基于对有效教学的研究,他提出了十二条教学策略。

(1)增加完成任务的时间(increase time on task)——可通过作业、让父母给孩子读书、参与对话等方式实现。

(2)动机激发——教学必须能够激发学生学习的内部和外部动机,但普拉特没有提供动机激励的方式与方法。

(3)掌握学习(mastery learning)——争取使每名学习者达到应掌握的水平。要实现掌握目的,学习需要具备以下六个条件。

清楚而实际的高标准期望。

清晰的成功标准。

及时反馈、矫正。

充足的时间。

适当的认知和情感状态准备。

质量教学(即教学适合于学生的程度)。

(4)高期望要求(high expectations)。

(5)培养适合学生个人的阅读和学习技能。

(6)精心计划课堂教学(planned lesson)。

(7)有秩序的环境(an orderly environment)。

(8)富于变化性的教学(instructional variety)。

(9)合作学习(cooperative learning)。

(10)计算机辅助教学(computemssisted instruction)。

(11)学校共鸣(school echoes)——学校内师生及学校各机构间的相互尊重。

(12)家长参与(parent involvement)。

很显然,普拉特的教学策略只是一些一般的教学原则,很少涉及具体的操作方式。

(四)教学技巧观(teaching techniques)

很多人把策略与技巧(techniques)或方法(methods/ways)等同起来。詹姆斯(1996)在其 *150 Ways to Motivate Students* 中把 150 种方法以 strategy 的方式表达出来。其中的策略,如 rhythm pizza, class photo album, seeing with the mind's eye, peace makers 等,也只是用以促进学生自主性、增强自尊、满足成就感、增加能力感、促进学生参与的一些技巧。诺尔顿(Norton,1989)在其 *The Effective Teaching of Language Arts* 中提及的如 silence 之类的教学策略也可归为技巧的范畴。奥尔斯顿(Orstein,1995)在 *Strategies for Effective Teaching* 一书中就提问和激励方面提出了大量的策略,如提问策略中的"增加等待时间""引导"等,但这些具体操作方式也不乏技巧的成分。

虽然在策略方面专家、学者各持己见,但我们从中也得到一些启迪。

(1)教学策略具有浓厚的战略含义。斯特恩虽只是换一个角度看教学的类型,却强调根据具体的教学任务选择适当的方式,对于学生来说,母语参照策略为最有效的策略。美国的埃金等人也强调方法的选择及优化组合,把教学策略看作"根据教学任务特点选择适当方法"(熊川武,1997),意味着策略已超越具体方法本身,给人以原则感,可归为宏观策略。

(2)根据教学原则所提出的是一种微观层次的策略观,即"程序"观和"技巧"观,但只有以培养能力为目标的程序与有效教学为宗旨的技巧才可谓之教学策略。

由此可见,不管是宏观教学策略还是微观教学策略,其本质是一致的,即都是服务于有效教学的教学行为。

第二节 有效教学与教学策略

一、影响有效教学的因素

"如果提供适当的学习条件,一个人能学会的,其他人也能学会。"

(布鲁姆)

每位学生都是成功者,而取得这一切的关键不是学生的智能,而是教学本身。培养成功的学习者乃是教育的目标。能够使90%以上学生成功的教学被称为"有效教学"。

对有效教学的研究形成了几种教学模式,如卡罗尔(1983)的"学校学习的模式",他们认为影响有效教学的因素有以下四点。

(1)教学的质量(quality of instruction)——教师呈现信息和技能的易学程度,具体体现在讲演、提问、讨论、辅导学生自习的活动中。

(2)教学的适当性(appropriate levels of instruction)——教师的教学应适合学生的程度,适合不同的学生。

(3)诱因(incentive)——教师对学生的激励程度,学生的学习动机如何。

(4)机会(opportunity)——参与学习的时间。

卡罗尔在其教学模式中还提到了学生一般学习能力这一因素。除学生的基本特征,所有以上因素的控制可以说大都取决于教师的教学能力和所采用的教学策略。

二、有效教学策略的结构

从卡罗尔和斯拉文的有效教学模式及普拉特的有效教学十二个原则可以看出,保证有效教学的并不是教学法本身。不管什么教学法,语法翻译法、听说法还是交际教学法,课堂上教师总要指导、提问、监控等,总要想办法激发学生的兴趣。有效教学所依赖的正是教师从事这些教学活动的方式,即教学策略。

教学策略可分为宏观、微观两个层次。宏观属原则性,如普拉特的有效教学十二原则。原则层策略过于笼统,因此下面将把重点放在微观策略上,即实施这些原则的方式、技巧。

教学策略涉及教学的各个过程,从课堂教学到课下辅导等,普拉特的"增加学习时间"就包含了很多课外活动。教学主要指发生在课堂上的教学行为,故这里主要介绍课堂教学的策略。

课堂教学策略可分为计划策略、认知教学策略、激励策略、提问策略等。计划策略主要指备课和制订教学目标等,这里不做详细介绍。下文将主要对后三种策略进行深一步的探讨。

第三节　认知教学策略

一、什么是认知教学策略

认知能力是人们获取知识,寻求发展的基础。随着知识的高速增扩,创造性思维、逻辑性思维、批判性思维成为最基本的能力要求。分析、归类、比较、假设、推理、结论等能力的发展成为学生能力发展的核心。教学的任务是应该为这些认知能力的发展提供条件,而促进认知能力习得与发展的策略就构成了认知教学策略。

二、认知教学策略举例

(一)语义图(semantic mapping)

这是一种以图形方式展示概念、观点等之间关系的方式。它可以激发深层思维,激发各种观点的产生和师生之间、学生之间的交互活动,可用于词汇、阅读、听说和写作训练。

"语义图"策略的实施一般会为四步。

(1)脑激励(brainstorming)。在此阶段,教师鼓励、激发学生尽可能多的想法,与中心词建立有效联系,并将该图表展现在黑板上。

(2)讨论(discussion)。学生围绕"图表"展开讨论,引发思维,扩充内容,以求更深刻的理解。

(3)完成语义图(semantic map)。教师将讨论所获信息增补于"图表"中,使一个完整的语义图呈现在学生面前,各种关系一目了然。

(4)补充活动(follow-up activity)。教师视情况可开展进一步的讨论、汇报、写作等活动。

下面是处理 say 时语义图的运用程序。

(1)教师将含有 say 的句子展示在黑板上。

(2)学生讨论 say 在不同上下文中的语义差别。

(3)教师激发学生列出可以代替句中 say 的词汇。例如:

speak,shout,cry,scream,utter,tell,talk,call,whisper,murmur,ask,whistle,require,request,order,beg,command,demand, chat…

教师指导学生将词汇按搭配的不同分类,列出语义草图。

collocation:for
　　　　　　to
　　　　　　at
　　　　　　sth.
　　　　　　sb.
　　　　　　sb. sth.
　　　　　　sb. to do

学生就列举的词汇展开讨论,将其归入适当的语义差别,各词之间的区别清晰可见,完成后的语义图如下所示。

collocation:for—ask, beg
　　　　　　to—speak, shout, call, murmur, whisper
　　　　　　at—shout
　　　　　　sth.—say, tell (a story/the time), whisper,
　　　　　　　　ask (a question) murmur, demand speak
　　　　　　　　(a language/one's mind)
　　　　　　sb.—ask, beg
　　　　　　sb. sth.—ask, tell
　　　　　　sb. to do—tell, ask, beg, command, require

语义图可用于搭配的处理和语义辨析,也可用于词语联想,为词汇扩充和记忆提供便利。例如,在处理 fire 时运用语义图激发学生的想象力,丰富学生的词汇,具体操作如下所示。

(1)激发学生,想象与 fire 有关的词汇。

(2)提示纲要,组织学生将词汇分类。

(3)学生讨论完成语义图。

在操作过程中教师也可以先列出语义草图,然后指导学生根据草图展开联想。在阅读理解教学中同样可采用语义图策略,它可使学生更加清楚地了解故事结构,理解人物之间的关系、场景的使用和情节的发展。

(二)共同研讨(synectics)

共同研讨是一个合作性的活动,通过将迥然不同的事物连接在一起以培养学生创造性思维能力,更好地理解教学内容,寻求解决问题的方法,可用于各个层次的教学。

该策略由八个步骤组成。

步骤一:教师提出问题(problem or idea presentation)。例如:

Things are not going on well on the playground.

步骤二:学生问题析疑(problem or idea clarification)。

通过析疑可得问题所在。例如:

Older kids are too bossy.

Too much fighting.

Some equipment is always taken over by a few.

步骤三:直接类比(direct analogy)。

教师指导学生将问题类比,并将类比结果通过黑板或投影展示。这一过程可称为"使熟悉陌生化"(making the familiar strange)。

教师可指导学生将操场的情景与另一场景进行类比,如 a jungle/a zoo/a battlefield/a pet store where all the pets get loose.

步骤四:个人类比(personal analogy)。

教师引导学生从直接类比中选择一项,然后闭上眼睛想象自己成为该类比的情景。该过程称为"使陌生熟悉化"(making the strange familiar),如学生可选择宠物商店失控的动物进行角色扮演,让学生注意自己的行为,体会感受,然后加以评论(教师可将学生的评论写在黑板上)。例如:

I felt like I could take over.

I acted brave but was scared.

It was fun not being caged.

然后学生讨论其所做行为、兴趣和感受。例如:

I though the bigger animals might eat me.

I felt out of control.

当大部分观点得以展示之后,教师可将关键词写在黑板上或投影胶片上,如 take over,feel out of control 等。

步骤五:归纳冲突(compressed conflict)。

将学生所提供的描述性词语列在黑板上以后,教师鼓励学生寻找相冲突概念的成对词语,从而形成包含冲突成分的几组词语,供进一步类比。

步骤六:二次直接类比(a new direct analogy)。

学生从冲突词语中选择一组,闭上眼睛,想象包含这对冲突特性的事物,体会它们怎样体现潜在的概念冲突。例如,关于 take over 和 out of control 这一对概念,学生可能会提到 a tornado,a drunk driver,a fire,a bomb 等。

步骤七:问题再查(reexamination of the problem)。

教师指导学生回到最初的问题:操场上的情景,鼓励学生讨论上述研讨过程对他们更好地理解操场上情景的作用,并且提供解决操场上矛盾的不同方法。比如,学生可能会提供如下评论和方法。

The kids who are taking over are really out of control. Some control or direction should be provided for them.

步骤八:对这一过程的进一步讨论(discussion of the synectics process)。

学生讨论在该活动中的感受。

该策略适用的内容较广,教师指导总体活动时,学生小组可组织自己的讨论,形成自己的列表。

(三)意识映象(seeing with mind's eye)

这策略通过使事物、事件等在大脑中形象化的过程,可使学生更好地理解所学内容。实施步骤大体可分为以下四步。

(1)找出对理解教材内容、达成教学目标关键性的事件或关系。

(2)让全体学生紧闭双眼、全身放松。

(3)教师以丰富的描写性语言缓慢地描述,同时要求学生想象所发生的事情,如一战斗场面、一宴会情景。除用"眼睛看",还要求学生能嗅其味道、品尝食品、倾听各种声音等。

(4)描述完毕后,学生睁开眼睛,回到现实的课堂,然后分组讨论自己的感觉,或写出自己的经历。该活动一般可持续5分钟左右,适合各层次水平的学生。

(四)含蓄对话(unwritten dialogue)

该策略通过撰写表演故事中隐含的对话以刺激学生阅读、写作的兴趣,培养学生对文学作品的分析能力和口头表达能力。该策略操作程序如下。

(1)学生回顾小说或书中所选章节故事情节的发展,分析各人物间的对话。

(2)激发学生回想没有对话的部分情节。

(3)学生选择其中之一,并将可能发生的对话写出。

(4)学生分组活动,宣读自己撰写的对话。

(5)与其他同学一块表演自己撰写的对话。

(6)讨论对话撰写及表演情况。

教师还可以根据具体情况组织其他活动,如小说欣赏,评比最佳对话、最佳男女主角、最佳配角表演等。

(五)沉默(silence)

沉默指教师在提出问题之后不马上提问学生,而是留给学生一点时间,以便学生能静静思考、想象、组织自己的答案。研究发现,沉默可以增加学生回答及提问的质量和认知水准。

沉默同样可以给教师留有余地,在学生静思、组织自己答案的同时,教师有充足的时间组织自己的语言,从而可以提出高质量的问题。特宾(Tobin)在1987年所做的试验显示,将等待时间(wait-time)从一两秒钟提到三至五秒后,教师重复问题次数减少,学生回答的质量明显提高,教师也因此得以提出更深层的问题。不仅如此,由于学生回答问题的时间相对延长,认识水平增高,学生间信息交流也会增多,课堂讨论质量随之上升。

另外,沉默可以作为组织教学的一种手段。对嘈杂喧闹的学生,大声叫喊可能会无济于事,这时教师突然"沉默"可将学生的注意力引向自己。

第四节 激励策略

"正如不情愿的进食有害于健康一样,不情愿的学习会损害记忆,所记东西无法保持。"

(达·芬奇)

如果学生缺乏兴趣,教学则成为"死亡之吻";如果学生缺乏动机,教学不过是一种"厌恶疗法"。美国心理学家林格伦(Lindgren,1998)的研究表明,动机因素在学习中起至关重要的作用:在构成学业失败的因素中,缺乏兴趣占35%;在获得好成绩的各种因素中,兴趣占25%。苏联教育家巴班斯基认为,在高年级中,学业不良的主要原因是消极的学习态度,即缺乏必要的学习动机。动机可使认知能力并不很高的学生取得学业的成功,也可使认知能力颇高的学生一无所获(Orstein,1995)。因此,教学的关键是动机的激发。

动机是直接推动学生学习的一种内部动力,包括个人的意图、愿望、兴趣及期望达到的目标。在教学中,学生的动机可以表现为态度、兴趣、好奇心、求知欲、对成功和地位的向往等(李秉德,1991)。一般认为,动机在学习过程中的作用有三个。

(1)指向作用:学生受动机的激励会依照所激发的方向努力,从而获得成功。

(2)聚焦作用:受激励的学生能排除干扰、克服困难,将注意力聚焦于所学对象。

(3)活力增强作用:受激励的学生能主动积极地学习以求达到自己的目标,并感受到学习的乐趣。

影响动机的因素有很多,如学生的自身需求和目标、年龄特点、个性差异、价值观、焦虑以及家庭和社会环境、教师的榜样因素、课堂教学艺术等。教学的任务之一就是控制影响动机的因素,最大限度地激励学生,使学生高动机地从事学习。而用来控制影响动机的因素、激发学习动机的有效教学方式就构成了教学策略中的激励策略。

每位学生都有控制自身行为的需求,都需要得到别人的认可,被别人接受,需要成功,以证实自身的价值。成功的教学应尊重学生的需求,从而调动学生的积极性,培养成功的学习者。能够满足学生需求、激发学生学习热情的方法与措施构成了本节所要介绍的激励策略。

一、奖励与惩罚

奖励与惩罚已成为大部分教师激发动机的主要方式。在一定的情形中,适度的批评和惩罚对促进学习是有效的。赫洛克(Hunlock,1997)对106名四、五年级学生分组实验的结果表明,批评还是具有肯定效果的。批评组的学生成绩明显高于观察组,但成绩最好的是受表扬组,并且该组学生成绩上升趋势明显。

因此,教学中教师不要"吝啬"自己的奖励,尤其是对那些低成就和力求避免失败的学生。奖励的方式有很多,不一定是物质上的(如小学生得的小红花、小红旗等),教师的一句"Good.""OK."以及微笑、点头等都可起到激励的作用。

但奖励亦不可滥用。奖励与惩罚的负作用在于,受奖励引诱或惩罚威胁的学生只是为了得到该奖赏或避免惩罚,而不能体会其活动的意义所在。受比萨饼驱使而阅读的学生在阅读方面会有进步,但约翰·尼克拉斯(John Nicholas)指出,该项措施的长期效应可能是造就"一大批不喜欢阅读的胖孩子",因为他们只是为比萨饼而阅读的。

可见,奖励的效应是短暂的,它所激励的只是外部动机,而教学的关键是激发学生的内部动机,这就需要一种能满足学生心理需求的方法或措施。

二、满足学生自主(self-decision)需求,激发学习动机

对于命令,人们有种天然的抵制心理。学生希望有自我选择的自由,而不是被迫参与自己不喜欢的活动。因此,教师应还给学生这一权利,给予足够的裁决权,从而使学生主动地从事学习活动。

(1)如果有多种活动可实现某一教学目标,那么让学生自己决定活动的方式。

(2)有可能的话,让学生决定课堂程序的安排。

(3)有可能的话,让学生决定完成作业的时间、方式、地点等。

(4)从心理上给学生以安全感,使其能够免受或不理会其他人的嘲讽、批评,从而大胆做出自己的选择。

(5)如果需对学生的行为加以限制,应给予合情合理的解释,并表示出对不同意见的接受。

(6)让学生自己审查自己的不良举止,尽可能不进行惩罚。

(7)鼓励学生拟定自己的学习目标,自己评价自己的进展情况。

在具体的教学中,可通过下面一些活动实施激励策略。

(一)新闻编辑室(newsroom)

该策略是通过让学生自选素材写作,借以培养自主感,激发学习兴趣。该策略既可用于课上,亦可用于课下。在课上教师可先写一个标题,如 *Yesterday/My favorite animal*,学生可选择其一,贡献一句叙述校内发生事情的句子。活动完毕,教师将句子抄至"新闻栏",张贴于教室内的学习专栏或寄给学生家长。作为

课外活动,学生可写成一篇小品文录于新闻栏,与大家分享。

(二)目标卡片(goal cards)

制订适合自己的学习目标是使学生成为学习主人的关键之一。该策略通过帮助学生选择自己的学习目标,确定行动的措施,借以实现学习自主化。

首先,教师向学生介绍该活动,讲明这是他们的个人目标,应该保密。然后,让每位学生根据自己的情况设定学习目标。之后,每位学生要列出几件为实现自己的目标要做的具体事情,如一个学生的近期目标是在英语论文中取得 A,那么他可能会决定:

(1)每天花两个小时的时间阅读精选作文集;
(2)利用笔记卡片帮助组织记忆信息;
(3)在写作前列出写作提纲;
(4)请朋友校读初稿;
(5)重读材料中有关论文写作的章节。

卡片制作完成后,学生将其收起来,然后不时地参照以检查自己的进展情况。教师也可以组织阶段性讨论,给学生机会自检、自查、自我发展。

(三)自选阅读(pick your points)

该策略通过给学生自选辅助阅读材料的权利,培养自觉意识,激发学习兴趣,具体操作方式如下。

教师准备尽可能多的不同档次的阅读材料,然后根据其难度分成三个档次,分值为 5~10 分不等。

指定得分标准,如 C=5 分,B=7 分,A=10 分。

学生根据自己的水平和力图达到的等级选择阅读材料。

阅读完毕后写一份读书报告,内容包括:用一两句话总结文章大意,列出三个以上自己认为有趣的事件,从文章学到的最重要的一点是什么,讨论文章中自己赞同或反对的地方,根据文章内容推测未来。

教师根据读书质量在原来的评定基础上给学生加分。

(四)选择性评定(check it out)

这是一项用来评定写作练习的策略。

写作教学之后,教师要求学生针对所学写作技巧的运用首先自检,然后将自己想让教师批改时校阅的技巧以邮票方式标于作业右上角,如下所示:

capitals	spelling
pronunciation	commas
complete	tense
sentences	semicolons

教师在评定写作时只评定学生邮票上标出的几个方面,这一策略可有效地训练写作技巧,同时可有效培养学生的学习自主能力。

该策略通过指导学生根据阅读材料撰写问题,然后根据学生的问题拟定阅读测试问题,培养学生的自主能力,激发学生的学习动机。该策略实施要求如下。

使学生清楚其试卷上可能出现的两种问题。

(1)记忆性问题(memorization questions)。例如:

• Who was the first president of the United States?

• When did the Civil War break out?

(2)理解性问题(interpretation questions)。例如:

• Explain how a candidate for president of the United States might win a majority of the votes.

学生分组讨论所分发的阅读材料,每人贡献一个记忆性问题和一个理解性问题。

教师汇集学生问题,经适当修改、增补,拟定阅读试题。

"同伴问题"还可以用于复习或测试章节单元,活动形式既可为小组活动,亦可为个人活动。

(五)先行组织者(advanced organizer)

先行组织者指在呈现教学内容之前介绍适当相关的引导性材料。先行组织者被认为是促进学习、防止干扰的最有效策略,自然也就成为有效的激励策略。

在开始一个新的话题以前,通知学生几周以后他们会学习该话题。让学生列出他们可能了解的问题和想知道的信息。话题交代之后几天可组织学生讨论,综合所要了解的问题和信息。这样教学就可围绕学生的兴趣展开,那么教学也自然会使学生感兴趣。

三、给学生以自信,引发学习激情

学习动机的缺乏在很大程度上源于缺乏自信。一个经过艰苦奋斗却屡屡失败的学生,很难对学习产生足够的兴趣;相反,学生越是有成功感,就越对自己的能力充满自信,参与学习活动的热情也就越高。那种强烈的证实自己能力的愿望会使学生勇于克服困难并持之以恒地努力。为给学生以成功感,肯定其学习的潜能,从而激发其学习的内驱动力,教师可以从以下几个方面入手。

(1)让学生拟定自己的成功标准。
(2)每步教学加入诊断测验以保证步步落实。
(3)采用标准参照评估程序而不是对比参照,不进行优劣分类。
(4)允许学生补试。
(5)使学习任务的节奏符合学生的现有水平。
(6)给优秀学生提供更具挑战性的学习任务。
在实际操作过程中,可采用如下策略。

(一)已知—欲知—得知表(know-want-learned listing)

该策略经过三步脑激励活动促进学生的积极参与,可适用于各种教学内容,使学生看到自己的进步,增强自信。该策略分三步实行。

(1)在学习新的课题之前,鼓励学生列出自己已经知道的有关信息,由教师或一位学生录于黑板或投影片上,然后讨论,暂时划去学生有争议的信息。

(2)鼓励学生列出自己想知道的问题,以同样的方式展示在黑板上或投影上,并将第一个"脑激励"中有争议的问题列入"欲知"之列。学习过程中可将上述两表张贴于教室内以便师生参照,亦可对学习产生监控作用。

(3)单元课题结束时开展第三个脑激励活动,由学生列出自己所学内容,但该"得知表"不包括"所知表"和"欲知表"中的知识。

该策略的运行可在全班进行或分组活动,亦可由学生个人单独完成。

(二)图表笔记法(graphic note taking)

记不好笔记同样会影响学习的自信,该活动的目的是培养学生记笔记的能力,以服务于其学习,具体要求如下所述。

(1)告诉学生换以图画方式记录主要内容。
(2)可将笔记页分成四部分。
(3)运用简笔画,绘画的目的是记录所学信息,不苛求绘画的艺术性。
(4)必要时教师可展示记笔记方式。
(5)小组活动,学生用语言描述自己所画内容,这有助于学生对主题的理解。

(三)反身参与(reflective participation)

大部分课堂都是采用学生举手回答问题的方式,一些害羞或反应稍慢点的学生则被剥夺了回答的权利,课堂常常会被几个活跃的学生所主宰。该策略取消举手,有利于所有学生参与,其具体操作如下。

(1)教师将每位学生的名字写在一张小卡片上,分发于各小组(各小组成员可由学生自选或由教师指定),课上小组成员在一起讨论。

(2)教师提问。

(3)给学生15秒钟的考虑时间,然后小组讨论3分钟。

(4)教师从小组中选4位学生回答问题,如该学生有困难,其他小组伙伴可提示,帮助其做出正确的回答。

(5)教师从混在一起的卡片中再选几位学生回答问题,已回答的学生的卡片不要再放进去,以便使每位学生都有机会参与。

(6)当大部分观点已表达完毕,教师可让其他学生补充,这时方可举手。

(四)评定指标(grading rubrics)

该策略用于写作练习中。为了保证学生高质量的作业,教师准备一份评估标准分发给学生,使学生清楚写作中自己应注意的地方和应达到的目标。为了给学生一个清晰的概念,标准应尽量具体化,也可将以往各档次作业发给学生传阅。

如学生的写作未达到要求,应给予指导,要求其重写或修改,而不是以分定论,伤其自尊。

(五)一小时之书(the one hour book)

这是在一节课之内学习一篇小说的策略,通过促进学生间的相互依存性建立一种能力感,可操作如下。

(1)根据学生的兴趣和爱好,选择一篇难度适宜且章节或段落与班内学生或分组数目相同的小说。

(2)教师交代阅读任务,并且介绍必要的有助于激发学生阅读和理解材料的背景信息。说明阅读任务一节课完成,每个小组的工作都至关重要。

(3)将各章节分配给相应的小组,如章节段的数目与学生小组数目不同,可分给不等的小组数量不等的章节段落,同时注意难度、长度的分配。

(4)学生读完后,要求每位学生在自己小组之内做2分钟主要内容的汇报。

(5)学生按章节顺序做"链锁复述",教师可就其中一章节做示范,也可根据情况就小说的人物或事件开展小组讨论活动。

四、满足归属感和自尊感,唤起学习热情

美国阿德勒心理学奠基人鲁道夫·德雷克斯(Rudolf Derikurs,1968)指出:"所有人类都具有归属某一群体的基本要求,对人类来说,在其成长过程中最痛苦莫过于孤立感、被拒绝和寂寞的滋味。"对学生影响最大的应属被他人拒绝,事实上,班上的任何一位学生,从教师的"宠儿"到"弃儿",无不在以自己的方式寻找自己的位置,取得大家的认可。那种被孤立、被拒绝的恐惧感,夺走了相当一部分学生学习的动机。归属感的缺乏使学生变得自卑,从而缺乏自信、自尊,继而丧失学习的热情。教学活动的安排应讲究一定的策略性,以满足学生被认可和被接受的心理要求。

对此,比较有效的方式是互惠性学习,采用分组活动方式,对学生期望要高,让学生学会接受自己的和别人的错误。常采用的策略有以下几种。

(一)脑激励伯楠匝(brainstorming Bonanza)

该策略用于互惠性学习,实施过程如下。

首先,将学生分成4个4人小组,要求每个小组在一分钟之内写出尽可能多的所给类别的东西,如things that fly, sports, fruits等。将各小组的名称或号码写在黑板上,然后各组依次说出一个答案,要求答案不重复,符合要求者,给该组加一分。

第一轮结束后,从第二组开始第二轮,如此一轮轮进行,直至

穷尽所有答案,累加分数决出获胜队。

该策略通过题目变换,适合各个年龄段,也适用于各种内容。

(二)粘贴鼓励评语(stick-on encouragers)

该策略用于写作练习。当学生完成写作以后,将学生分成4~6人的小组,给每位学生一叠粘贴纸。小组成员互相宣读自己的作业,其他组员在纸上做好笔记,然后讨论小组成员对写作的看法。最后,每位学生在自己的粘贴纸上写上一两句好的评语,并粘贴于相应写作后面,这样每位学生就会有一系列有关自己写作的鼓励评论,供余暇时欣赏。

(三)哑剧(silent solutions)

该策略用于"问题—解决"活动中,主要指表演答案,而不是用语言叙述,借以减少学生的忧虑。

首先,将学生分成4~6人小组,选择一个问题,要求每位学生想出一个解决方式。其次,每个小组成员在全组同学面前用动作展示问题的解决方式,当组员认可后,持不同解决方式的学生继续演示自己的解决方式。要求展示过程中自始至终不许出声,每位学生都必须演示。最后,每组挑选本组最具创新意义的解决方式向全班演示。

问题的设置应和所学课程内容相关,尤其是故事、小说类体裁的处理比较适合该策略。

(四)预测指导(anticipation guide)

该策略适用于课文教学中。在进行教学之前,教师提出几个问题让学生分组讨论其正误,这样既可唤起学生的已有知识,又可激发学生寻求新知识的欲望。为了便于新的教学内容的开展,教师不要对学生的讨论结果给予正误的评论。例如,在教"闪电"一课之前,教师可先让学生就下面五个问题的正误发表自己的观点。

阅读前　　阅读后

Lighting never strikes twice the sane place.

T/F　　　T/F

It is safe to talk on the phone during a thunderstorm.

T/F　　　T/F

During a storm, you are safer in a car than in a boat.

T/F　　　T/F

It is important turn off electrical appliances during a storm.

T/F　　　T/F

Thunder is sound made by the sudden expansion of heated air.

T/F　　　T/F

该活动可以采用单独活动或互惠性学习活动,课文阅读完毕后可再次组织讨论,运用所学材料论证预测中的论点。

(五)扮演作者(I'm the author)

该策略通过引导学生阅读大量有关作者的材料,然后扮演作者向全班同学介绍自己作品的方式,激发学生阅读作品的兴趣。

首先,教师可选择一本书,搜集有关作者信息,身着相应服装,以第一人称的身份向学生做自我介绍;自己写该书的初衷,文中人物、事件等(注意留下足够的悬念)以及该作者的其他作品等。其次,让学生以同样的方式介绍将要阅读的小说的作者或已读过的小说的作者。

五、注意刺激的变化性,激发学习兴趣

"单调"则"乏味"。教学的每一项活动的开展、每一种方法的使用都会给学生造成某种刺激。刺激有正负、强弱之分,学生的反应有积极、消极之别。强刺激、正刺激会激发学生兴趣,引起积极的反应;弱刺激、负刺激则产生抑制作用,不利于学习,学生反应消极,学习兴趣也会逐步淡化。从心理学角度来讲,喜新厌旧

乃人之本性。因此,教学应注意刺激的变化性,经常给学生以新鲜感,从而调动学生学习的积极性。

刺激的变化性包括教学的各个方面,渗透于教学的每个环节。

(1)教学策略的变化性。以上我们介绍了几种激励学生的策略,认知教学的几种策略和策略性源于其适应性——既适应教学目的,又适应学生。如果毫无变化地、不加选择地使用小组活动或语义网,只能制造单调刺激,引起消极反应。

(2)指令给予(giving instruction)的变化性。很多情况下,不是活动本身,而是教师交代任务的方式剥夺了学生参与的积极性。如果教师每次都使用"Now let's do pair work/group work."的方式安排活动,学生自然有厌烦之感,这时教师应该做的就是改变活动安排的方式。例如,在安排小组活动讨论对旅游方式的不同喜好时,教师可以说:"How would you like to travel? Why? Do you know your classmates' favorite ways of traveling? All right, please turn around and get information from your classmates behind you." 对这类任务的交代方式有很多,可因时、因地、因人而变。

(3)教师的声音、语调、身势语的变化同样给学生以变化的刺激。"喊课"(shouting one's lesson)、"耳语"(whispering one's lesson)无疑只会使刺激单调。课堂教师要适时改变自己的语速、音高,做到抑扬顿挫、快慢有序。教学是一门艺术,一堂课就是一台戏,这台戏包含了不同的角色,风格各异,有几分严肃,又不乏几分幽默。

第五节 提问策略

教学的艺术性还表现为教师提问的艺术性,尤其是在大班教学中。提问得当可激发学生的好奇心和想象力,激励学生进行探索。好的提问启发学生思维,帮助学生析疑,从而更好地理解概念、解决问题。因此,教师有必要掌握一系列的策略以使提问起作用。

一、问题的种类

提问的策略性首先表现为问题的得体性,即不同的学生、不同的场合所问的问题应有所不同。就问题的分类,不同的教育家观点也不尽相同。奥尔斯顿(1995)将问题分为:浅层问题(low-level questions)—深层问题(high-level questions)、聚合性问题(convergent questions)—发散性问题(divergent questions)和评价性问题(valuing questions)。格拉格赫尔(J. Gallagher,1965)则将问题分为四类:认识—记忆问题(cognitive-memory questions)、聚合性问题(convergent questions)、发散性问题(divergent questions)、评价性问题(evaluative questions)。两者虽划分方式有别,但对问题的看法大体相同。

聚合性问题一般都有固定答案,属信息性问题。这类问题大都是信息界定、再现性的,不涉及分析、综合和问题的解决,属浅层问题。

发散性问题属深层问题,要求学生能根据材料提出自己的看法,做出有创造性的回答。发散性问题属开放性(open)问题,一般没有固定答案。与聚合性问题相比,发散性问题要求学生具有较强的抽象思维能力、分析问题能力和解决问题能力。

评价性问题要求学生能就人物、事件等做出自己的判断和评价,如"How would you judge the art of Picasso?"等。

古泽克(Guszak)通过对教师问题的分析发现,在教师的提问中辨认性、再现性、聚合性问题占70%,并且在对优秀学生提问中深层问题比较多,差生所回答的大都是记忆性问题。由此看来,差生所得到的只是记忆的练习、信息辨认能力的培养,很少能得到思维能力的充分训练,格拉格赫尔的调查也发现了类似的问题。由此看来,教师要问出技巧性问题需考虑的因素的确不少。

二、影响有效提问的因素

不同的问题对学生能力的要求不同,所需思维的广度、深度、强度也不同。问题必须适合学生现有的知识水平和认知能力。超出学生能力的问题会使学生畏难,从而放弃回答问题。具体而言,影响有效提问的因素包含以下几个。

(1)问题的梯度。问题的提出应基于学生的已有知识。泰伯(Taba,1984)认为,只有当学生参与较浅层次提问、具备一定基础之后,才有可能展开讨论,进入较深层次的提问。提问最好是从具体到抽象、由浅层到深层、由聚合到发散,由 yes or no 问题到 what 问题再到 why 问题,每个问题都以前者为基础,为后者做铺垫。

(2)等待技巧。等待指在问题的提出和回答之间的时间间隔。问题太长会给记忆带来负担。问题之间"等待时间"(waiting-time)的长短会影响回答的质量和学生对问题的态度。玛丽·罗尔的研究表明等待时间只有一秒时,学生无思考余地,回答质量不尽人意。而将间隔时间提至 3 到 4 秒钟时则发现:学生答语增长,回答准确率增高,激发更多的学生提问,回答档次提高,学生自信心增加(Orstein,1995:175-176)。

(3)反馈的技巧。成功是每个人的心理需求,每位学生都希望自己的回答是正确的。因此,教师所做的评论会影响学生的参与程度。合理的赞扬可增强学生的学习动机,从而更加积极地参与课堂问答活动,而批评会损伤学生的自尊,扼杀其动机。事实证明,经常接受批评的学生成就远远低于其他学生。因此,对于学生的回答,教师不应无所反应,不应吝惜自己的表扬。教师的淡淡微笑、点头、一句简短的评论(如"Good." "Correct." "That's true.")都会给学生无限的动力,尤其对那些未能提供满意答语的学生,教师要不时地给以鼓励。

三、提问策略举例

提问既是方法,又是艺术。高水平的提问可调动学生的积极性,低水平的提问则会挫伤学生的积极性。高水平的提问体现在问题得当,能激发思维、培养能力、促进参与、提高学生的认识水平和解决问题的能力,这就要求教师讲究策略的使用。

就提问的策略性而言,诺尔顿(1989)、奥尔斯顿(1995)各自提出了自己的提问策略,如序列问题(sequence the question)、激励学生提问题(encourage learner questions)(诺尔顿),增加等待时间(increasing wait-time)、指向(directing)、诱导(probing)、评价(commenting and praising)(奥尔斯顿)。有效提问由三部分组成:提问、控制、评价,因此提问策略也可分为三个类别:提问策略、控制策略和评价策略。

(一)提问策略

教师提问的方式、问题的类别制约着提问的有效性。提问阶段常用的策略有以下几种。

1. 简化(simplifying)

问题应以最简洁、最清晰的方式提出。

2. 调节(moderating)

提问与学生知识水平和认识能力相符的问题,提问激发思维的问题(asking thought-provoking questions)。

过多的信息类问题会造成课堂提问的低效,从而影响教学的有效进行。学习的目的不仅仅是扩充知识,更多的是认知能力、思维能力的培养。因此,要尽可能地提问激发思维的问题,这是有效教学的关键。

3. 追问(asking follow-up questions)

追问指学生回答错误时继续提问,帮助析疑,给出暗示,最终使学生做出正确答复,或当学生回答正确时,以其回答为基础进一步提问,使问题步步深入,从而激发学生讨论。

(二)控制策略

控制策略指教师用于控制回答过程,以保证回答的有效进行。常用的策略有以下几种。

1. 排序(sequencing)

按问题的难易程度、类别,由易到难有效排序。

2. 问后提名(nominating after the question)

提名的方式应是先问问题再停顿,以给学生思考的时间,然后提问个别学生回答。

3. 提问不主动的学生(nominating non-volunteers)

有的学生比较腼腆,有的学生时常走神,有的学生则可能做小动作。对这类学生的提问可给腼腆的学生以机会,唤回走神学生的注意力,制止扰乱课堂的学生,使教学得以顺利进行。

4. 等待(waiting)

教师提问后学生需要时间理解教师的问题,组织自己的语言。一般认为,提问后应给学生 3～5 秒的思考或准备时间。

5. 全方位注意(attention-directing)

提问时教师应目视全班,而不可只注意少数几位学生。

6. 激发学生提问(stimulating learner questions)

只有当学生能够提出自己的问题时才算是真正有能力独立

进行认知运演(Hennings,1975),因此教师应尽可能地给学生提供问问题的机会。

(三)评价策略

不同的教师评价学生回答的方式不同,这里选几例列举如下。

1. 表扬(praise)

对比较得体的回答给予适当的表扬有助于激励学生更加积极地参与课堂活动,尤其对差生,教师的表扬或鼓励会唤起他们的自信从而使之走向成功,但表扬不可滥用。

2. 引用学生的答复(quoting students' response)

教师在陈述答案时,如能引用学生的语言,则可起到比"表扬"更好的效果,一句"Just as… said just now …"会使学生品尝到成功感、认可感,唤起足够的自信。

3. 使用身势语(gesturing)

除言语的"表扬"和"引用"的策略,教师还可用手势、表情等传达自己的评价,如微笑、点头等。

4. 鼓励(encouraging)

在相当多的情况下,学生并不能提供恰当的答案。这时,教师应给予鼓励,提供暗示,帮助其分析原因,切不可冷言相对,挫伤学生自尊心。

四、小结

语言教学历史悠久,但对教学的研究一直聚焦于教学法。就课堂教学而言,重要的不是教学法的选择,而是教学策略的使用。

任何课堂都离不开教师的组织教学、提问和学生的参与。确保课堂教学有效性的不仅仅是教学法的选择,而且是教师具有策略性的教学组织。目前,对教学策略的研究屈指可数,对教学策略的看法也不尽相同。本章试从策略的本质及有效教学理论出发,对前人的研究做一简介,提出了认知、激励、提问三大教学策略,希望唤起更多同行的进一步研究,使教学策略这门艺术日臻完善和丰富。

参 考 文 献

[1]张国杨,朱亚夫.外语教育语言学[M].南宁:广西教育出版社,1998.

[2]顾明远,申果华.学校教学检查与评估[M].北京:开明出版社,1995.

[3]侯礼文.教育评价概论[M].石家庄:河北教育出版社,1996.

[4]张玉田.学校教育评价[M].北京:中央民族学院出版社,1987.

[5]林昌华.学校教育评价[M].成都:四川大学出版社,1990.

[6]林立.第二语言习得研究[M].北京:世界图书出版公司,1998.

[7]林汝昌.外语教学多学科研究[M].北京:北京理工大学出版社,1995.

[8]刘龙根,孙怀庆.外语测试学导论[M].吉林:吉林大学出版社,1997.

[9]铁景铉.高考英语试卷讲评与答题得失例析[M].西安:陕西师范大学出版社,1997.

[10]王汉澜.教育评价学[M].开封:河南大学出版社,1995.

[11]王建新,姜秀英,董冀.考试方法[M].哈尔滨:黑龙江科学技术出版社,1990.

[12]徐强.英语测试的理论与命题实践[M].合肥:安徽教育出版社,1992.

[13] 于钦波,刘民. 考试学概论[M]. 沈阳:辽宁教育出版社,1992.

[14] 索绪尔. 普通语言学教程[M]. 北京:商务印书馆,1980.

[15] 何广铿. 英语教学法基础[M]. 广州:暨南大学出版社,1996.

[16] 杭宝桐. 中学英语教学法[M]. 上海:华东师范大学出版社,1998.

[17] 李庭. 英语教学法[M]. 北京:高等教育出版社,1983.

[18] 应云天. 外语教学法[M]. 北京:高等教育出版社,1984.

[19] 章兼中,俞红珍. 英语教育心理学[M]. 北京:警官教育出版社,1997.

[20] 章兼中. 简明英语教学法[M]. 广州:广东教育出版社,1987.

[21] 胡春洞. 英语教学法[M]. 北京:高等教育出版社,1990.

[22] 杨玉林,崔希智. 英语教育学[M]. 北京:旅游教育出版社,1994.

[23] 桂诗春. 应用语言学与中国英语教学[M]. 济南:山东教育出版社,1987.

[24] 孙长顺. 英语学科教育学教程[M]. 长春:东北师范大学出版社,1995.

[25] 胡壮麟,刘润清,李延福. 语言学教程[M]. 北京:北京大学出版社,1988.

[26] 运强. 语言学基础理论[M]. 北京:北京师范大学出版社,1994.

[27] 章兼中. 外语教育学[M]. 杭州:浙江教育出版社,1993.

[28] 刘玉屏,孙晓明. *Language Teaching & Learning from Theory to Practice*[M]. 北京:高等教育出版社,1995.

[29] 贾冠杰. 外语教育心理学[M]. 南宁:广西教育出版社,1998.

[30] 文秋芳,俞洪亮,周维杰. 应用语言学研究方法与论文写

作[M].北京:外语教学与研究出版社,2004.

[31]张德禄,苗兴伟,李学宁.功能语言学与外语教学[M].北京:外语教学与研究出版社,2005.

[32]文秋芳等.语言学与第二语言习得理论[M].北京:中央民族大学出版社,2010.

[33]李雪岩等.中国外语教育品牌战略研究[M].北京:经济管理出版社,2012.

[34]马广惠.英语词汇教学与研究[M].北京:外语教学与研究出版社,2016.

[35]Bloom B S. *Human Characteristics and School Learning*[M].New York:McGraw Hill,1976.

[36]Garrel P L. Background knowledge in second language comprehension[J]. *Language Learning and Communication*,1983,(1).

[37]Collins H F. England and Wales:modern language[A]. In Lord E. Perey(ed.). *The Yearbook of Education*[C].London:Evans,1934.

[38]Derikurs R. *Psychology in the Classroom*(2nd ed.)[M].New York:Harper & Row,1968.

[39]Duff A. *Translation*[M].Oxford:Oxford University Press,1989.

[40]Gagne E D. *The Cognitive Psychology of School Learning*(2nd ed.)[M].New York:Harper Collins,1992.

[41]Gallagher J J. A preliminary report on analysis of classroom interaction[J]. *Merrill Palmer Quarterly*,1965,(3).

[42]Hosenfeld C. The new student role:individual differences and implications for instruction[A]. In G. A. Jarvis(ed.) *Perspective:A New Freedom*. *ACTEL Review of Foreign Language Education*[C]. T Skokie Ⅲ:National Textbook Company,1975.

[43]James P R. *150 Ways to Increase Intrinsic Motivation in the Classroom*[M]. Ally & Bacon: A Simon & Schuster Company, 1996.

[44]Kohn A. *Punished by Rewards*[M]. Boston: Houghton Mifflin, 1993.

[45] Marton W. *Methods in English Language Teaching Frameworks and Options*[M]. Prentice Hall International, 1988.

[46] Norton D E. *The Effective Teaching to Language Arts*[M]. Columbus: Merril Publishing House, 1989.

[47] Orstein A. *Strategies for Effective Teaching*[M]. IA: Wm. Brown Communication Inc., 1995.

[48]Pratt D. *Curriculum Planning: a Handbook for Professionals*[M]. Harcourt Brace Jovanovich, Inc., 1994.

[49] M. A. K. Halliday. *An Introduction to Functional Grammars*[M]. Beijing: Foreign Language Teaching and Research Press, 2008.

[50] Wen Qiufang. *Major Issues in Second Language Acquisition*[M]. Beijing: Foreign Language Teaching and Research Press, 2010.